교사, 읽고 쓰다

교사의 온작품읽기

교사, 읽고 쓰다
교사의 온작품읽기

초판 발행 | 2019년 07월 25일
1쇄 인쇄 | 2019년 07월 20일

글쓴이 | 이오덕김수업교육연구소

등   록 | 399-2016-000-007
인   쇄 | 세종PNP
주   소 | 경기도 하남시 덕풍서로65, 505-1204
전   화 | 031-792-6038
이메일 | yy0117@hanmail.net

ISBN : 979-11-89078-16-4 (03370)

값 13,000원

이 도서의 국립중앙도서관 출판시도서목록(CIP)은 서지정보유통
지원시스템 홈페이지(http://seoji.nl.go.kr)와 국가자료공동목록시
스템(http://www.nl.go.kr/kolisnet)에서 이용하실 수 있습니다.

■ 잘못된 책은 구입한 서점에서 바꿔 드립니다.

교사의 온작품읽기

김강수 김영주 권재우
박길훈 이혜순 윤승용
장상순 조배식 최강토

삶말

| 여는 글 | 서럽고 쓸쓸한 이야기를 나누었습니다 | 006 |

교사의 성찰   삶과 삶 사이   012

권 정 생 빌뱅이 언덕

권정생의 '살아있음'   026

돌아선 채 울고 있었다   042

참으로 쓸쓸한 일입니다   047

사람답고 싶습니다   054

사람을 만난다는 것은 큰 행복이다   062

이야기에 삶을 담다   070

너를 응원한다   083

그는 작은 예수였습니다   091

권정생선생님이 우리 옆집에 살고 있네요   099

김수업
말꽃 타령

사람의 삶과 말은 이야기다	108
삶의 뿌리를 일깨우는 말	121
교장선생님을 사랑하기로 했습니다	128
말은 주고받아야 아름답습니다	136
뜻이 길을 만들다	143
지극히 옳은 말입니다	152
놀랐던 것을 깨달았습니다	159
토박이말 사랑	165

우리들
마주이야기

만남, 이야기, 돌아봄	174
이야기 나누는 삶을 꿈꾸다	187
가는 길 오던 길에서	193
누구에게나 결정적 순간은 있습니다	199
우리는 만나야 한다	207
사랑하게 되다	218
아이와 어떻게 만나고자 하는가	225
전교조 선생님들 고맙습니다	239
저를 돌아봅니다	246

● ● **여는글**

서럽고 쓸쓸한 이야기를 나누었습니다

　살다 보면 쓸쓸해질 때가 있습니다. 사람이라면 누구나 그럴 때가 있지요. 학교에서 아이들을 가르치는 선생도 그렇습니다. 내가 제대로 가르치는 사람인지 의심이 들기도 하고, 마음을 다했다고 생각했지만 늘 모자라서 힘들 때도 있습니다. 내가 가고 있는 길 끝에는 무엇이 있는지, 생각하면 아득하기만 합니다. 이야기 나눌 수 있는 동무가 있다면 덜 외로울 것 같습니다.

　이오덕김수업교육연구소를 열고 동무들을 모았습니다. 매주 만나서 이야기를 나눴지요. 교실 이야기도 하고, 가르치는 이야기도 합니다. 책을 읽고 그 속에 나오는 사람들 이야기도 나눕니다. 일주일에 한 권씩 읽을 때는 몇 달 지나지 않아서 읽은 책이 수북이 쌓이곤 합니다. 하루는 저 많은 책을 제대로 읽었는지 궁금해졌습니다. 책 속에 들어있던 사람들 이야기가 마음속으로 들어오긴 한 건지, 그래서 내 삶을 이리저리 흔들어놓았는지 알 수 없습니다.

읽었던 책 중에서 두 권을 다시 읽기로 했습니다. 권정생 선생님 글을 모은 『빌뱅이 언덕』과 김수업 선생님이 쓴 『말꽃타령』입니다. 결이 달랐지만 모두가 좋아했던 책입니다. 읽다보면 꿈틀, 마음이 움직이곤 했습니다. 우리는 이 두 권의 책을 아주 천천히 읽고, 밤이 늦도록 오래오래 이야기를 나누었습니다. 그렇게 두 권을 다 읽고 나니 일 년이 지났습니다.

"외로워지면 누군가 그리워지고, 그리워지면 밉던 얼굴도 보고 싶어지고, 보지 못하는 설움 때문에 가슴이 아파진다."

『빌뱅이 언덕』에 나오는 글귀입니다. 날마다 교회 새벽종을 치던 권정생 선생님은 추위보다는 그리움 때문에 아팠다고 합니다. 들기름 묻힌 솜으로 가슴에 난 구멍을 막으며 살던 성태, 불을 지피지 않는 방 안에서 이불을 뒤집어쓰고 떨던 청관이, 밤길을 걸으며 목이 터져라 노래를 부르던 기훈이가 그리웠을지도 모릅니다. 개찰구를 나오며 돌아서 울던 동생이나, 문둥이 삼촌과 할머니 밑에서 굶주리던 목생이 형님도 모두 외롭고 서러운 사람들입니다.

권정생 선생님 이야기를 읽으며 선생님처럼 우리도 글을 써보았습니다. 처음에는 책 이야기를 쓰려고 했는데 쓰다보면 자꾸만 내 이야기가 되곤 했습니다. 내 이야기가 아니면 탄광촌에서 돈 벌러 간 친구의 이야기나 술 드신 날이면 데리러 오라고 해서 부끄러웠던 아버지 이야기, 구두 밑창이 닳아있던 어느 해직자 이야기였습니다. 잊고 있던 이야기, 남들에게 하지 않던 이야기를 글로 썼습니다.

좋은 책은 자기의 삶이 들어있다고 합니다. 내가 살아온 삶이 그 안에 들어있거나 내가 했던 말이 그 안에 들어있거나, 내가 살고 싶은 삶이 거기 있어야 사람의 마음에 울릴 수 있습니다. 『빌뱅이 언덕』이 그랬습니다. 그 책을 읽으며 우리는 서럽고 쓸쓸한 이야기를 나누었습니다.

"써야 하는 말을 똑똑히 알고 있으면, 쓰는 말이 마땅하지 못한 까닭도 환히 알 수 있고, 살려야 할 우리말이 무엇인지도 저절로 깨달을 수 있다."

『말꽃 타령』에 나오는 말입니다. 이 책을 쓴 김수업 선생님이 돌아가신지 1년이 되어갑니다. 한 평생 말이 무엇인지, 사람의 삶이 무엇인지 밝히려 애를 쓰셨습니다. 가끔씩 학교 선생님을 만나서 사람을 가르치는 일은 어떠해야 하는지 뿌리를 찾아주려고 했고 돌아가시기 얼마 전까지도 배달말 말모이(사전) 만드는 일에 앞장섰습니다. 뜻이 굳센 어른이셨습니다. 그 뜻을 잇고 싶었습니다. 반 년 가까이 천천히 책을 읽고 글을 썼습니다.

그러니까 이 책은 『빌뱅이 언덕』과 『말꽃 타령』, 두 권의 책을 일 년 동안 읽고 나서 함께 나누고 싶은 이야기를 글로 옮긴 것입니다. 아이들을 가르치는 선생들이 읽고 쓴 것이라 제목을 『교사, 읽고 쓰다』로 했습니다. 앞서 말했듯이 책 이야기를 한다는 것이 자기 이야기를 할 때가 많았습니다. 어쩔 수 없는 일이었습니다. 아무리 그러지 않으려 해도 책을 읽는다는 일이 결국 내 이야기를 할 수밖에 없다는 것을 알게 되었습니다. 우리는 모두 자기가 살아온 삶의 이야기를 나누며 살아갈 수밖에 없는지도 모릅니다. 그래야 쓸쓸함을 이겨낼 수 있을 것 같습니다.

온작품읽기가 온나라에 퍼지고 있습니다. 교실에서 아이들 사이에 일어나는 일이지만, 어른들도 가끔씩 책을 읽고 이야기를 나누게 됩니다. 교사들도 마찬가지입니다. 책을 읽고 이야기를 나눈다는 것은 그저 책 이야기만 하자는 것이 아닙니다. 삶의 이야기를 나누자는 것입니다. 다른 이들의 이야기에 귀를 기울이고, 거기 내 이야기를 섞으면서 우리는 삶을 이어가는지도 모릅니다.

이 책을 읽는 모든 이들이 책을 읽고 쓰며, 서로 삶의 이야기를 나누며 살면 좋겠습니다. 그런 바람으로 이 책을 엮었습니다.

- 글쓴이 마음을 모아 김강수 씀.

교사, 읽고 쓰다
교사의 온작품읽기

교사 의

성찰

교사의 성찰 ●

삶과 삶 사이

김영주

　일부러 학생들을 망치려 들거나 나쁜 사람으로 만들려는 교사는 없습니다. 적어도 제가 근무한 초등 현장의 경험으로는 그렇습니다. 다만 바쁘게 돌아가는 현장에서 근무하다 보면 어떤 날은 '내가 오늘 제대로 학생들을 가르친 것인지, 진도 나가기에 바빠 학생들을 닦달만 한 것은 아닌지' 헷갈릴 때가 있습니다. 교육적 질문을 던지지 않으면 교사는 의미 없는 삶을 되풀이하기 쉽습니다. 이러한 시간의 흐름을 막기 위해서 교사들은 저마다 다양한 안전장치들을 마련합니다. 교육일지 같은 하루에 대한 기록은 가장 대표적인 장치입니다. 온라인에서 교육적 고민들을 나누거나 오프라인에서 작은 모임을 만들어 교류하기도 합니다. 특히 자생적 교사모임에 참여하는 교사는 자칫 개인의 문제로 끝날 교육적 경험을 공유함으로써 구성원들과 함께 성장할 기회를 갖습니다. '이오덕김수업교육연구소'는 현장의 문제를 나누고자 2013년에 구성한 자생적 교사모임들 가운데 하나입니다.

자생적 교사모임은 교과, 주제, 기능, 취미, 혁신학교의 전문적학습공동체나 네트워크, 연구소 등으로 그 내용과 형태가 다양합니다. '이오덕김수업교육연구소'는 교육에 대해서 함께 공부하고 실천하는 데 뜻을 두었습니다. 특히 현장에 뿌리를 두고 실천한 스승들에 대해서 공부하기로 하였습니다. 왜냐하면 근대교육 이후, 외국 이론을 여럿 도입하였으나 현장의 문제를 제대로 풀어주지 못했다고 보기 때문입니다. 전 세계에 알려질 정도의 외국이론이나 프로그램은 나름대로 장점이 있을 것입니다. 다만 그 나라의 교사, 학생, 제도 등의 맥락과 현장에서 발전한 것이므로 이것을 그대로 우리 현장에 적용하는 데는 한계가 있을 수밖에 없습니다. 그래서 외국이론이나 프로그램을 도입할 때는 신중해야 합니다. 실패하면 다시 다른 외국이론을 도입하는 악순환을 반복하게 되어 결국 현장의 교사들이 소외되는 결과를 낳게 됩니다. 우리의 고민과 실천과 연구가 쌓여 있을 때 외국의 이론이나 프로그램도 제대로 참고하여 도입할 수 있다고 생각합니다.

이오덕은 초등학교 교사로서 평생 동안 교육 현장의 문제를 제기하였습니다. 방정환 이후 처음으로 어린이의 삶에 주목하였습니다. '참삶과 거짓삶', '동시와 어린이시', '글짓기와 글쓰기' 등은 절실한 실천 속에서 나온 맞선말(대립어)들로서 현장의 문제를 있는 그대로 드러내는 노릇을 합니다. 또한 이를 해결하기 위해서 만든 자생적 모임인 '삶을 가꾸는 글쓰기 모임', '어린이도서연구회', '전교조 초등참교육실천모임', '어린이문학협의회', '전국초등국어교과모임' 등은 현재까지 이어지고 있습니다. 김수업은 대학에서 사범대 학생들을 가르치는 교수였지만 전국국어교사모임 선생님들과 함께 '우리말 우리글' 대안 교육과정과 교과서를 만드는 일을 함께 하였고, 겨레의 삶과 토박이말에서 국어교육의 바탕과 속살을 세웠습니다. 연구소 선생님들은 주로 어린이의 삶과 국어교육에 관심이 있던 분들이었기 때문에 이와 관련된 영역에서 스승을 찾았습니다. 두 분뿐 아니라 이분들과 뜻이 닿아 있다고 본 방정환, 권정생, 박문희, 서정오, 임재해, 이철수 같은 분들의 삶과 사상도 함께 공부하게 됩니다. 스승들의 책을 읽고 나서 책 내용뿐 아니라 이와 관련된 현장의 문제들을 이야기했습니다. 방학 때는 직접 스승들을 찾아가서 궁금했던 것을 묻는 공부도 하였습니다. 김수업, 서정오, 임재해, 박문희, 이철수 선생님은 직접 찾아가 뵈었고, 권정생, 이오덕은 살았던 곳을 찾아가 그 뜻을 기렸습니다. 또한 공동 교재도 만들어서 쓰게 되었고, 한 해 공부한 것을 온나라 선생님들과 나누고자 '강마을산마을배움터'를 열었습니다. 공부한 내용을 정리해서 『우리 교실 책읽기의 시작, 온작품읽기』, 『온작품읽기와 온배움씨』 두 권의 책을 출판하였습니다. 스승에 대해서 공부하면서 스스로에게 질문을 끊임없이 던지는 것은 교사의 정체성을 유지하게 해 줍니다.

　스승에 대한 공부와 실천이 연구소를 만든 큰 목적이라면 책 읽고 글쓰기를 일상에서 실천하는 것은 특정 공부 시기의 목적입니다. 스승에 대한 책읽기, 토론하기, 실천하기, 연수 열어 나누기, 스승 찾아뵙기, 책으로 출판하기, 공동으로 교재 만들기 등은 연구소가 지난 5년 동안 실천해온 것입니다. 우리 자신들이 보기에도 참으로 열심히 살았습니다. 하지만 너무 바쁘게 지내다 보니 정작 우리 자신을 돌아볼 기회는 적었습니다. 그래서 이번에는 좀 다르게 공부해보기로 하였습니다. 스승들의 책 가운데 경전 같은 책 한 권을 정해서 꼼꼼하게 읽은 뒤 글을 쓰기로 하였습니다. 이오덕, 김수업은 모두 삶·말·글을 실천한 분들입니다. 살고 말하고 글을 쓰는 것을 평생 동안 실천한 분들입니다. 돌아가시기 직전까지 이를 실천하였기에 넓은 품과 뜻을 잃지 않고 넓힐 수 있었습니다. 우리도 이와 같이 일상에서 읽고 쓰기를 실천하고자 하였습니다. 그러면 스승만큼은 아니겠지만 적어도 자신을 돌아보며 스승을 닮아갈 것이라 여겼습니다.

　스승에 대한 공부와 실천이 연구소 전체의 목적이라면 일상에서 책읽고 이야기 나누고 글쓰기는 이번 공부의 목적입니다. 두 가지 큰 목적은 연구소 전체의 눈으로 본 것이고, 이에 참여하는 선생님 개인의 눈으로 본다면 자신의 삶을 돌아보는 것이 제일 큰 목적일 것입니다. 그래서 스승에 대한 책읽기, 이야기 나누기, 일상에서 실천하기는 공통의 활동이고, 글쓰기는 개인의 빛깔을 드러내는 활동입니다. 5년 동안 함께 만나왔기에 서로를 잘 아는 장점도 있지만, 비슷해져서 오는 단점도 동시에 존재합니다. 상대방의 이야기를 세밀하게 들어볼 기회를 오히려 갖지 못할 수 있습니다. 자세히 들어보면 결이 다른 이야기인데 평소 상대의 가치관과 세계관을 잘 알고 있다는 편견으로 더 깊은 삶을 나누지 못하게 됩니다. 깊은 삶을 나누지 못한다는 것은 자신의 문제를 공론화하여 함께 풀어가고자 했던 모임의 기능들이 약해진다는 뜻입니다. 개인들이 알아서 검열해 고만고만한 이야기만 내놓기 때문에 자신을 돌아보는 성찰의 기회는 그만큼 줄게 됩니다. 그래서 글쓰기에 더 힘을 실었습니다. 책에서 얻은 화두를 바탕으로 자신의 삶을 돌아보는 이야기를 오롯이 글에 담아냅니다. 이야기를 나눈 뒤 다시 글을 씁니다. 서너 번은 짧게 글을 써서 이야기를 나누다가 마지막에는 이를 합친 한 편의 글을 완성합니다. 실제로 해보니 글을 쓸 때 정말 많은 고민을 하게 되어 자신의 삶을 돌아보는 경험을 하였습니다. 글을 쓰면서 생각을 깊이 하게 되고, 이 생각을 글로 쓰면서 다시 자신을 돌아보게 되는 것 같습니다.

　책읽기뿐 아니라 우리 자신의 삶을 읽는 과정도 진행하였습니다. 서로의 삶에 대해서 인터뷰를 한 다음, 전사한 자료를 바탕으로 글을 썼습니다. 상대방의 삶에 대해서 올곧게 들어보는 시간을 가졌습니다. 상대의 삶에 대한 이해는 끝까지 잘 들어주기에서 시작해서 인터뷰 내용을 전사(옮겨쓰기)하는 과정에서 더 깊어집니다. 전사한 내용을 바탕으로 내 글을 써나가는 과정은 상대와 나 자신을 더욱 깊이 들여다볼 기회를 줍니다. 한 학기 정도의 공부가 마무리될 즈음, 나의 변화에 대해 묻는 질문지에 답하는 과정을 둔 것도 이와 같은 취지입니다. 결국 이번 공부의 목적은 스승과 동료에 관한 온 작품을 읽고 쓰면서 자신의 삶을 성찰하는 것입니다.

　다음 자료는 2014년 1월, 겨울 방학 때 스승님을 직접 찾아뵙고 나서 내가 연구소 누리집에 올린 글입니다. 당시 이 글에는 살아온 길과 살아갈 길이 드러나 있습니다. 나 자신에 대한 성찰을 통해서 앞으로 실천할 일들이 자연스럽게 정해집니다. 삶과 삶 사이에 성찰이 있습니다. 사람과 사람 사이에 성찰이 있습니다. 자신의 삶을 돌아보는 성찰은 사람으로서, 교사로서 어떻게 사는 것이 마땅한지 깨닫게 해줍니다. 내가 연구소 모임에 나오는 까닭이기도 합니다.

　　우리 아이들의 삶과 말을 가꾸려고 현장에서 애쓴 이오덕, 김수업 선생님의 사상을 공부하고자 작년에 이오덕김수업교육연구소를 만든 뒤, 아홉 분 선생님들과 매주 화요일 모임을 했다. 우리나라의 여러 학자들, 외국의 학자들이 있지만 현장에서 아이들을 교육하는 사람으로서 우리와 같은 처지에서 고민하고 실천한 분들의 생각과 실천을 먼저 배우는 것이 맞다고 생각했다. 최근 이오덕 교육일기 다섯 권이 나왔는데 선생님들과 함께 읽으며 참으로 마음이 불편했지만, 이렇게 힘든 상황에서도 이오덕 선생님이 끝까지 아이들 삶과 이야기에 귀를 기울였다는 점에서 한편으로 든든한 버팀목을 만난 것 같았다.

모임의 한 주는 낱말 교재를 함께 만들어가고 있다. 저마다 한 꼭지씩 맡아서 내용을 만들고 함께 고치는 일을 했다. 다른 한 주는 이오덕, 김수업 선생님의 책을 비롯하여 이와 같은 사상으로 실천한 분들의 으뜸가는 책들을 읽고 이야기를 나누었다. 1년 정도의 과정으로 책을 읽고 나면 1기 교사교육과정이 만들어질 것이다. 2기는 좀 더 깊이 공부하기 위해 김수업 선생님의 『배달말꽃』이나 이오덕 선생님의 책만으로 1년을 공부하고 싶다. 그동안 공부한 책으로는 이오덕 선생님의 『삶을 가꾸는 글쓰기 교육』, 『이오덕 일기』 다섯 권, 김수업 선생님의 『말꽃 타령』, 서정오 선생님의 『옛이야기 세상 이야기』였다. 책을 읽으며 삶과 일의 관계, 돌아가시기 이틀 전까지 삶을 기록한 이오덕 선생님의 삶, 삶에서 말과 이야기의 중요성 등을 다시금 깨달을 수 있었다.

낱말교재 만들기도 이제 어느 정도 틀을 갖추어 가고 있다. 한 학기 공부를 마친 뒤 겨울 방학 때 김수업, 서정오 선생님을 직접 방문하여 책을 읽다 궁금했던 점을 물어보기로 했다. 강의식 연수, 분과식 연수, 활동식 연수 등을 경험했지만 우리가 직접 책을 읽고 공부한 뒤 저자를 만나 묻고 답하는 과정은 처음 겪는 것이었다. 질문을 미리 만들어 보내드렸고, 김수업 선생님과 하루 종일 묻고 답하기를 하였다. 하룻밤 선생님 댁에서 잠도 잤다. 존경하는 분과 하루를 보내며 삶을 가까이 한 것과 장면들을 비디오에 담아서 나중에라도 다시 볼 수 있게 한 일도 뜻깊었다. 다음 날은 대구 서정오 선생님 댁에 가서 미리 보낸 질문을 바탕으로 이야기를 나누었다. 작업하시는 방도 정겹고 사모님의 다과도 마음에 오래 남는다.

김수업 선생님은 일흔 일곱의 나이에도 불구하고 지역에서 진주문화연구소 이사장을 맡아서 지역의 이야기, 노래, 놀이 등을 살리는 일을 하고 계셨다. 직접 쓰신 논개 책도 받았다. 진주성을 돌며 손수 역사 이야기를 해주시기도 했다. 베트남 신부님에게 한글도 가르치고 계셨다. 서정오 선생님은 겨레의 옛이야기를 찾아서 아이들이 읽을 수 있도록 하는 일에 여전히 힘을 쏟고 계셨고, 아이들의 요즘 이야기도 글로 쓰고 계신다고 했다.

다녀와서 수첩에 적은 이야기를 살펴보니 2014년 새롭게 살아갈 이야기가 저절로 빠져나왔다. 방학 때 작은학교교육연대 연수 때 윤구병 선생님 이야기, 어린이와 문학 연수 때 김진경 선생님의 헝겊 원숭이 이야기, 이재복 선생님의 판타지 학교 이야기 등이 서정오, 김수업 선생님 이야기와 이어졌다. 교실에서 아이들에게 옛이야기를 주로 읽어주었는데 힘들더라도 다시 들려주기를 해야겠다는 생각이 들었다. 겨레의 이야기를 이어나가는 일이다. 더불어 요즘 아이들 이야기, 내 옆의 선생님들 이야기를 잘 살피고 함께하며 이야기 속으로 들어가고 싶다. 우리 학교 아이들이 해마다 문집을 내고 있고, 선생님들도 글을 올리고 있는데 나는 얼마나 이야기에 눈을 두었는지 되돌아보았다. 둘째로 올해는 박문희 선생님의 마주 이야기, 편해문 선생님의 노래와 놀이, 이재복 선생님의 『이야기밥』, 서정오 선생님의 옛이야기 들려주기, 김수업 선생님의 『우리말이 서럽다』 등을 공부하면 좋겠다는 생각을 했다. 그리고 여름방학 때 박문희 선생님을 찾아뵙거나 이오덕 선생님의 무너미마을과 아드님이 운영하는 이오덕학교를 방문하는 것도 괜찮을 것 같았다. 셋째는 몸으로 하는 것이다. 학생중심, 창의성, 협동학습, 배움중심 등의 많은 말들을 쏟아내고 있지만 정작 나는 무엇을 하고 있는가가 중요하다. 말로는 모두 할 수 있다. 새롭게 여는 길은 내가 가진 것들을 내려놓아야 할 수 있는 것이며, 작은 일이기에 금방 눈에 잘 보이지 않는 것들이다. 좋은 것, 가능성의 세계, 있어야 할 것 등을 이야기 하지만 이렇게 되기 위해서 아주 작은 실천들이 모아져야 한다. 먼 길로 현실을 보면 모두 부정적인 것으로 보여서 실제 실천은 안 하고 투덜대기만 할 수 있다. 이를 위헤 니는 무엇을 몸으로 실천할 것인가? 작은 일들을 새롭게 몸으로 해나가며 나의 이야기, 우리의 이야기가 엮일 것이다.

김수업 서정오 선생님을 만나고 나서 | 함께읽어요
김영주|조회 536|추천 이2014.01.22. 11:28http://cafe.daum.net/salmal/IXci/22

다음 자료는 7개월간의 공부를 마치며 자신의 변화에 대해 묻는 질문에 연구소 선생님들이 답한 내용입니다.

일 년을 따로 떼어서 이야기를 하자면 동무가 될 사람이 많다는 생각을 했습니다. 저는 사람을 넓게 사귀지 않았습니다. 그냥 스치는 사이로만 생각했고, 깊이 이야기를 나누거나 속 이야기를 잘 하지 않았습니다. 몇몇 사람들과 주로 이야기를 하고 내 속내를 비쳤습니다. 내가 살아가는 모습을 보면서 나를 판단했겠지만 사람을 끌어당기는 매력 같은 것도 없어서 저는 줄곧 좁은 공간 속에 있었습니다. 어쩌면 내가 그 관계를 자주 끊었는지도 모릅니다. 내 주위에 있는 사람들이 가장 뜻이 곧다고만 생각했던 것 같습니다. 이번에 연구소에서 스승 찾는 공부를 하면서 몇몇 사람들이 더 들어왔습니다. 뜻이 굳세고 배울 점이 많았습니다. 배울 점이 많으면 나이가 많건 적건 스승입니다. 가까이 있고 싶은 마음이 들었습니다.

둘러보면 그럴 일이 많을 것 같습니다. 몇몇 사람이 더 멀리 갈 수도 있지만, 여럿이 한 걸음 가는 것이 중요하다는 생각을 다시 했습니다. 그 여럿이 내 스승이라는 생각도 하게 되었습니다. (김강수 선생님)

4년이나 되었네요. 10년은 가봐야 뭔지 조금은 알게 되고 나의 변화도 볼 텐데……. 개인적인 관계로만 만나면 금방 지치는 관계가 모임에서 함께 살아가니 또 가고, 또 갑니다. 상대방의 삶을 한번 들여다보게 됩니다. 동료교사를 만날 때도 한 장면만 보지 않고 그 교사의 삶을 봐야 되겠다 싶을 때가 많아졌습니다. 나에 대해서도 내가 살아온 이야기를 만들어가면서 내가 무엇을 중요하게 생각했고, 좋아하고, 아끼면서 살고 있는지, 그리고 앞으로 나아가기 위해 무엇을 하는지 바라보게 됩니다. (이혜순 선생님)

처음에는 무엇을 하나 막연했습니다. 수년 간 모임을 하면서 눈에 드러나게 변한 것은 없지만 혼자는 배울 수 없는 것을 많이 배웠습니다. 교사로서 가르침과 배움을 이야기할 때 어떻게 하는 것이 바른 것인지는 말할수 있게 되었습니다. 부족한 내가 그렇게 실천하기 위해 그만둘 때까지

노력해야 한다는 것도 깨달았습니다. (장상순 선생님)

깊이가 달라졌을 겁니다. 위치도 달라져야 한다는 생각을 합니다. 지금껏 끌려가고 배우고, 얻어왔다면 이제는 앞장서고, 나눌 수 있어야겠습니다. 직업으로의 교사, 그런 나에 대해 크게 질문을 던지지 않았습니다. 그러니 전문성을 키우는 것 정도에 멈추지 않았을까 생각이 듭니다. 요즘은 저 스스로도 선생님 같다는 생각을 간혹 합니다. 거꾸로 그렇지 못할때도 있으니 돌아볼 줄 아는 사람이 되어간다고 해야 할까요? (박길훈 선생님)

아마 이 모임이 아니었다면 이오덕 선생님, 권정생 선생님 그리고 김수업 선생님 같은 분들을 제대로 모르고 교직생활을 했을 것입니다. 특히 교사로서 뜻을 세울 때, 권정생 선생님 삶이야기(빌뱅이언덕)와 모임 내 선생님들 이야기를 듣는 과정이 큰 울림을 주었습니다. 혼자였다면 절대로 가지 않았을 길을 잘 이끌려갔다는 생각이 듭니다. (최강토 선생님)

모두들. 다들 바쁜데 이렇게 하는구나. 매번 모임에 빠지지 않으려 하고, 지역에서 연수를 열려고 하고, 책을 만들려는 모습을 보면서. 가능하게 하는 힘이 뭘까 생각합니다. 아마도 함께 하기에 가능하지 않을까 싶습니다. 힘들면 도와줄거란 믿음이 있기 때문이죠. 두터운 신뢰가 생긴 것 같습니다. (권재우 선생님)

매주 모였습니다. 그것도 금요일 저녁입니다. 마석에 있는 카페와 서종

초를 번갈아 가며 만났습니다. 처음엔 가벼운 마음으로 시작했지만 갈수록 어려웠습니다. 매주 글쓰기 하고 서로 나누고 수정을 했습니다. 그냥 글쓰기가 아니었습니다. 삶을 나누는 글쓰기였습니다. 힘들었지만 좋았습니다. 권정생 선생님과 김수업 선생님의 삶과 그 분들의 사상을 통해 나를 돌아보는 귀한 시간이었습니다. 또한 한 곳에 집중할 수 있어서 좋았습니다. 힘들지만 같이하니 도전 정신도 강화 되었습니다. (조배식 선생님)

마지막으로, 질문지에 우리 모임을 한 마디로 정의한다면 무엇일지와 그 이유를 묻는 질문이 있었는데 우리 모임의 막내인 최강토 선생님이 답한 내용은 다음과 같습니다.

지남철입니다. 속도가 아니라 방향을 정하는 일을 도와줍니다. 특히 신영복 선생님이 말한 지남철과 비슷합니다. 네비게이션 처럼 정확한 방향을 정해주는 것이 아니라 늘 바늘 끝이 떨리고 요동치는 불안한 지남철과 비슷합니다.

요동치는 지남철! 책읽기와 삶읽기, 이야기 나누기, 실천하기, 글쓰기의 과정은 자신을 돌아보게 하기 때문에 떨림이며 설렘이며 긴장이며 기쁨입니다. 연구소 선생님들이 동료 선생님들과 이야기하며 글로 쓴 내용들은 어설프고 딱딱하고 어리숙해 보일지 몰라도 그 자체가 성찰의 과정이며 삶이며 온작품쓰기입니다.

교사, 읽고 쓰다
교사의 온작품 읽기

권정생

빌뱅이 언덕

권정생 빌뱅이언덕

권정생의 '살아 있음'

뼈저린 체험 이야기

김 영 주

권정생의 '살아 있음'

권정생의 '빌뱅이 언덕' 1, 2부를 읽고 내용을 간추렸다. 1부를 읽고 나서 마음에 남는 문장들에 밑금을 그었다. 그리고 밑금 그은 문장들을 간추려서 다시 읽은 다음, '살아 있다는 것과 죽어 있다는 것은 무엇인가?' 라는 물음을 던졌다. 이렇게 정리된 내용을 복사해서 연구소 회원들에게 나누어 준 뒤 발표를 하였다. 다른 사람들이 정리한 내용도 차례대로 듣고 나서 짧게 이야기를 나누었다. 2주차에는 2부를 읽은 다음 1주와 같은 과정을 되풀이하였다. 2부의 물음은 '자연스런 삶이란?'이었다. 1, 2부에서 나온 주제 문장은 모두 21개였으며, 밑금 그은 낱말은 다음과 같다.

한참 동안 서서 기다림(어머니,25쪽) / 구멍 막아 가면서 일했다(성태, 27쪽) / 그대로 빳빳하게 얼어 버렸다(권정생, 29쪽) / 티끌 바람 같은 삶(38쪽) / 안정된 환경에서만 사람다움(50쪽) / 항상 깨어 있어야(61쪽) / 살아 있는 천사(아주머니, 64쪽) / 배우면 착해지고 못 배우면 악해지는 것이 아니다(68쪽) / 함께 도우며 살아가는 공부(69쪽) / 공정치 못한 일 스스로 희생해서라도(머슴 혁명가, 71쪽) / 내 가슴에 살아 있는 목생 형님(81쪽), 여름지기 생명의 씨앗(93쪽) / 꼴찌의 자유로운 삶(123쪽) / 따뜻한(133쪽) / 자연의 소리와 빛깔(142쪽) / 하나같이 똑같다(160쪽) / 기다리는 마음 지켜보는 마음(161쪽) / 기계적인 감각에서 손의 감각과 대자연이 감각으로(162쪽) / 마구잡이로 잡아먹기(166쪽) / 당산나무: 한없이 베풀기, 아무 것도 요구하지 않기(171쪽) /

권정생에게 살아 있다는 것은 죽지 않은 것이다. 죽음과 맞서 있다. 살아 있다는 것은 자연스럽게 사는 것이다. 그렇다면 '자연스럽게 살아 있다는 것은 무엇일까? 라는 질문으로 모아진다. 이 질문을 가지고 다시 주제 문장을 읽어 보았다.

먼저 '자연스러운 살아 있음'에는 체험이 있었다. 끝내 오지 않는 형 기다리다 돌아서는 어머니를 보고 흘리는 눈물, 오줌이 젖어 그대로 빳빳하게 얼어버린 권정생의 바지, 내 돈이 아니라서 돌려주고야 마는 솔직하고 착했던 아주머니의 거칠고 무딘 손, 가슴에 구멍이 뚫려 고름이 흐르는데도 일하는 성태, 권정생 가족이 일본으로 떠나며 어쩔 수 없이 깊은 산속 문둥이 삼촌과 할머니 밑에 맡겨진 뒤 고독과 주림을 이기지 못해 2년 만인 열일곱 살에 죽은 목생 형님, 내가 살기 위해서 다른 목숨을 마구잡이로 잡아먹는 사람들 등에서 권정생의 살아있음은 곧 가슴 절절한 뼈저린 체험이다. 어쩌다 무슨 일이 일어나 '생각나는 사람, 그리운 사람이 아닌 내 가슴에 살아 있는', '벗어날 수도 벗어나고 싶지도 않는' 살아 있는 체험이다.

다음으로 '자연스러운 살아 있음'에는 목숨들이 있다. 어머니, 친구인 성태, 목생 형, 바보 같지만 착한 아주머니, 똑같은 획일화와 정형으로 살아가는 아이들, 늘 그 자리에서 베푸는 당산나무, 가난과 고통을 겪는 자신 등이 있다.

마지막으로 '자연스러운 살아 있음'에는 일관된 권정생의 생각이 있다. 자신을 포함한 목숨들과 만나고 겪으면서 '살아 있음'과 '죽어 있음'에 대한 생각들이 펼쳐진다. 권정생의 '살아 있음'에 대한 생각들은 이러한 목숨들에 대한 체험에서 나온 것이다. '항상 깨어있는', '따뜻한', '자연의 빛깔과 소리 같은', '기다리고 지켜보는 마음', '여름지기', '생명의 씨앗', '꼴찌의 자유로운 삶', '살아 있는 천사', '묵묵히 가난과 고통을 견디어 내는', '베풀면서도 요구하지 않는', '엄숙하면서 위압감을 주지 않는', '멀리서 보나 가까이서 보나 한결같이 깨끗하다' 등은 권정생의 '살아 있음'에 대한 생각을 표현한 것이다.

권정생의 '자연스러운 살아 있음'은 체험, 목숨, 생각으로 이루어져 있다. 이 셋의 관계를 보면 목숨들에서 체험이 나오고, 체험을 하며 생각이 만들어지는 것을 알 수 있다. 다시 말해서 목숨에 대한 체험과 이에 대한 생각으로 줄일 수 있다. 또한 자연스러움은 생각에 속하기 때문에 '살아 있음'의 하위층인 생각으로 보아야 맞을 것이다. 이를 표로 정리하자면 다음 표와 같다.

살아 있음	
체험(목숨)	생각

그렇다면 자연스러움, 착함, 씨앗, 꼴찌다움, 자연스러운 아름다움 등의 생각 층의 알맹이를 알아야 '살아 있음'을 알게 된다. 그런데 이러한 생각들은 목숨들에 대한 권정생의 체험 층위에서 나왔다. 처음으로 다시 돌아가 권정생이 체험한 것을 다시 깊이 들여다 볼 필요가 생긴다. 다음은 최초에 뽑은 21개의 문장 가운데 목숨에 대한 체험 부분만 옮긴 것이다.

25쪽〉 형, 설날에 올 줄 알고 기다렸는데 올해도 집에 안 오니까 어머니가 만날 울고 계신다. 형이 올까 봐 떡을 해 두고[1], 설날이 지났는데도 어머니는 막차 올 때면 정거장까지 마중을 간단다. 손님이 다 내리고도 한참 동안 더 서서 기다려 보고 돌아설 때면 나도 눈물이 났어. → 체험 층

27쪽〉 성태는 가슴에 구멍이 뚫려 거기서 고름이 쉴 새 없이 흘렀다. 들기름을 묻힌 솜으로 그 구멍을 막아 가면서 성태는 일을 했던 것이다. → 체험 층

29쪽〉 "주여." "주여."를 되풀이하다가 보면 어느 사이에 "어이 추워, 어이 추워."로 바뀌어 버린다. 어쩌다가 지쳐 그 자리에 쓰러져 잠이 들면 온통 바지가 젖어 있었다. 젖은 바지는 그대로 뻣뻣하게 얼어 버렸다. → 체험 층

64쪽〉 그 바보같이 착한 아주머니의 돈은 오랜 세월 잊히지 않고 머리에 남고 가슴에 남아 떠나지 않는다. 그 착했던 아주머니는 훗날 내가 쓰는 동화 속에

---

[1] 진하게 한 부분은 1차 간추린 문장 안에서 다시 중요한 낱말을 찾아 표시한 것이다.

자주 살아남게 되었다. 어떤 모습이었는지 지금은 그때 그 꼬깃꼬깃 접힌 종이
돈을 건네주던 거칠고 무딘 손만이 기억되는 아주머니지만 내게는 살아있는 천
사였다. → 체험 층

목숨에 대한 내용을 체험의 눈으로 다시 읽어 보니 새로운 점을 발견했다.
목생 형님과 당산 나무 부분은 '살아 있음'에 대한 체험 층이라기보다 오히려
생각 층의 핵심을 알려준다는 것이다.

81쪽〉 생각나는 사람, 그리운 사람이 아닌 내 가슴에 살아 있는 목생 형님은
끊을 수 없는 반려자이며 내 사랑하는 소년이다. 슬픈 동화의 샘처럼 항시 맑디
맑은 그 눈동자가 내 영혼을 감싸고 있는 한 나는 거기서 벗어날 수도, 벗어나고
싶지도 않다. → 생각 층

171쪽〉 당산나무는 우리에게 몸과 마음으로 한없이 베풀기만 하지. 우리한테
서 아무것도 요구하지 않는다. 공양 같은 것은 물론 엄청난 현금이나 시주도 요
구하지 않는다. 한 마디의 설보도 하지 않고 한 줄의 경전도 없고 복잡한 계율도
없다. 어린아이처럼 천진하면서도 그 무엇보다 의젓하고 성스럽다. 엄숙하면서
도 결코 위압감을 주지 않는다. 멀리서 보나 가까이서 보나 한결같이 깨끗하다.
→ 생각 층

특히 생각 층 안에서도 목생 형님은 사람의 목숨에 대한 생각을, 당산 나
무는 자연의 목숨에 대한 생각을 드러내고 있다. 목생 형님과 당산 나무에

해당하는 체험 층을 더 찾아보았다.

78쪽〉 목생 형님은 길안골 산속 문둥이 삼촌과 할머니 밑에서 고독과 주림을 이기지 못해 2년 만인 1938년, 열일곱 살의 아까운 나이로 죽고 말았다. 내가 태어나서 첫돌이 채 되기 전이었다. → 체험 층

79쪽〉 칡뿌리와 산나물, 송기죽이 식생활의 전부였던 것은 말할 나위도 없다. 싸리나무로 덫을 만들어 들쥐까지 잡아먹어야 하는 절박한 상황에 이르게 되면서, 목생 형님이 고통은 무엇으로 표현할 수 없었을 것이다. → 체험 층

81쪽〉 문둥이 삼촌도 손가락이 다 문드러져 나간 손바닥만으로 조카의 이마를 쓸어 주며 눈물을 흘렸을 게다. → 체험 층

170쪽〉 고향이 있는 사람들은 고향의 추억과 함께 당산나무의 추억도 가지고 있을 것이다. 매미가 시끄럽게 우는 나무 그늘에서 낮잠도 자고 고누도 뜨고 씨름도 했다. 거기서 마을 어른들께 구수한 옛날이야기도 듣고 세상에 떠도는 온갖 소문도 들었다. 외갓집 가신 어머니가 돌아오는 날이면 이 당산나무 밑에서 기다렸고, 장에 가신 아버지도 여기서 기다렸다. → 체험 층

위와 같이 보충된 주제문장과 체험 층, 생각 층을 바탕으로 체험과 생각의 본질, 살아 있음의 본질을 찾아보았다. 권정생 체험의 본질은 '뼈저림'으로 모아졌다. 자신과 다른 목숨들을 만나며 '뼈저린' 체험을 하고 있는 것이다.

생각의 본질은 '내가 됨'으로 모아졌다. 권정생의 체험은 무형의, 마음 속 깊이, 뚜렷이, 가슴속에 생동하는 바로 내가 되어 있는 것이다. 이렇게 본다면 권정생의 '살아 있음'은 '내가 되는 뼈저린 체험'이라고 할 수 있다.

주제	살아 있음 = 내가 되는 뼈저린 체험	
본질	뼈저림	내가 됨
층위	체험	생각
본질 낱말	· 들쥐까지 잡아먹는 절박한 상황 · 손가락이 다 문드러져 나간 손바닥만으로 · 그대로 뻣뻣하게 얼어버린 · 꼬깃꼬깃 접힌 종이돈을 건네주던 거칠고 무딘 손만이 기억되는	· 더욱 또렷이 내 마음속에 깊숙이 향기를 뿜으며 생동하고 있는 · 그리운 사람, 생각나는 사람이 아닌 내 가슴에 살아 있는 · 살아 있는 것은 무형의 그림

김영주의 '살아 있음' - 내가 된 체험 이야기

권정생의 '살아 있음'의 본질은 내가 되는 뼈저린 체험이다. 목숨이 달린 존재는 누구나 체험을 하며 자기 자신이 되어 간다. 권정생 자신의 정체성은 체험을 통해서 형성되었을 것이며 생각이란 이에 대한 표현이다. 다른 목숨과 다른 존재로서 권정생은 '뼈저린'으로 구별된다. 뼈저린 체험이 곧 권정생의 살아 있음이다. 그렇다면 김영주가 된 살아 있음은 무엇일까?

권정생의 '살아 있음'과 내가 된 뼈저린 체험이란 주제를 되새기며 3부와 부록을 읽었다. 읽는 방법은 1, 2부와 동일했다. 중요한 부분을 찾아낸 뒤, 다시 읽으며 더 중요한 부분에 밑금을 그었다. 주제에 해당되는 금을 근 부분은 1, 2부와 크게 다르지 않았다. 다만 '내가 된 뼈저린 체험'에서 '뼈저린 체험'으로 말을 바꾸었다. 그렇게 한 까닭은 '내가 된 체험'은 일반적으로 대부분의 사람들이 겪을 수 있지만 '뼈저린'은 전쟁과 병마를 체험한 권정생 만의 삶을 드러낼 수 있는 낱말로 보였기 때문이다. 게다가 생각은 이 체험에서 비롯된다. '뼈저린'이 권정생의 체험과 생각을 드러낸 형용사라면 김영주의 체험과 생각을 드러내는 형용사는 무엇이 붙을까 궁금해졌다.

눈물겨운(196쪽), 찢기듯이(198쪽), 괴로움(198쪽), 혼자서 울었다(232쪽), 큰 상처(272쪽), 그토록 질기게(274쪽), 가슴 한 녘이 메어지는 듯(274쪽), 보지 못하는 설움(319쪽) 등의 핵심 낱말들은 권정생의 체험이 뼈저렸다는 것을 뒷받침한다. 1, 2부에서 뼈저린 체험과 생각을 오롯이 느낄 수 있게 해 준 것이 '목생 형님'에 관한 살아 있는 이야기였다면, 3부와 부록에서는 '장화이야기'가 그러했다.

> 어린 시절엔 하찮은 일도 큰 상처로 남게 되나 봅니다. …어머니께서 신겨 주실 땐 아무것도 모르고 그냥 기쁘기만 했던 그 장화가 빛깔도 모양도 짝짝이인 것을 그때서야 알게 된 것입니다. 나는 부끄러워 한달음에 집으로 돌아와 소리 죽여 울었습니다. 그 장화는 거리 청소부로 다니는 아버지께서 쓰레기통에 버려진 한 장화를 주워 짝을 맞춰 놓은 것이었습니다.
>
> (권정생, 『빌뱅이 언덕』, 창비, 2012, 272쪽.)

이야기는 삶의 체험과 생각을 통째로 전달할 수 있는 갈래로 보인다. 자세히 살펴보면 권정생의 글들은 대부분 삶에서 체험을 드러낸 작은 이야기들로 이루어져 있다. 그 가운데 목생 형님과 장화 이야기는 비교적 줄거리가 길게 나와 있어 권정생의 삶이 그대로 전달된다. 나에게 아무리 깊은 체험이 있다 하여도 이야기로 구현되지 않으면 다른 체험과 생각을 가진 사람들이 이러한 체험과 생각에 공감하고 감동하기란 쉽지 않은 것이다. 그래서 주제를 '뼈저린, 체험 이야기'로 수정했다. 권정생의 특별한 삶을 드러내는 '뼈저린'을 괄호로 묶는다면 '체험 이야기'가 그 사람을 살아있게 한다고 볼 수 있다. 그렇다면, 김영주에게 있는 체험 이야기는 무엇일까? 차를 운전하다가, 전철을 타고 서울에 나가다가, 산책을 하다가 지금 나에게 살아 있는 체험 이야기는 무엇일까를 자꾸 고민했다.

우선 어릴 적에 겪었던 작은 이야기들이 떠올랐다. 나는 초등학교 5학년 때 복지회관에서 운영하는 주산학원을 다녔다. 그때만 해도 학원이 거의 없었기 때문에 수업 끝나고 주산학원에 가면 시간이 꽤 남아 있어서, 친구들하고 복지회관 마당에서 발야구를 하곤 했다. 한번은 공을 잘못 차서 복지회관 현관 유리창을 깼다. 우린 수위 아저씨에게 모두 불려가 현관 바닥에 무릎 꿇고, 손을 들고 벌을 섰다. 벌 서는 사이 수위 아저씨는 바닥에 떨어진 유리조각들과 창틀에 남은 파편들을 모두 제거했다. 우린 벌을 서며 숨을 죽이고 그 장면을 모두 보았다. 주산 시작 시간이 되어 교실로 들어가서 한 시간 넘게 주산을 배우고 나올 때였다.

"짱가! 쨍그랑!"

눈 깜짝할 사이 재천이란 아이가 교실 문을 열고 나가, 우리가 깨뜨린 현관의 빈 유리 창틀을 향해 돌진한 것이다. 함께 튀어나가던 나를 비롯한 남자아이들은 순간 걸음을 멈추며 억 소리를 질렀다. 현관 유리창이 깨지고 재천이의 머리는 유리창을 통과해 유리창 밖에 멈추어 있었다. 순식간에 선생님들, 수위 아저씨, 아이들이 몰려들었다. 신기하게도 재천이는 목을 크게 다치지 않았다. 알고 보니 우리가 주산을 배우고 있는 사이 수위 아저씨가 수리공을 불러 빈 창틀에 새 유리를 갈아 끼웠던 것이다. 어찌 보면 끔찍한 일인데 왜 제일 먼저 이 이야기가 떠올랐는지 모르겠다. 여기서 짱가는 당시 아이들한테 인기 있던 텔레비전 만화의 주인공 로봇 이름이다. 그 당시 친구들과 거의 2년 동안 밤야구를 한 기억 때문이 아닐까 하는 생각을 해본다. 지금도 자식을 키울 때, 학교에서 아이들을 가르칠 때 재천이 이야기가 떠오른다. 넉넉한 오후 시간에 아이들 스스로 즐기던 모험, 탐험, 위험이 있는 놀이가 사라지고 있다.

　가족사에서는 아버지 이야기가 떠올랐다. 우리 할아버지는 내가 장손이라며 끔찍이 아끼셨고, 아버지도 내가 장남이라고 남다른 정을 쏟으셨다. 할아버지는 어릴 적 방학 때 내가 홍천에 내려가면 썰매도 손수 만들어 주시고, 작은 지게도 손수 만들어 주시곤 했다. 이와 달리 아버지는 직장에서 술이 거나하게 취해서 귀가하실 때 장남인 나를 특별히 부르곤 하셨다. 용산역에서 버스를 타고 동네 근처 정류장에 내리면 꽤 걸어야 우리 집에 다다를 수 있었는데 아버지는 꼭 술 취한 날 버스 정류장에 내려 집으로 전화를 하셨다. 정류장에서 기다리고 있을 테니 아버지를 데리러 오라는 것이었다. 내려가서 모시고 오는 것은 어렵지 않은데 정류장에서 우리 집까지 오는 길에 거치는 시장과 친구 집이 골치였다. 가끔 아버지는 술에 취하면 다른 사람에게 시비를 걸기도 했다. 말도 많아진다. 난 아버지를 부축하고 집에 올 때 친구들이 볼까봐 가슴이 조마조마했다. 특히 내가 좋아했던 신발 집 딸이 볼까봐 더욱 떨렸다. 한 번도 걸린 적은 없지만 마음을 졸여 얼굴이 후끈거린 기억은 지금도 생생하다. 사실 그 아이가 나와 아버지를 봤는지는 모른다. 신발 집을 지날 때면 어디서 힘이 났는지 모르지만 아버지를 끌다시피 하여 빠르게 지나치곤 했다. 신발 집에는 눈길도 주지 않았다.

퇴근 후 아홉시만 되면 술을 마셨거나 안 마셨거나 고객님을 친절히 챙기시는 2588 2588 대리운전, 8282 대리운전 등 대리 운전 메시지가 어김없이 들어온다. 아버지를 보며 난 커서 절대로 술을 입에도 대지 않기로 작정하고 또 작정했는데 대리 운전 단골 고객이 되어 있다.

진짜 내 삶의 이야기는 교대 졸업하고 발령 나서 아이들을 만나서부터다. 아이들 일기를 아침마다 봐 주는 것 외에는 노래, 그림, 놀이, 피아노 그 어느 것도 자신 있게 가르쳐주지 못했지만 아이들 모습을 눈여겨 봐주는 것은 남달랐던 것 같다. 체육 시간은 꼭 운동장에 나가서 해주고, 쉬는 시간이나 점심시간에 자기들 노는 모습을 옆에서 봐주는 것만으로도 아이들은 나를 좋은 선생님이라고 말해주었다. 아이들을 바라보다 재미있는 말이나, 내가 몰랐던 아이들 세계, 모르는 놀이가 나오면 이 장면을 떠올릴 핵심 낱말을 수첩에 바로 적어놓곤 했다. 잘 이해가 안 될 때는 며칠씩 관찰할 때도 많았다. 그런 습관 때문일까 아이들 세계에서 벌어지는 새로운 사건들을 알게 되었다. 때론 나만 알기 아까워서 수첩에 적어놓은 핵심 낱말로 일기를 쓰고, 더 알리고 싶으면 동화로 쓰기 시작했다. 나의 동화는 대부분 이런 과정을 거쳐서 나온 것이다. '작가와 만남' 행사에 가면 꼭 나오는 질문이 작가로서 가장 기억에 남는 동화는 무엇이냐는 것이다. 이 때 내가 꼭 대답하는 작품이 「도망자 고대국」과 「반쪽귀」이다.

내 작품의 주인공과 조연들은 모두 실제 인물이거나 실제 인물들의 조합이다. 사건과 배경도 그러하다. 고대국이 가명이긴 하지만 6학년 가르칠 때 실제로 겪은 인물을 바탕으로 창작했다. 고대국은 아버지가 일찍 돌아가셔서 어머니 슬하에서 자라고 있었다. 어머니가 일찍 출근하면 고대국은 늦잠을 자다 학교를 자주 빠졌다. 학교를 나오더라도 쉬는 시간이나 점심시간에 학교 옆 오락실을 가거나 운동장 주변을 배회하다 늦게 들어오곤 했다. 일명 남자 아이들 중 고대국 체포조(?) 몇 명을 조직해서 운영하기도 했다. 수업을 하다 고대국이 안 들어오면 수업 때문에 나는 나갈 수가 없었다. 하루는 수업이 시작되었는데 한참 지나도 고대국이 들어오지 않았다. 체포조 뿐 아니라 다른 아이들도 고대국이 어디 있었는지 전혀 보지 못했다고 했다. 점심시간에 오락실 갔다 늦게 온 적은 있어도 쉬는 시간에 오락실을 간 적은 없었다. 그런데 운동장과 학교 안에 없다고 하니 걱정이 되어 할 수 없이 체포조 남자 아이들 몇 명을 고대국이 자주 가는 오락실로 보냈다. 고대국이 있으면 데리고 오라는 것이었다.

문제는 이때부터였다. 찾으러 나간 체포조 아이들도 깜깜 무소식이었다. 시간은 자꾸 흐르고 걱정이 되어서 도저히 그냥 수업을 할 수가 없었다. 옆반 선생님에게 우리 반 아이들을 부탁한 다음, 내가 직접 오락실로 가보았다. 오락실에 들어서자 고대국이 보였다. 오락에 빠져 있었다. 더 놀라운 것은 체포조 아이들까지 그 옆에서 오락을 함께 하고 있었던 것이다. 뒤통수를 한 대 후려치고 싶었지만 성질을 꾹 누르고 뭐하고 있냐고 물었다. 고대국은 체포조 아이들과 협상을 했던 것이다. 자기가 돈을 대줄테니 오락 게임을 해서 체포조 아이들이 이기면 따라서 교실로 들어가 주고 고대국 자신이 이기면 오락을 계속 하자는 제안이었다. 내가 보기에 체포조 아이들도 이 꾀에 즐겁게 동의해 준 것 같았다. 오락실 아저씨와도 티격태격 몇 마디하고 아이들을 데리고 돌아왔다.

그 이후에도 고대국 사건은 여러 편 있었지만 이 때 만큼 황당했던 적은 없었다. 나중에 일기를 쓰며 곰곰이 돌아보니 그 어려운 환경에서 혼자 자라며 늘 굳은 표정으로 무기력하게 학교에 겨우 왔던 고대국이 이런 협상을 하는 기지를 보여준 것이 한편 대견하다는 생각도 들었다.

다음으로 '반쪽귀'는 아침에 일기를 봐주다 얼굴이 달아오르고 손이 떨려 어찌할 줄 몰랐던 기억이 살아 있는 작품이다. 3학년 첫날 짝을 정하기 위해 복도에서 남녀로 나누어 줄을 서게 했다. 남자 줄 제일 앞에 키도 작고 피부도 하얀 여자 아이가 서 있었다. 그래서 난 아무 생각 없이 "여자는 여자 줄에 서야지"라고 말했다. 정말 남자란 생각은 전혀 하지 못했다. 특히 머리카락들이 귀를 덮을 만큼 길어서 더욱 그랬던 것 같다.

이런 일도 있었다. 한 여름 체육 시간에 운동장에서 체육을 하고 나면 선생이나 아이들이나 땀이 줄줄 흐른다. 보통 아이들은 수돗가에서 머리를 감거나 세수를 하는데 이 아이는 땀이 나는데도 씻지를 않아서 세수 좀 하고 오라고 말해주기도 했다. 이럴 때마다 이 아이는 못 들은 척 아무 말이 없었다.

그러던 어느 날 아침 아이들이 내 책상 위에 얹어 놓은 일기장을 봐주고 있을 때였다. 우리 반 여자 아이가 이 아이에 대해 쓴 글이었다.

"만기는 한쪽귀가 붙어 있다. (…) 그래서 머리를 기르고 다닌 것 같다."

정확히 기억할 수 없지만 대강 이런 내용이었다. 순간 난 일기를 읽다 말고 얼굴이 붉게 달아올랐다. 가슴은 쿵쾅거리고 귀는 빨개지면서 손이 떨렸다. '만기가 그래서 머리를 길렀구나, 체육 하고 나서 세수를 안 했구나' 등의 기억이 떠오르면서 그 동안 아무 생각 없이 한 말들이 내 가슴을 짓눌렀다.

나중에 '반쪽귀'라는 작품을 동화로 썼지만 동화라기보다 거의 실제 있었던 사건에 가깝다. 이름 외에는 거의 바꿀 수가 없었다. 내 마음이 그렇게 되지 않았다. 지금도 반쪽귀 만기는 내 마음에 살아 있다.

위에서 이야기한 재천이, 아비지와 신발 집 딸, 고대국, 반쪽귀 들은 나에게 살아 있는 체험이었다. 그렇다면 이러한 체험에서 나온 생각은 무엇인지 생각해보았다. 친구들과 날마다 논 기억 속의 재천이, 좀 더 살갑게 다가와주길 바랐던 아버지, 좋아하면서도 좋아한다고 말하지 못하고 내 모습이 부끄러워 지나쳐야 했던 신발 집 딸, 나무처럼 딱딱해 보였지만 오락실에서 슬기로운 대처를 보여준 고대국, 자기가 원한 것도 아닌데 자기 몸의 다름 때문에 말도 못하고 견뎌야 했던 반쪽귀 등은 바로 나 자신이다. 내 마음에 살아 있다. 아버지를 빼고 나면 모두 아이들이다. 아무런 편견과 사익 없이 그냥 있는 그대로 보여주는 아이 같은 내가, 떠올린 인물들 속에 들어 있는 것이다.

생각을 돌이켜보면 사실 난 교대를 가고 싶지 않았다. 여러 형제가 동시에 대학에 가자 부모님은 등록금을 걱정을 할 수 밖에 없어서 수업료가 면제될 뿐 아니라 군대를 가지 않는 교대는 집안의 희망일 수밖에 없었다. 그렇게 입학한 교대를 졸업하고 아이들을 만나 30년 동안 교사를 할 수 있었던 것은 아이들의 순수한 마음 때문이었다. 그래서 내 삶에서 교사 이전과 이후는 크게 달랐다. 오히려 아이들과 만나는 교사로서 삶이 정말 내 삶 같았다. 이 바탕에는 아이들이 보여준 순수한 마음이 있었다. 권정생이 말한 당산나무의 자연스러움 때문이었다. 아무리 문제 있다는 아이도 결국은 어른의 문제였음을 알게 되었다.

아프면 아픈 대로, 좋으면 좋은 대로, 싫으면 싫은 대로 말과 몸짓으로 표현하는 것이 아이들이다. 다만 어른들이 눈치를 채지 못할 뿐이다. 이 마음 속에 난 머무르고 싶었다. 그럼 난 아직도 아이일지 모른다. 수염달린 아이가 아니라 머리 빠진 아이이다. 어른이면 어른처럼 해야 하는데 난 아직도 성장 중인 아이 같음을 느낄 때도 자주 있었다. 좋고 나쁨을 떠나서 그게 나의 지금 모습인 것 같다.

결국, 권정생의 '살아 있음'의 본질이 '뼈저린'으로 드러난다면 김영주의 '살아 있음'은 '아이 같은'으로 드러난 것 같다. 다시 말해서, 권정생의 '살아 있음'은 뼈저린 체험 이야기고, 김영주의 '살아 있음'은 아이 같은 체험 이야기다. 앞으로 '아이 같은'이 무엇인지는 더 깊이 들여다보아야 하겠다.

돌아보기

권정생의 빌뱅이 언덕을 5주 동안 한 부씩 읽으며 글도 쓰고 이야기도 나누었다. 권정생의 '살아 있음'이 무엇인지 알아본 뒤, 나의 '살아 있음'에 대한 체험 이야기를 찾을 수 있었다. 권정생은 '뼈저린'으로, 김영주는 '아이 같은'

으로 삶의 체험을 드러낼 수 있었다.

　작품을 읽으면서 나에게 의미 있었던 것은 모임 선생님들과 함께 공부하는 과정이었다. 일주일에 한 부씩 읽기, 의미 있는 문장 찾기와 질문 던지기, 모여서 이야기 나누기, 2부 읽고 1부처럼 같은 과정 거치기, 1, 2부 모아서 한 편의 글쓰기, 3부와 부록 읽고 1부와 2부 때와 같은 과정 거치기, 1,2,3부를 모아서 한 편의 글 완성하기, 그리고 다시 이야기 나누기 등은 모임 회원들이 같이 거친 과정이었다. 다른 어느 때보다 권정생의 삶에 대해, 내 삶에 대해 깊이 돌아볼 수 있었다. 그 결과가 무엇이든 공부의 과정을, 삶의 과정 그 자체로 보고 싶다. 이렇게 하여 책읽기 과정 한 마디가 끝났다.

　초등학교에서 아이들을 가르치는 교사들이 서로 삶을 나누는 과정 자체에 의미가 있다. 돈을 더 주는 것도 아니요, 바로 눈에 보이는 기능을 향상시키는 것도 아니지만 나를 꾸준히 참여하게 하는 마음의 움직임이 그 과정에서 느껴진다. 앞으로, 권정생의 『빌뱅이 언덕』을 읽었던 것처럼, 김수업의 『말꽃 타령』, 이오덕의 『삶을 가꾸는 글쓰기』를 읽어나갈 계획이다. 권정생, 김수업, 이오덕, 방정환의 삶과 이야기를 통해 내 삶의 어떤 부분이 드러나며 나의 성장의 마디는 어떻게 변해 가는지 잘 살펴볼 생각이다.

권정생 빌뱅이언덕 ●

돌아선 채 울고 있었다

김 강 수

　　권정생 선생님이 쓰신 『빌뱅이 언덕』을 다시 읽고 있습니다.

　3년 전 우연히 사서 그때 처음 읽었습니다. 2015년 5월 2일이라고 책에 씌어 있는 걸 보니, 그날부터 읽었을 것 같습니다.

　밤에 퇴근하고 돌아오면 맥주 하나를 앞에 두고 책을 읽습니다. 몇 문장 읽고 맥주 한 모금 마시고, 또 몇 문장 읽고…… 이야기가 하도 쓸쓸해서 여름인데도 머리끝에서 서늘한 기운이 느껴지곤 했습니다.

　어떤 날은 책을 읽다가 눈물이 나기도 했습니다. 술 한 잔 앞에 두고 눈물 뚝뚝 흘리며 책을 읽고 있으니, 애 엄마가 술 취했냐고 묻습니다. 책이 슬퍼서 그랬다고 했더니, 이젠 술 마시면서 책 읽지 말라고 합니다. 아무 때나 운다면서, 술이 약해져서 그렇다고 합니다. 한참 울다가 눈물 콧물 닦고 잠을 자려고 누웠는데 잠이 오질 않습니다. 오래전 잊고 살았던 이야기가 자꾸만 떠올랐습니다.

권정생 선생님 책에는 유독 헤어져서 사는 사람들 이야기가 많습니다. 『몽실언니』만 봐도 식구들이 이리저리 흩어져서 지냅니다. 안 되겠다 싶어 다시 만나도 살기가 어렵습니다. 같이 살면 좋을 텐데, 그럴 수가 없습니다. 가난 때문에 헤어지고 전쟁 때문에 헤어지고, 헤어져서는 자꾸 보고 싶고 그립습니다. 안타깝습니다.

이 책도 그렇습니다. 권정생 선생님이 겪은 이야기를 쓴 책입니다.

"개찰구를 나오다가 돌아다보니, 동생은 돌아선 채 울고 있었다."

(권정생, 『빌뱅이 언덕』, 창비, 2012, 33쪽.)

라고 씌어있습니다. 또 이런 글귀도 있습니다.

"어머니는 막차 올 때면 정거장까지 마중을 간단다. 손님이 다 내리고도 한참 동안 더 서서 기다려 보고 돌아설 때면 나도 눈물이 났어…"

(권정생, 『빌뱅이 언덕』, 창비, 2012, 25쪽.)

막차까지 기다리다가 돌아설 때, 얼마나 쓸쓸했을까 싶습니다. 저절로 눈물이 납니다. 나도 그때 일이 생각났습니다.

일곱 살 때 어머니가 돌아가셨습니다. 가끔씩 머리가 아프다고 했습니다. 한 날은 큰 병원에 간다고 하더니 그 길로 다시 돌아오지 않았습니다.

죽는 게 뭔지 잘 몰랐습니다. 장례식 때는 어른들이 막 울면 따라서 울고, 할머니가 돈을 주면 동네 아이들과 가게 가서 군것질을 했습니다. 친척들이 많이 오고 형이나 누나들이 학교 안 가고 있어서 좋았던 기억이 남아있습니다.

좀 더 자라고 나서야 조금씩 알게 되었습니다. 어머니가 없어서 힘이 들었습니다. 그때 좋은 일도 있었겠지만, 쓸쓸한 일이 더 오래 남습니다. 동네 어른들이 쳐다보는 눈빛이 어떤 뜻이었는지 커가면서 알게 되었지요.

나이가 들면서 형과 누나는 하나둘 씩 떠나갔습니다. 큰누나는 울산에 있는 여고에 입학을 해서 떠나고, 작은 누나와 형은 새어머니를 피해 부산의 할머니댁으로 갔습니다. 네 자식 중에 저만 남겨졌습니다. 나도 가겠다고 몇 번을 말했지만 어찌된 일인지 들어주지 않았습니다. 홀로 남겨진 것 같았습니다. 새벽에 혼자 일어나 울곤 했습니다. 눈물이 많은 날들이었습니다.

그곳을 떠난 작은 누나와 형은 다시 돌아오는 법이 없었습니다. 홀로 있었던 반 년 동안 한 번도 온 적이 없었습니다. 아마 저라도 그랬을 겁니다. 동생도 보고 싶겠지만, 오기 싫었을 것 같습니다. 큰 누나는 토요일이 되면 기차를 타고 왔다가 일요일 저녁 기차로 떠나곤 했습니다. 저절로 토요일이 기다려졌습니다. 토요일 오후가 되면 기차역이 있는 장터로 심부름을 다녀왔습니다. 멀리서 기차가 들어오면 누나가 저기 타고 있을 것만 같습니다. 누나가 내리면 막 달려갔습니다. 함께 걸어서 집으로 돌아오는 길이 지금도 잊혀지지 않습니다.

어쩌다가 누나가 내리지 않으면 다음 기차를 기다렸습니다. 아무도 없는 기차역에서 혼자 가만히 앉아 있었습니다. 다음 기차에 누나가 오면 좋겠다고 빌었는지도 모르겠습니다. 몇 시간이 지나고 나면 다음 기차가 들어옵니다. 그때도 누나가 내리지 않으면 한참동안 서서 돌아보곤 했습니다. 그러다가 돌아서서 혼자 집으로 돌아올 때면 한없이 쓸쓸해졌습니다.

반년인가 더 있다가 저도 그곳을 떠났습니다. 저도 다시는 그곳으로 돌아가지 않았지요. 우리 형제들은 씩씩하게 자라났습니다. 오래전 이야기입니다.

『빌뱅이 언덕』을 읽고 있으면 잊고 지내던 일들이 떠오를 때가 있습니다. 천천히 읽으면서 그때 일을 생각하다보면 눈물이 납니다. 애 엄마는 술 때문이라고 하는데, 아닌 것 같습니다. 이 책 때문에 예전에 써두었던 시 한 편이 생각났습니다.

대학 시절 저는 시를 쓰는 동아리에 있었습니다. 되지도 않는 시를 쓴다고 술만 퍼마시곤 했습니다. 혼자 예민한 척, 혼자 세상을 아는 척 살았습니다. 그렇게 쓴 시는 사람들 마음을 울리지도 못했고, 세상을 바꾸지도 못했습니다. 대학을 졸업하고 얼마 뒤, 시 쓰기를 그만 두었습니다. 잘 한 일입니다. 자기를 돌아보지 않는 글은 누군가를 아프게 할 뿐입니다. 그런 글을 쓰다보면 뾰족한 못처럼 살아가게 되지요. 저는 날카로운 못이었습니다.

그 뒤로는 가끔 시를 읽지만, 쓰지는 않습니다. 그때 쓴 시도 다시 돌아보지 않았습니다.

『빌뱅이 언덕』을 읽다가 그때 쓴 시가 떠올랐습니다. 그렇게 잘 쓴 시는 아니지만, 조금은 내 이야기를 하고 있다는 생각이 듭니다. 다시 읽어보니 그저 멀리 떠나고 싶었던 젊은이가 보입니다. 어설픈 이 몇 줄의 시도 내가 살아온 부끄러운 삶입니다. 이곳에 다시 옮깁니다.

결별

- 1 -

인내 없이 철야에 임하는 즐거운 겨울나무에게 이제 나는 결별을 말해야 하겠다. 오래된 사무침이 고단한 회색 머리칼에 풀어지고 눈 오는 밤 소리 없이 구겨지던 아버지의 낡은 원고지 어깨너머로 끝내 연대할 수 없었던 어린 나에 관하여. 까마득히 그리워하였으나 그리움이란 늘상 추위를 견디는데 용이하지 않아 이제야 나는 결별을 작심한다. 서둘러 떠나야지 돌아보지 말고 허튼 눈물 떨구지도 말고 버거운 짐 들어주듯 즐거운 겨울나무에게 어색한 눈짓 보내지 말고

- 2 -

가끔씩은 배가 고팠던 것일까 수제비처럼 뭉쳐지던 누이의 얼굴 드문드문 시퍼런 멍울들 계모의 서슬 시퍼런 겨울이었으나 언제든지 따뜻한 바람막이가 되어주지는 못하셨다 아버지를 이해해야 한다 할머니는 병아리색 손자들 머리카락을 쓸어주며 말씀하셨다 일찍 땅 위에 나온 두더지 한 마리가 얼어 죽은 날 아침 형과 누이는 전학 수속을 끝내었다 우리는 다시 돌아오지 않을 거야 형의 말대로 그곳을 떠난 나도 다시는 돌아가지 못하였다

- 3 -

길은 어디에서나 그물코처럼 엇갈리고 만나야 할 자리엔 언제나 서 있었다 겨울나무, 기다란 꼭대기에선 어미새가 게워놓은 찌꺼기를 열심히 받아먹는 새끼새, 밤이 새도록 그 칼바람을 어찌 견딜 수 있었는지 습관처럼 문득 바람이란 떠나려 가지 끝을 서성이고 이름 불리지 않아도 기다림 없이 추운 겨울밤 즐거운 겨울나무에게 서둘러 떠나야지 결별을 고해야지 어설픈 행복이 엄습하기 전에

참으로 씁쓸한 일입니다

창섭이 이야기를 읽고

김 강 수

 어렸을 때 할머니, 할아버지와 함께 살았습니다. 할아버지는 소리를 자주 지르셨고, 할머니는 그리 살뜰하지는 않았지만 두 분 다 손자를 아껴주셨습니다.

 겨울이 되면 개울에 얼음이 얼었습니다. 동네 아이들은 썰매를 만들어서 하루 종일 타곤 했습니다. 누가 빨리 가나 동무들과 겨루거나 뒤에서 밀어주면서 얼음판에서 놀았습니다. 학교 다녀오면 얼음판에 나가서 어둑어둑 해가 질 때까지 탔습니다. 썰매가 없었던 형과 나는 동무들이 탈 때 밀어주다가 한 번씩 얻어 탔습니다.

 그게 마음에 걸렸나 봅니다. 하루는 할아버지께서 썰매를 만들어 오셨습니다. 얼마나 기뻤는지 모릅니다. 그 썰매로 겨울 내내 놀 생각을 하면 마음이 두둥실 올라갔습니다. 다음날 일찌감치 개울에 나가서 썰매를 타기 시작했습니다. 그런데 썰매가 잘 나가지 않는 겁니다. 바닥에 턱턱 걸려서 아무리 얼음을 지쳐도 더디기만 합니다. 얼음과 맞닿은 곳에 굵은 철사를 감았는데, 그걸 고정한다고 못을 박아두었던 것입니다. 구부러진 못이 걸려서 앞으로 나가지 못했던 것이지요. 할아버지께서 만들어주신 것을 옆으로 밀쳐두고 다시 동무들 것을 얻어 탔던 기억이 납니다.

할아버지를 생각하면 가끔씩 그 썰매가 떠오르곤 합니다. 먹고 살기 바빴던 때입니다. 어른들은 일을 해야 하니, 아이들 장난감 같은 건 신경 쓸 수 없습니다. 그 썰매는 할아버지께서 처음이자 마지막으로 만들어주신 장난감입니다. 나무를 구하고, 톱으로 자르고, 철사에 못을 박았겠지요. 그걸 타고 놀 손자들 생각에 흐뭇했을 겁니다. 그때 할아버지를 떠올리면 애처롭습니다. 씽씽 잘 나가면 더 좋았겠지만, 그러지 않아도 상관없습니다. 할아버지 마음이 느껴졌으니까요. 어릴 때지만 우리 형제는 할아버지께 썰매를 잘못 만들었다고, 고쳐달라고 말하지 않았습니다.

5학년이 되었습니다. 할머니께서 싸주시는 도시락을 들고 학교를 다녔습니다. 다른 아이들처럼 깔끔하고 맛있는 반찬은 아니었지만, 뭐라고 탓할 수도 없고 탓할 사람도 없습니다. 그저 고마울 따름입니다.

하루는 학교에 갔더니, 신체검사를 했습니다. 전날 선생님이 목욕도 하고, 옷도 깨끗이 입고 오라고 했을 겁니다. 저는 아이들과 어울려 논다고 까맣게 잊었지요. 다음날 신체검사를 한다고 다들 속옷 바람이 되었는데, 아이들이 저를 보고 막 웃습니다. 내 팬티가 너무 큰 겁니다. 옆으로 고추가 보일 것 같습니다. 선생님이 제게 물었던 것 같습니다.

"빤쭈가 와 이래 크노? 너그 할배 빤쭈 입고 왔나?"

선생님 말씀대로 그날 할아버지 팬티를 입고 간 것입니다. 할머니께서 빨래를 해놓으면 옷장에서 아무 것이나 꺼내 입곤 했기 때문에 가끔 그랬을 겁니다. 선생님 말씀에 아이들이 더 크게 웃고 나는 얼굴이 빨갛게 달아올랐습니다. 3월에 가정방문을 오셨던 선생님은 우리집 사정을 알고 있었습니다. 저에게 잘해주려 했습니다. 나쁜 뜻으로 한 말이 아닌데, 저는 한동안 아이들 놀림감이 되었습니다.

그 뒤부터 저는 별명이 생겼습니다. '힐배'입니다. 그 별명은 줄기차게 따라붙었고, 중학교를 마칠 때까지 아이들은 나를 할배라고 불렀습니다. 동무들이 없는 먼 곳 고등학교에 간 뒤에야 그 별명은 사라졌습니다.

저는 선생님이 되었습니다. 가정 방문을 나가보면 나 어렸을 때처럼 할아버지 할머니가 키우는 집이 있습니다. 거기 가면 이야기가 길어집니다. 다른 집도 가야 하지만 저는 그 집에서 오래 머무릅니다. 어렸을 때 어떻게 자랐는지, 얼마나 힘들게 키우고 있는지, 어떤 어려움이 있었는지 이야기를 듣다 보면 이제 그만하자고 끊기가 어렵습니다. 아이를 놔두고 도망간 며느리 욕을 하거나 갓난쟁이 때부터 업어서 키운 이야기를 하면 쓸쓸한 마음이 듭니다. 맞장구도 치고, 얼마나 힘드셨냐고 거들 때도 있습니다. 젊었을 때 우리 할머니도 저런 마음이셨구나 싶습니다.

저는 걱정 말라고 합니다. 학교 일은 걱정 말고 집에서만 잘 보살펴달라고 합니다. 학교에서는 내가 할머니처럼 알뜰하게 챙기겠다고 말합니다. 나도 어렸을 때 할머니가 키워서 그 마음 잘 안다고도 합니다. 특별히 그 아이만 잘해주겠다고 합니다. 아이 할머니는 그 말을 듣고 활짝 웃습니다. 진짜 그렇게 할 수는 없지만, 그렇게 해보겠다고 스스로 다짐합니다.

어떨 때는 음식을 싸줍니다. 고추장 담은 것을 단지 째 주시기도 하고, 그날 개장국 끓였다고 냄비에 싸준 적도 있습니다. 괜찮다고 말해도 막무가내입니다. 얼마나 고집이 센지 몇 번을 괜찮다고 말해야 겨우 그만둡니다. 그렇게 하고 집으로 돌아오는 길은 어렸을 때 생각이 납니다.

아이가 잘 해서 칭찬도 많이 하고 머리도 자주 쓰다듬어 주면 좋겠는데, 그러지 않을 때가 더 많습니다. 동무들과 다툴 때도 많고, 그냥 양보하면 좋겠는데 끝까지 다투다가 상처를 입습니다. 어떤 아이는 여름이 되면 목에 금을 그은 것처럼 때가 끼기도 하고 말로 표현하기 어려운 냄새가 납니다, 다른 아이들도 가까이 가지 않고 싫은 티를 냅니다. 어떤 아이는 눈물이 많아서 걸핏하면 울고, 뻔한 거짓말도 합니다. 다른 아이들은 다 해내는 공부를 혼자서 못할 때도 있습니다. 가만히 보고 있을 수가 없습니다.

부지런히 해보라고 타이르기도 하고 다른 동무들 마음도 헤아리라고 합니다. 따로 불러서 목욕하고 오라고 일러줍니다. 별 것 아닌 일에 눈물을 비치면 참지 못하고 소리를 지를 때도 있습니다. 처음에는 동무들이 뭐라고 안 좋은 말을 했는데 이제는 내가 더 많이 야단을 칩니다. 아이는 점점 나빠집니다. 나 때문입니다.

집에 가서 자려고 누우면 아이 얼굴이 떠오릅니다. 낮에 한 말이 부끄러워서 잠을 잘 수가 없습니다. 내가 다정하게 대해야 다른 아이들도 그럴 것 같습니다. 아침에 가면 꼭 그렇게 해야지 마음을 먹지만 그것도 제대로 지키지 못할 때가 많고 많습니다. 그렇게 살아갑니다.

권정생 선생님 사시던 곳에 창섭이란 아이가 살았답니다. 지체부자유에다 정신박약까지 겹친 열여섯 아이입니다. 가끔 글을 쓰고 있으면 찾아와서 뭘 먹고 싶다거나 배가 고프다고 합니다. 배가 고프면 함께 누워서 찬송가를 불렀는데 그러면 창섭이 옷에서 나는 냄새 때문에 코를 막았답니다.

창섭이는 누가 조금 알은체하면 귀찮을 만큼 성가십니다. 곁에서 떠나가려 하지 않아서 부모도, 형제도, 친척도, 골목길의 아이들도, 동네 어른들도, 교회 집사도, 장로도, 교회학교 교사도, 한결같이 싫어하고 있었지요. 창섭이는 고독했고 사람이 그리워서 권정생 선생님을 찾아왔을 거라고 그 글에 씌어있습니다.

하루는 창섭이가 배가 '고프다'고 하지 않고 '아프다'고 합니다. 창섭이가 아프다고 한 것은 그때가 처음이었습니다.

"배가 아픈 건, 네가 옷을 꼭꼭 여미지 않아서 바람이 들어가서 그런 거야."

(권정생, 『빌뱅이 언덕』, 창비, 2012, 325쪽.)

권정생 선생님은 그렇게 말하고는 옷을 대충 여며 주고 떼밀어 쫓아버렸습니다. 그리고 다음날 창섭이는 죽었습니다. 권정생 선생님은 그때 일을 이렇게 썼습니다.

"배가 아프다고 한 창섭이를 내가 떼밀어 쫓아 버린 다음 날, 그는 결국 이 세상에서 완전히 버림받았음을 알아차리기라도 한 것처럼 죽어버렸다. 지금도 4년 전 가을, 보슬비 내리던 날 창섭이가 내게 들려준 한 마디 말이 나는 주님의 음

성처럼 귀에서 떠나지 않는다."

"선생님도 내가 싫으시죠?"

(권정생, 『빌뱅이 언덕』, 창비, 2012, 325쪽~326쪽.)

창섭이 이야기를 읽고 나서 눈이 더워졌습니다. 내가 만난 아이들이 머릿속을 지나갑니다. 별 것 아닌 일에 소리치던 내 모습도 보이고, 동무가 놀아 주지 않아 내게 온 아이를 못 본 척 돌아선 일도 떠오릅니다. 텅 빈 교실에 남아 말을 거는 아이에게 바쁘다고 쫓아 보낸 것도 마음에 남습니다. 무슨 일을 한다고 쫓아버렸는지 기억이 나질 않습니다. 뭘 그렇게 대단한 일을 한다고 그랬을까요? 그저 나도 귀찮았을 뿐입니다. 나도 남들처럼 귀찮아서 그랬을 겁니다. 어쩌면 나도 다른 이들처럼 아이가 싫었는지도 모릅니다.

올해도 가정 방문을 가면서 할머니, 할아버지를 만났습니다. 잘 부탁한다고 하셔서 아무 걱정 마시라고 큰소리를 쳤습니다. 할머니, 할아버지 마음 잘 알고 있다고 합니다. 하지만 나는 그 마음을 잘 알지 못합니다. 아이가 잘 하는 것보다 잘못하는 것이 눈에 들어옵니다. 그냥 참고 넘어가지 못하고 자꾸 이른다고 생각합니다. 왜 저럴까, 속으로 아이 탓을 합니다. 겉으로 드러내지 않아서 그렇지 남들보다 더 나쁩니다.

가을이 되었습니다. 은행잎이 노랗게 물들었습니다. 강변 쪽 나무는 햇살을 받으면 황금빛이 됩니다. 넉넉하고 여유가 있습니다. 그리고 나는 넉넉한 사람이 되었습니다.

권정생 선생님은 외로운 사람이 외로운 이를 알아본다고 했습니다. 가난한 이들이 가난한 이를 알아보고, 쓸쓸한 사람이 쓸쓸한 사람을 알아봅니다.

나는 이제 잘 알아보지 못하게 되었습니다.

견디기 힘든 어린 시절을 보냈지만, 아이들을 가르치는 어엿한 선생이 되었고, 매달 넉넉하게 월급도 받습니다. 아주 큰 부자가 되지는 못하겠지만, 새 옷을 사 입을 수 있고, 맛난 음식을 먹을 수 있습니다. 그래서 잘 알아보지 못합니다. 냄새가 난다고, 아빠 엄마가 없다고, 가난하다고, 성격이 못됐다고 따돌림 당하는 것을 잘 알아보지 못합니다. 그렇게 살아갑니다. 권정생 선생님 말씀처럼 벌레처럼 살아가고 있는지도 모릅니다.

권정생 선생님은 그 글의 마지막에 이렇게 썼습니다.

"나는 어제 우체국에 다녀오던 언덕길을 떠올려 보았다. 벌레처럼 내가 기어 오던 그 길이었다."

(권정생, 『빌뱅이 언덕』, 창비, 2012, 327쪽.)

권정생 빌뱅이언덕

사람답고 싶습니다

권 재 우

5주 동안 『빌뱅이언덕』을 함께 읽었습니다. 마음에 드는 문장을 적어와 내 삶과 연결 지어 이야기 나눴지요. 저는 우리 모임 선생님의 살아온 삶을 들을 수 있어 참 좋았습니다. 김영주 선생님의 '운동화', 김강수 선생님의 '어머니', 박길훈 선생님의 '노란 바지', 윤승용 선생님의 '큰 아이', 이혜순 선생님의 '폐결핵' 조배식 선생님의 '기독교', 최강토 선생님의 '흔들림'이, 장상순 선생님의 '사람'이 기억 남습니다.

돌아보니 『빌뱅이언덕』은 그냥 책이 아닙니다. 누구에게도 쉽게 말 하지 못하는 깊은 이야기를 나눴습니다. 때론 한 숨을 쉬고 눈물을 흘렸지요. 그렇게 우리는 더 깊고 넓게 연결된 듯합니다. '사람이 온다는 것은 실은 어마어마한 일이다. 한 사람의 일생이 오기 때문이다.[2]'라는 정현종 시인의 말이

---

[2] 정현종 시선집 『섬』, 방문객.

계속 생각났습니다. 몇 십 년 동안 다르게 살아온 서로의 '삶'을 알아가는 소중한 시간이었습니다.

『빌뱅이언덕』은 1, 2, 3부로 나뉩니다. 1부는 권정생 선생님의 어린 시절 이야기입니다. 2, 3부는 잘못 돌아가는 둘레와 사회를 꾸짖고 있습니다. 선생님이 책을 통해 말씀하시고 싶었던 것은 무엇일까요? 저는 '사람다움'이라 봅니다. '어떻게 하면 사람답게 살 수 있을까? 라는 질문에 대답하신 삶이라 봅니다. 죽느냐 사느냐의 순간마다 선생님은 '사람다움'을 선택합니다. 작고 아픈, 가난한 사람과 함께 합니다. 하루살이 삶이지만 책을 놓지 않은 이유입니다. 기도원 문둥이 청년에게 가진 것 모두를 줄 수 있던 이유입니다.

> 때론 양심을 지키기 어려운 순간을 마음 아파합니다.
> 가난은 양심을 지키지 못하게 하며 거짓을 강요받게 한다.
>
> (권정생, 『빌뱅이 언덕』, 창비, 2012, 60쪽.)

제 고향은 태백입니다. 자고 나면 동네 아저씨 몇 명 죽는 것이 예사로운 동네였습니다. 인생 '막장'이란 말은 탄광에서 석탄을 캐는 막장에서 나왔습니다. 개미굴의 마지막 같은 곳입니다.

죽음이 늘 옆에 있다 보니, 어른들은 고달픈 삶을 잊기 위해 자주 술을 마셨던 것 같습니다. 저희 아랫집은 막걸리집이 있었습니다. 큰 막걸리 공장에서 막걸리를 떼어와 파는 곳이었는데 집안에 큰 항아리 구멍이 있었습니다. 저 같은 어린아이들 10명이 들어 갈 정도의 큰 항아리였지요. 할머니께서는 종종 잔돈을 모아 막걸리 심부름을 시켰습니다. 아랫집 아저씨는 100원을 가지고 오든 500원을 가지고 오든 늘 한 주전자 가득 주셨습니다. 생각해보면 참 고마운 분이셨습니다. 이 막걸리집을 자주 다니는 아저씨가 계셨습니다. 평소에는 그렇게 착한 아저씨인데, 술만 들어가면 무섭게 변하는 아저씨였습니다. 아줌마를 때리고, 물건을 부수고, 아이들을 학교에 보내지 않았습니다. 그렇게 며칠 지나면 언제 그랬냐 싶을 정도로 친절했습니다. '술만 먹지 않으면 100점인데, 술이 웬수다!' 라고 동네 사람들이 말했습니다. 하지만 아저씨의 폭력은 날이 갈수록 심해졌습니다. 폭력에 시달린 아줌마는 아이를 두고 도망갔습니다.

저희 아버지는 조금 형편이 나았습니다. 원래 경상북도 봉화가 고향인데, 고향 땅과 산을 팔아서 광업소(광산)를 운영했습니다. 탄광이 한 참 잘 될 때였습니다. 태백에는 개들도 만원을 물고 다닌다고 농담했던 시절이었습니다. 어머니는 슈퍼를 운영했습니다. 가정 조사서에 아버지 직업 적을 때 '사장'이라고 적었습니다. 사람들이 북적였습니다. 아버지 회사 차타고 계곡에 놀러 간 일, 광산에 놀러가 '빼아링(구슬)'을 얻어온 일이 기억납니다.

영광은 오래가지 못했습니다. 전두환, 노태우 정부는 '석탄산업합리화' 라는 이름으로 석탄 광업소를 정리하기 시작했습니다. 큰 광업소 한 두 개만 빼고 나머지는 지원을 하지 않고 차츰 차츰 없애는 정책이었습니다. 우리 집도 삽시간에 무너졌습니다. 어느 날 집에 왔을 때 집안 곳곳에 붙은 빨간 딱지가 아직도 눈에 선합니다. 텔레비전, 냉장고, 옷장 같은 돈이 될 만한 물건에는 다 붙어 있었습니다.

가장 기억에 남는 것은 텔레비전입니다. 엘지 대리점에서 할부로 샀는데 할부금이 미납되자 텔레비전을 가져갔습니다. 만화가 보고 싶을 때는 앞집

평상 앞을 어슬렁거렸습니다. 문틈으로 삐져나오는 화면에 시간가는 줄 몰랐습니다. 머리로 화면을 가리는 심술도 있었지만 큰 문제 되지 않았습니다. 하지만 추위는 달랐습니다. 그러던 어느 날 어머니가 보자기를 챙기십니다. 시내로 가자고 하십니다. 한참을 걸어 간 엘지 대리점에서 어머니는 얼마의 돈을 지불하고 텔레비전을 갖고 왔습니다. 눈이 펑펑 내리고, 발이 푹푹 빠지는 흙탕길, 보자기 든 손이 빨갛게 얼었지만 마음만은 하늘을 날 것 같았습니다. 그 후로도 텔레비전은 엘지 대리점과 우리 집을 자주 왔다 갔다 했습니다.

5학년 때가 생각납니다. 당시만 하더라도 학급 임원 부모님들은 돈을 모아서 담임 선생님에게 주었습니다. 아마 학교차원에서 그랬던 것 같습니다. 새로 오신 선생님이 가정방문을 오셨습니다. 선생님도 참 힘들어 했습니다. 지금 생각해보니 이게 얼마나 말도 안 되는 일인가 싶습니다. 새내기 선생님이 학교에 오자마자 한 일이 돈을 거두러 다닌 셈입니다. 선생님과 어머니가 하는 말을 몰래 들었습니다. 몇 만원을 내야했던 것 같습니다. 몇 날 며칠을 어머니께서 고민하시다가 봉투에 5천원을 넣어주셨습니다. 어머니가 배추밭에서 일하고 그날 받은 돈으로 쌀도 사고, 찬거리도 사고, 학용품도 사야 했습니다. 정말 천금 같은 5천원이었습니다. 어머니께서 그 돈을 드리며 집안 사정을 담임 선생님께 말씀 드렸는데, 선생님께서 오히려 부끄러워하신 모습이 기억납니다.

6학년 선생님은 달랐습니다. 학기 초에 몇 번을 저를 따로 불러 돈이 어떻게 되었는지 물어봤습니다. 다른 집에서는 돈을 냈는데 우리 집만 못 낸 것 같았습니다. 땀을 뻘뻘 흘리며 이런저런 핑계를 댄 기억이 납니다. 이런 상황자체가 곤란하고 창피했습니다. 제 때 돈을 내지 못하는 부모님이 원망스러웠습니다. 어머니께서 우리 집 사정이 어려워 돈을 못 드린다고 선생님께 직접 말씀드릴 때까지 돈 재촉이 계속된 것 같았습니다. 그 후로 선생님은 돈 이야기를 하지 않았습니다. 대신 쌀쌀맞게 대했습니다. 돈을 낸 다른 임원 어머니들하고는 언니 동생처럼 지냈던 것이 기억납니다. 학년말에는 임원 어머니들이 돈을 모아 파카를 사서 담임 선생님에게 선물을 했습니다. 담임 선생님은 수업시간에 그 일을 앞장 선 어머니 아들에게 고맙다고 말했습니다. 돈을 보태지 못한 저는 마음이 불편했습니다.

선생님은 수업을 교과서 아닌 문제집으로 했습니다. 그래서 '다달학습'이라는 문제집을 사야했습니다. 어머니에게 말하면 문제집 정도는 살 수 있었지만 아까웠습니다. 선생님 책상에는 잘 보지도 않는 깨끗한 문제집이 있었는데 저것을 제가 보면 되겠다 싶었습니다. 왜 그랬는지 모르지만 선생님 책상에 놓인 문제집을 슬쩍하고, 문제집 살 돈으로 먹고 싶었던 과자를 샀습니다. 며칠이 지난 후 선생님께서 전체 친구들에게 지나가는 말로 '양심을 지키는 것이 중요하다. 거짓말 하거나 훔치는 것이 세상 제일 나쁘다. 우리 반 중에 한 명이 선생님 물건을 가져갔는데, 책이라 넘어가겠다.' 라고 했습니다. 고개를 들 수 없었습니다. 선생님을 똑바로 쳐다볼 수 없었습니다. 그 이후 수업 시간에 저를 부를 때 마다 심장이 쿵쾅거렸습니다. 눈치가 보였습니다. 그 후로 선생님은 저에 대한 관심을 거의 끊으셨던 것 같습니다. 있어도 없는 아이처럼 보냈습니다. 외로웠고 후회가 되었습니다.

---

3) 『빌뱅이 언덕』, 201쪽.

권정생 선생님은 '책을 읽는 것은 좀 더 사람다워지기 위해서다.[3]' 라고 하셨습니다. 사람다워진다는 것이 무엇일까요? 그래서 언제 사람답다고 생각되었는지 돌아보았습니다. 저는 마음이 편안할 때 사람다워집니다. 누군가에게 쫓기거나 눈치가 보이면 일이 손에 잡히지 않아 불편합니다. 제 뜻을 마음껏 표현할 수 있을 때도 사람다워집니다. 하고 싶은 말을 다하지 못하면 억울해 자다 깨기도 합니다. 또 '함께' 라는 마음이 들 때 사람답다 느낍니다. 외로움을 많이 탑니다. 모임을 자꾸 만들고, 새로운 뭔가를 자꾸 하려는 마음속에는 외로움이 있습니다.

교사로 산지 20년인데 '사람답게' 교육을 하고 있는지 반성합니다. 마음 편안하게, 제 뜻을 맘껏 표현하고, 외롭지 않게 아이들을 만나고 있는지 돌이켜봅니다. 부끄럽습니다. 화내는 일이 많았습니다. 숙제를 하지 않는다고, 글쓰기를 정성껏 쓰지 않는다고, 중학교 가서 힘들어지니까 어려운 공부도 참아야 한다고 재촉했습니다. 하지 않으면 우리 반이 아니라고 했습니다. 제 뜻을 맘껏 표현하는 아이들을 '되바라졌다'고 판단했습니다. 누구나 그렇게 말할 이유가 있는데 귀를 닫은 적이 많습니다. 오늘도 그렇습니다. 4~6학년 전체가 모여 축구를 하는데 6학년 ○○가 거슬린 말과 행동을 했다고 축구에서 빼버렸습니다. 4학년 동생들이 "○○형은 어디갔어요?" 라고 물었을 때 답을 하지 못했습니다. 자꾸 ○○이랑 같이하면 안 되냐고 하니 "너도 빠지고 싶냐?" 고 겁을 줬습니다. 곰곰이 생각해보니 제가 ○○를 꼴 보기 싫었던 겁니다.

매 해 우리 반을 '노나메기' 라고 부릅니다. 노나메기는 노나(나눠)먹자는 의미입니다. 가족처럼 '함께 놀고, 함께 공부하자.' 라는 뜻입니다. 그런데 이

'함께'가 정말 함께였나 반성합니다. 제가 세운 잣대로 함께 해야 할 일이 많았습니다. 일기쓰기, 숙제, 모둠활동… 조금 어긋나면 무섭게 했습니다. 함께 하는 일은 시간을 두고 마음을 얻어야 하는데 그러지 못했습니다. 그동안 아이들이 착하고 운이 좋아 그럭저럭 넘어 갔습니다. 부끄럽지만 이런 생각도 제 둘째 아들 도윤이를 통해 겨우 했습니다. 도윤이는 함께 하기보다는 혼자서 하는 일을 좋아합니다. 함께 하는 일에 스트레스를 많이 받습니다. 도윤이가 힘들어 하니, 교사로 제가 어떻게 살아왔나 돌아보게 됩니다. 내가 교육이라고 말하는 것들이 누군가에게는 정말 힘든 일이었겠구나 싶습니다.

『빌뱅이 언덕』을 통해 '잊고 지내던 어릴 적 상처'를 떠올렸습니다. 주로 학교에서 상처 받은 일이 아직도 기억납니다. 어릴 적 경험을 적다보니 걱정이 됩니다. 정작 교사로 나는 제대로 살고 있나? 혹시 어릴 적 그 선생님의 모습이 지금의 내 모습이 아닌가 후회 됩니다. 남은 교직 생활, 어떻게 하면 좀 더 사람답게 교육을 할 수 있을까 한참을 고민합니다. 그러다 권정생 선생님의 말씀을 가슴에 새깁니다.

> "내가 갖고 싶었던 장화는 벌써 때를 넘겨 버린 것입니다. 그것을 나는 여태 모르고 있었던 것입니다. 결국 어릴 때 장화 때문에 받은 상처는 씻어지지 않았습니다."
>
> (권정생, 『빌뱅이 언덕』, 창비, 2012, 275쪽.)

모든 것에는 때가 있습니다. 그동안 제가 앞에서 끌어온 것들이 많습니다. 이제는 좀 더 많이 지켜봐주고, 기다려주고자 합니다. 천천히 보듬고, 더 자주 묻고, 더 자주 뒤를 돌아보겠다 마음먹습니다. 지금부터 실천해보렵니다. 어렵고 잘 안 될 때도 있을 겁니다. 예전으로 다시 돌아가고 싶은 마음도 들 겁니다. 그럴 때마다 『빌뱅이 언덕』을 다시 읽어보렵니다. 이렇게 살다보면 조금은 사람다워질 것 같습니다. 그리고 지금 이렇게 생각하는 것들이, 때늦은 일이 아니길 빕니다. 잘 살겠습니다.

권정생 빌뱅이언덕 ●
―――――――――――――

사람을 만난다는 것은 큰 행복이다

박 길 훈

 "빌뱅이 언덕"을 읽었습니다. 빌뱅이 언덕을 읽다가 울기도 했습니다. 이보다 더 힘들 수 없다는 생각도 들었습니다. 감당하기 힘들었을 일들을 달래며 살아온 권정생 선생님을 떠 올립니다. 안동에 갔을 때 사시던 댁을 들렀습니다. 그 시절의 삶이 그랬으리라 생각이 들다가도 작은 몸뚱아리 하나 겨우 눕힐 만한 좁은 방을 보며 "왜?" 라는 말 밖에 달리 할 말이 없었습니다. "빌뱅이 언덕"에는 많은 사람들이 있습니다. 수많은 삶이 있습니다. 평생을 병마와 싸우며 외롭게 살았을 거라 생각하지만 실은 그렇지 않습니다. 권정생 선생님은 외롭지 않았을 겁니다. 비단 사람들만 만나며 살아가지 않았습니다. 풀, 나무, 비, 바람, 산, 물이 있습니다. 권정생 선생님의 이야기도 곧 만남입니다. 홀로 쓰여진 이야기가 하나도 없습니다. 저도 그리 살아야겠습니다. 만나 이야기하고 글을 쓰며 살아야겠습니다.
 1999년입니다. 9월 낯선 곳, 구리에 발을 디뎠습니다. 벌써 짐을 풀었던 고

양에서 두 주 가까이 출퇴근을 했습니다. 너무 멀고 힘들었습니다. 어렵게 고개 넘어 망우리 옥탑방에 월세를 얻었지만 외로웠습니다. 태어나 처음으로 외롭다는 생각이 들었습니다. 퇴근하고 돌아오면 이야기 나눌 사람이 없었습니다. 그렇게 몇 날을 보내고 김강수 선생님을 만났습니다. 그 때는 대학 선배로 만났을 겁니다. 그러니 선생님이라고 부르지도 않았고, 선배님이라고 불렀던 것 같습니다. 선배 옆에는 사람들이 참 많았습니다. 부러웠습니다. 윤승용, 김선정, 김정홍, 지금은 친구가 된 동갑내기 선생님들입니다. 스승 같은 분들도 계십니다. 김영주, 한상현 선생님. 까칠하기 이를 데가 없었지만 지금은 한 집에서 함께 살고 있는 이혜순 선생님도 만났습니다. 그렇게 저는 정말 좋은 사람들을 만났습니다. 그 만남이 지금도 끊어지지 않고 있으니 외로움은 이제 제 몫이 아닙니다. 함께 할 수 있다는 것은 정말 행복한 일입니다.

지금은 연구소 모임으로, 목공 모임으로, 친구, 동료로 만나고 있습니다. 그들을 처음 만난 곳은 전교조 구리남양주지회 사무실입니다. 자연스럽게 전교조 활동을 하게 되었지요. 제 삶을 송두리째 바꾸게 된 일입니다. 오래된 이야기지만 옥탑방에서 쫓겨나 지회 사무실 한 켠에 제 방을 만들어 살았을 정도였으니 말입니다. 2015년, 2016년 지회장이 될 때까지 쉼 없이 지회에서 나름의 역할을 해왔습니다.

처음에는 하루가 멀다 하고 만났습니다. 꼭 약속을 정하지 않아도 그리 되었습니다. 사무실에 오면 언제나 사람들이 있었고, 이야기를 나눴습니다. 사무실에서 나오면 치킨집, 술집, 당구장을 돌았습니다. 이유 없이 만나는 날도 있었지만 모임을 만들어 만나기도 했습니다. 초등학급운영모임을 시작으로 초등국어교과모임, 지금의 이오덕김수업교육연구소에 이르기까지 스무 해를 이어오고 있습니다.

그렇게 긴 시간을 이어올 수 있었던 이유가 무얼까? 생각해보면 참 단순합니다. 아이들 이야기, 교실 이야기, 학교 이야기를 나눌 수 있었기 때문입니다. 같은 학교, 같은 학년 선생님들과도 아이들, 교실, 학교 이야기를 나누는 일은 흔하지 않습니다. 서로 나누려 하지 않았습니다. 학교라는 곳이 답답했습니다. 그런 답답함을 풀어낼 수 있는 만남을 찾은 겁니다. 고마운 일이지요.

한상현 선생님과의 만남도 있습니다. 한상현 선생님은 저에게는 인생 선생님이라고 할 만합니다. 삶의 폭을 넓혀주셨지요. 선생님 스스로 그렇게 살아오셔서 그렇습니다. 그걸 따라 배웠으니 그렇게 되지 않았을까 생각이 듭니다. 또 저의 됨됨이까지 바꿀 수 있게 해주셨습니다. 다른 누구에게도 배우지 못했던 일입니다. 그런 분입니다. 정말 욕심도 사심도 없는 분입니다. 저는 원래 계산에 빠르고, 저만 아는 고약한 사람입니다. 한상현 선생님은 그런 저에게 뭘 억지로 가르쳐 주신 분이 아닙니다. 언제나 옆에서 저를 챙겨주시며 몸으로 스스로 보여주신 분입니다. 세상을 달리 보도록 눈을 뜨게 해주신 분입니다.

햇수로 19년째 같이 살고 있는 이혜순 선생님을 빼 놓을 수 없습니다. 제가 아끼고 사랑하는 사람이기도 하지만 어떤 면에서 보면 부모와 같은 사람입니다. 부모란 모름지기 먹여주고, 재워주고, 살핍니다. 당신이 손해 보아도 자식을 먼저 챙깁니다. 이혜순 선생님이 저한테는 그런 사람입니다. 20년 가까이 함께 살았으니 언제나 좋을 수만은 없을 겁니다. 저 역시 언제나 잘

할 수만은 없습니다. 오히려 잘못하는 것이 더 많습니다. 그런 저를 여기까지 올 수 있게 길을 내어준 사람입니다. 청국장 같은, 뚝배기 같은 사람입니다. 재미는 조금 없지만, 세련되지는 않지만 온 몸에 깊숙하게 배어들어가는 그런 사람입니다. 같이 산지가 20년 가까이 되었지만 지겹지 않습니다. 오히려 날이 갈수록 새록새록한 사람입니다.

아무튼 김강수 선생님을 통해 이 모든 분들을 만나게 되었습니다. 어쩌면 김강수 선생님이 없었어도 때가 되어 만나고 삶을 나누며 살 수 있었을지도 모릅니다. 알 수 없는 일이지요. 그래도 김강수 선생님이 그 다리 역할을 해주었다는 것을 부정할 수 없습니다. 누가 뭐래도 지금의 저를 있게 해준 고마운 분입니다. 이런 만남들이 많은 사람들을 이어주었고, 제 삶의 폭을 넓혀주었습니다.

전교조 활동을 하면서 교육, 문화, 사회에 눈을 뜰 수 있었습니다. 지금도 이 땅의 교육을 바꾸는 사람이 되겠다는 꿈을 꾸면서 살고 있습니다. 어쩌면 조금은 그 꿈에 가까이 가고 있다고 믿으며 살고 있습니다.

뿐만 아니라 십수년 동안 국어교과모임, 학급운영모임, 목공모임, 밴드 같은 활동들을 이어오면서 내 안에 갇혀 있던 것들을 뽑아 낼 수 있었고, 그것들을 펼치면서 살아가고 있습니다. 특히 요즘은 연구소 모임을 통해 공부를 하고 이야기를 나누고 글을 쓰고 있습니다. 하루하루 성장하고 있다는 것을 느끼면서 살고 있습니다. 지금 공부하고 글을 쓴 것들이 바탕이 되어서 많은 선생님들과 나눌 수 있는 복도 얻었습니다. 그렇게 강의를 다니고 이야기를 주고받으면서 울고 웃다보면 우리가 참 힘들었구나, 외로웠구나, 싶은 생각이 듭니다. 그래도 어떻게든 서로를 부여잡고 다독이면서 힘들어도 함께 가자고 말하고 있습니다. 그러다보면 결코 외롭지 않다는 생각을 하게 됩니다. 계속 사람을 만나야겠다. 그래야 버틴다는 생각을 합니다.

개인적으로 참 지겹도록 공부를 하면서 살아왔는데, 이제야 공부가 참 재미있다는 생각을 합니다. 저는 뭘 해도 즐겁게 하는 편입니다. 지겹다는 표현을 쓰긴 했지만 남들이 그렇게 징그럽다고 하는 고등학교 시절도 정말 행복했습니다. 고등학교 때도 공부를 힘들이지 않고 하면서도 이게 어른이 되면 안 해도 되는 것으로 막연하게 생각하면서 살았습니다. 이오덕김수업교육연구소 모임을 통해 공부라는 것을 다시 하게 되었습니다. 이게 참 재밌습니다. 쉬운 일이 아닐 거라 생각했는데, 조금씩 재미를 찾아가고 있습니다. 얼마나 더 공부를 하게 될지 모르겠습니다. 재미있을 때 계속 이어가고 싶습니다.

사람을 만나며, 책을 읽고 이야기를 나누고, 공부를 하며 깨달았습니다. 내 주변만 보면서 살다 이제는 다른 곳도 바라다봅니다. 그럴 수밖에 없습니다. 혼자 살 수 없다는 것을 알았고, 혼자서는 아무리 애를 써도 먼 길을 갈 수 없다는 것을 알게 된 거죠. 무엇을 하더라도 함께 해야겠다는 생각을 합니다.

저를 계속 돌아보게 됩니다. 삶 – 말 – 글이 이어지고 배움과 겪기가 서로 드나들어야 온삶이 될 수 있다는 것도 알게 되었습니다. 예전에는 이야기를 나누고 글을 쓰지 않았으니 저를 돌아볼 수 없었지요. 돌아보지 못하니 쳇바퀴 같은 삶이었습니다. 새로움이 생기지 않지요. 새로운 것을 찾는다는 것은 희망을 갖는다는 겁니다. 희망이 있어야 앞으로 나갈 수 있는 힘이 생깁니다. 저는 요즘 힘이 납니다. 멈출 수가 없습니다. 함께 하니 외롭지도 힘들지도 않습니다. 뜻을 품으면 반드시 이루어진다는 믿음을 가지고 말입니다. 그렇게 하루하루를 살아갑니다. 제 삶이 풍성해지는 것을 느낍니다.

저는 교사로서 아이들과 더불어 사는 사람, 나누며 도움을 주는 사람이 되고 싶습니다. 어떻게 보면 끝이 보이지 않는 일을 하고 있습니다. 내가 가르친 아이들이 앞으로 어찌 살아갈지 아무도 모르지요. 내가 잘 가르치다보면 좋은 학교를 나와 좋은 직장을 가지게 되고 좋은 삶을 살게 될 거라는 믿음을 가지고 살아야겠지만, 나 하나로 그리 되지는 못합니다. 나 역시 그 바탕이 되고 밑거름이 되어야겠지만 말이죠. 아이들 하나하나가 자기 몫을 하며 스스로의 삶에 만족하면서 살아가는 것이 중요합니다. 또 그런 만큼 여럿이 함께 살아가는 것도 중요합니다. 나만 소중한 것이 아니라 너 역시도 소중하다는 생각, 우리 모두가 소중하다는 생각을 가질 수 있어야 합니다. 어떻게 해야 그렇게 살 수 있을지 찾아봐야 합니다. 그래서 배우고 익히는 일에도 혼자하기보다 함께 해야 합니다. 저도 마찬가지입니다.

아이들이 서로 어울려 살다 보면 저절로 도움을 주고받게 됩니다. 아무래도 제가 도움을 주는 때가 많습니다. 물론 모든 일에 제가 앞서 있지는 않습니다. 그럴 수도 없고 말이죠. 그러니 저 역시도 아이들에게서 많은 것을 배웁니다. 그게 바탕이 되어 글도 쓰고 책도 펴내는 것이죠. 지금은 그렇게 살아온 이야기들을 모아 강의도 다니는데, 이게 참 재밌어요. 강의라는 것이 어떻게 보면 누군가에게 앞선 것을 알리고 가르치는 것으로 생각하기 쉽지만 그렇지만은 않습니다. 제가 교실에서 아이들과 살아가는 것처럼 강의도 마찬가지입니다. 강의를 다니면 주로 제 이야기, 아이들 이야기를 많이 들려줄 수밖에 없지만 꼭 선생님들 이야기를 들어보려 애를 씁니다. 빠듯한 강의 시간을 쪼개어서 선생님들이 아이들과 살아가는 이야기를 들어요. 그러다보면 울기도하고 웃기도 합니다. 울고 웃을 수 있다는 것은 서로 공감하고 있다는 말입니다. 서로가 서로의 이야기에 공감을 한다는 것은 같은 아픔, 같은 기쁨을 나누고 있다는 겁니다. 강의라는 것이 무엇을 알려주고 가르치는 것만이 아니라는 것을 때마다 느끼게 됩니다. 나 역시 많은 선생님들에게 배우게 됩니다. 그래서 앞으로도 여력이 된다면, 또한 소중한 기회가 주어진다면 강의를 계속 다니려고 합니다. 제가 계속 나아가는 느낌이 들어요. 그 힘이 또 교실로 돌아와 아이들과 함께 살아가는 힘이 되죠. 저는 이 즐거운 경험을 계속 이어가고 싶습니다. 그러려면 지금보다 더 잘 살아야겠지요.

한 때는 교사가 행복해야 아이들이 행복하다고 믿었습니다. 행복해지려고 애를 많이 썼습니다. 행복은 내가 걷는 길의 끝에 있지 않습니다. 살다보면 문득 행복한 순간이 있습니다. 그 때가 짧을 때도 있고, 긴 때도 있습니다. 자주 그럴 때도 있고, 한참에서 느껴질 때도 있습니다. 돌아보니 잘 살다보면 행복하다는 생각이 듭니다. 그래서 "교사가 잘 살아야 아이들도 잘 산다."가 맞겠다는 생각을 하게 되었습니다.

"교사가 잘 살아야 아이들도 잘 산다."는 말은 저도 아이들도 함께 나아간다는 말입니다. 물론 교사가 먼저 앞서 있어야 할 때가 더 많겠지만 때론 아이들을 보고 선생이 쫓아갈 때도 없지 않아요. 그러니 더 잘 살려고 합니다. 더 열심히 살려고 합니다. 하고 싶은 것을 꾸준히 찾으려고 합니다. 잘하는 것도 중요하지만 좋아하는 것을 찾으려고 합니다. 물론 지금도 제가 좋아하는 것을 하면서 살아가고 있습니다.

아이들과 함께 하고 싶은 것들을 찾아 서로 도와가면서 애쓰며 살아가는 교사가 되고 싶습니다. 그러다보면 저 끝에 보일 듯 말 듯 자그마한 빛을 찾게 될지도 모르겠습니다. 행복이라는 것을 느끼게 될지도 모르겠습니다. 그러다가 문득 "아, 그 때 그 아이들이 있었지.", "아, 그 때 그 선생님이 있었지." 그럼 그 때 우린 살짝 행복이라는 것을 느끼게 될지도 모르겠습니다. 그렇게 문득 떠오르는 선생님이 되고 싶습니다.

권정생 빙뱅이언덕 ●──────────────

이야기에 삶을 담다

이 혜 순

권정생 선생님의 『빙뱅이 언덕』을 읽으면서 삶과 죽음에 대해 생각합니다. 몇 년 전에 읽을 때도 이야기 하나 하나가 왜 이리 슬플까 생각했는데 지금도 마찬가지입니다. 내 마음에 남아 있는 글을 옮깁니다.

> 내가 쓰는 동화는 그냥 '이야기'라 했으면 싶다. 서러운 사람에겐 남이 들려주는 서러운 이야기를 들으면 한결 위안이 된다. 그것은 조그만 희망으로까지 이끌어 줄 수 있기 때문이다.
>
> (권정생, 『빙뱅이 언덕』, 창비, 2012, 18쪽.)

우리는 연구소에서 일주일에 한 번씩 만나 이런 저런 이야기를 나눕니다. 우리도 서러운 이야기를 많이 나누어야 모임에 희망이 많아지려나 싶습니다. 서러운 이야기를 우리 모임에서 나눌 수 있을까 묻게 됩니다. 그리고 그

것이 우리 모임 사람들에게 어떤 희망을 줄지 보고 싶습니다. 예전에 어떤 선생님이 전셋집 때문에 집 주인과 겪는 어려움을 구구절절 이야기로 꺼낸 때가 있습니다. 그 때 다른 선생님이 큰 돈 사기 당했던 이야기를 자세히 들려주었습니다. 그 이야기를 듣고 집 때문에 힘들다고 하던 선생님이 위안이 된다고 합니다. 이렇게 해라, 저렇게 해라 하는 다른 사람들의 충고보다, 나보다 더 힘든 이야기를 들으니 위안이 된다고 헛웃음을 짓던 모습이 생각납니다. 두 선생님 이야기를 들으며 나도 조금은 다르지만 비슷한 서러움과 마음고생을 한 때가 생각났습니다. 누구나 서러운 경험이 있는데 그걸 이야기로 꺼내기가 쉽지는 않을 것 같습니다.

> 27년 동안 경순이는 식구들에게 온 정성을 다해 주기만 하면서 살아왔다. 그러니까 앞으로는 남편한테 그런 사랑을 주고받으며 살겠지. 소녀 가장에서 처녀가 되고, 이제는 새댁이 되었으니 앞으로는 아기 엄마도 될 테고... 경순이는 그렇게 한 그루 튼튼한 나무가 되어 수많은 나이테를 만들어 갈 테지, 아름답고 튼실한 열매를 주렁주렁 달면서 먼 훗날 커다란 할머니 누나가 되어 여태 살았던 힘든 삶을 돌이켜 보겠지. 그래서 그 한 그루 나무로 세상이 더욱 아름다워질 테고.
>
> (권정생, 『빌뱅이 언덕』, 창비, 2012, 146쪽.)

경순이와 노인 두 분 이야기는 슬픕니다. 서로 외롭지 않고, 스스로 외롭지 않으려면 다른 사람을 외롭지 않게 해 주어야겠습니다. 서로 이야기 나누고, 함께 어울려 놀고, 함께 맛있는 것 나누어 먹으면서 살고 싶습니다.

내가 살던 마을에서 작년에 두 노인네가 자살을 했다. 한 노인은 농약을 마시고, 한 노인은 소주에다 수면제를 타서 마시고 죽은 것이다. 모두가 외로워서였다. 황금만능주의를 부정하면서도 우리들의 가치관은 스스로도 모르게 물질문명 속으로 기울어지고 있다.

(권정생, 『빌뱅이 언덕』, 창비, 2012, 255쪽.)

권정생 선생님의 세 글을 옮기면서 아빠 이야기를 하고 싶어졌습니다. 몇 년 전에 '아빠 운동화'라는 글을 썼습니다. 학교 선생님들과 아이들 이야기, 하고 싶은 이야기를 써서 나누어 읽을 때 썼던 글입니다. 글을 읽은 선생님들이 아빠 생각을 많이 하게 된다고 했습니다. 연구소 모임을 함께 하는 김강수 선생님이 가끔 이 글 이야기를 해서 다시 찾아 읽어 보았는데 또 눈물이 납니다.

아빠 운동화

전날 제천에 간다고 전화를 드렸더니 아빠가 운동화 하나만 사오란다. 시간도 없고 여기는 살 데도 마땅치 않아 제천 가서 직접 보고 사 드린다 하였다. 금요일 퇴근하자마자 짐을 챙겨 제천으로 갔다. 제천에 도착해 시장에서 준서가 좋아하는 제천 빨간 오뎅과 맥주 한 박스를 사서 집으로 가니 거의 밤 9시다. 엄마가 우리 오기만을 기다리며 차려 놓은 저녁밥을 먹었다. 밥을 먹고 설거지를 하는데 아빠가 오셔서 슬그머니 앉으신다. 오늘 아저씨 두 분이 찾아오셔서 소주 3병을 같이 마셨다고 이야기를 꺼내신다. 요즘은 사람도 많이 못 만나 이렇게 술

먹자고 찾아오는 사람이 반갑다 하신다. 중간에 내가 아빠께 무얼 여쭤 보면 안 들린다고만 하시고 계속 혼자 말씀하신다. 나는 '그랬어요' 아니면 웃기만 하게 되었다. 그렇게 잠깐 이야기를 나누며 맥주 한 병을 마시고 잤다.

새벽부터 엄마는 파밭을 매시면서 논 옆에 있는 오가피나무를 옮기자고 하신다. 아침 일찍 혼자 가서 하시다가 삽이 부러져 돌아오셨단다. 사위에게 같이 가자해서 갔다 오시더니 '못 된 놈'이라는 말을 계속 하시면서 '어떻게 그렇게 동네에서 남의 걸 가져 가냐' 하신다. 동네 아는 분이 오가피나무를 아침밥 먹는 동안 어디로 옮겨 가고 부러진 삽도 가져갔단다. 엄마는 어디로 옮겨 심었을까 하시면서 옛날 못된 짓 했던 것까지 다 얘기하신다. 엄마 이야기를 계속 들었디.

하룻밤만 자고 집으로 돌아와야 해서 아침밥을 먹고 먹을거리를 준비했다. 아이들과 엄마, 아빠랑 같이 우리가 가져갈 감자를 캤다. 아직 캘 감자가 많아 더 캐자 했더니 우리 싸 가지고 갈 것만 캐란다. 나머지는 쉬엄쉬엄 하면 된다고... 엄마가 따 놓은 강낭콩을 그늘에서 까고 있는데 동네 아저씨 한 분이 검은 비닐 봉지에 시원한 맥주 5병을 사 가지고 오신다. 엄마, 아빠가 소개해 준 사람에게 약쑥을 팔았는데, 값이 좋아 많이 벌었다고 고맙다고 하신다. 아저씨가 가신 다음에 아빠는 맥주 한 병을 들고 와 안주도 없이 드신다. 나도 한 모금 먹었다. 드시면서 맥주도 큰 병으로 사오셨네 하며 좋다 하신다.

갑자기 엄마, 아빠가 점심 약속이 생겨 점심을 드시러 갔다. 엄마, 아빠를 식당에 모시고 가는 길에 우리가 가져갈 쌀도 정미소에서 사고, 농사에 쓰실 비료도 몇 포대 사고, 잃어버려 없어진 삽도 샀다. 개 사료를 엄마는 산다하고, 아빠는 그걸 뭐 하러 사냐 하면서 티격태격하신다. 오는 길에 신랑과 둘이 등산용품 매장에 운동화 보러 갔더니 가격이 정말 비싸다.

점심을 드시고 와서 아빠께 운동화를 사러 가자고 했다. 시장에 있는 신발 가게를 가자고 하신다. 스포츠 매장에 가자고 했더니 뭐 하러 그런 비싼 신발을 사냐 하신다. 신랑이 우리는 더 비싼 신발 사 신으니 걱정하지 말고 가시자 했다. 차에서 내려 걸어가시는데 아빠 허리가 구부정하시다. 시장 골목을 지나 가게를 찾아가는데 내 손을 잡는다. 한 걸음 한 걸음이 힘드시다. 내 손을 잡은 아빠 손이 계속 떨린다. 그 전에 잠깐씩 손 떠는 모습을 보긴 했었다. 내가 성격이 살갑지 못해 아빠 손도 한번 못 잡아 보았는데 이렇게 손이 떨리는구나 싶었다. 일할 때 신는 검은 운동화는 있으니 하얀 운동화를 산다고 하신다. 하얀 운동화는 양복바지에 촌스럽다고 조금 색깔 있는 걸 골라 드렸더니 바로 좋다고 하신다. 계산을 하는데 87,200원이라고 했더니 아빠께서 "왜 이렇게 비싸" 하신다. 마음에 들어 하시는 것 같아 바로 사서 들고 왔다. 차로 가는 길에 잡은 아빠 손은 계속 바르르 떨린다.

집에 와서 아빠는 엄마랑 신발을 보면서 비싼 거 샀다고, 돈만 쓰게 했다고 하신다. 신랑이 "아버님, 날아다니시라고요" 한다. 그랬더니 아빠가 허허 웃으시고 더 이상 말씀을 안 하신다.

차 트렁크에 쌀이랑, 엄마가 산에서 딴 산딸기와 다른 먹을거리를 잔뜩 실어 집으로 왔다. 일요일에 빨래를 하고 설거지를 하는데 자꾸 아빠 떨리던 손이 생각난다. 연세가 많아 그런 건지, 아님 술을 많이 좋아해서 그런 건지는 모르겠지만 생각할 때마다 눈물이 날 것 같다.

아빠가 5년 전쯤 칠순 잔치를 하셨으니까 지금 75세 되셨다. 연세도 모르고 살고 있다. 39년생이시다. 칠순 잔치 때 자식들이 만들어준 엄마, 아빠의 결혼 이후 영상물과 잔치를 보며 아빠는 한 달 동안 기분 좋게 자랑을 하고 다니셨다.

걷는 것조차 힘들어 하시는 아빠는 운동화를 신고 날아다니시지는 못하겠지만 오랫동안 기분이 날라 다니면 좋겠다. 계속 누군가에게 자랑을 하시면서…

(2013년 7월)

이 글을 쓰고 1년이 지나 아빠는 폐암 진단을 받았습니다. 그리고 8개월을 병과 싸우다 2015년 2월에 돌아가셨습니다. 돌아가시기 전에 아빠와 보낸 이틀이 생각납니다.

한 달 정도를 병원에서 치료를 받으셨습니다. 나아지지 않고 병원에서도 치료를 포기하자 집으로 돌아오셨습니다. 일주일 정도 돌아가시기 전에 만나실 분들을 모두 만났습니다. 봄방학을 하고 집에 갔을 때는 잠도 거의 못 주무시고 물도 드시기 힘들어 다시 가까운 병원에 입원했습니다. 하룻밤을 병원에서 함께 보내는 데 계속 화장실만 드나들었습니다. 나중에는 숨이 너무 가빠 산소 호흡기를 끼고 계셨습니다. 그리고 다시 병실로 옮겼습니다. 설날을 앞 둔 날이라 차 밀리기 전에 부산 시댁에 간다고 갔습니다. 새벽에 전화가 왔습니다. 돌아가셨다고… 모든 가족이 준비는 하고 있었지만 명절을 지나고 며칠은 더 버티실 거라 믿었습니다. 마지막 돌아가실 때 함께 손을 잡아 주지 못했던 것이 계속 마음에 남았습니다. 장례를 치르면서 이런 저런 이야기를 나누었습니다. 아빠가 병원에서 마지막 하룻밤을 보내며 밤새 싼 똥이 배내똥이라는 것을 알게 되었습니다. 가족들은 "그래도 혜순이가 아빠 돌아가시기 전에 병원에서 밤샘도 같이 하고 함께 시간을 보내 아빠가 행복하셨다" 라고 이야기하는데 위로가 되지 않습니다. 왜 그게 돌아가시기 전에 누는 배내똥이라는 걸 몰랐을까, 그걸 알았다면 돌아가실 때 함께 몇 시간을 보내면서 손을 잡아 드리고 마지막 이야기도 듣고, 어쩌면 더 행복하게 죽음을 맞으셨을 텐데, 얼마나 서운하셨을까… 자꾸 생각납니다.

결혼을 해서 가끔 집에 가면 아빠는 일을 많이 하지 않으셨습니다. 엄마 몫이 많습니다. 아빠는 주로 책이나 잡지를 보거나, 동네 어른과 술을 한잔하며 이야기를 나눕니다. 집 안 일은 이렇게 해라 저렇게 해라 주로 간섭을 많이 하십니다. 몇 년 전 오빠가 우리 형제 중에 아빠를 닮았다고 이야기해서 '내가? 왜?' 라고 질문했습니다. 아빠의 죽음을 겪고 나서 아빠가 어떤 분이셨나 자꾸 생각합니다. 아빠는 글을 가끔 쓰셨습니다. 자식들에게도 한 명씩 편지 글을 쓰셨습니다. 동생이 며칠 전 아빠 편지글이라고 올린 것이 있어 옮겨 봅니다. 날짜는 없는데 아빠가 해외 노동자로 일하러 가서 엄마께 보낸 편지 글입니다. 60년대나 70년대 쯤 될 것 같습니다. 작은 아빠가 고등학교 졸업하고 대학에 못 가게 된 것에 대한 원망이 담겨 있습니다.

아빠 편지글

당신에게

중앙선을 달리고 있는 열차의 기적소리는 이 안타까운 심정을 더욱 불타게 하는구려. 당신은 지금 고이 꿈나라에서 헤매고 있겠지요. 잠자리로 들어가려고 하나 답답한 심정 억누를 길 없어 애수에 잠기어 머언 고향 하늘을 바라보며 팬대를 굴리고 있소.

당장이라도 모든 것을 버리고 뛰어가고 싶소. 아픔과 고뇌에 얼마나 시름할까?! 눈물이 앞을 가리는구려. 이 형을 얼마나 원망하고 있을까. 당신까지도 나를 원망하고 있겠지. 이것이 모두 불운한 가정의 남편을 만나 당신의 불행이요. 모든 것이 미안하오. 그리고 당신의 고생과 노고를 모르는 바는 아니나, 머언 하늘 밑에서 고향 하늘을 바라보는 이 몸은 당신이 무척 원망스럽기만 하오. 이렇게 해서든지 학교에 진학할 수 있는 방법을 취해 볼 것이지, 그래 집에서 놀고 있는 동생을 보면 마음이 시원하겠구려. 나에게는 큰 자격은 없지만 그 그러한 안해[4]를 바라지는 않았소. 어디까지나 나를 대신하여 손색이 없을 줄 알았고. 내가 너무 흥분하여 오해 한 것 같소. 섭섭하게 여기지는 마오. 좀 더 활동적으로 어머님께 대외적인 일로 도와드리기를 부탁하오. 속히 가게 되지 못할 것이니 만일 급한 일이 있게 되면 전보로라도 알려주기 바라오. 만일 집에서 치료할 수가 없으면 어머님께 말씀드려 입원이라도 시키고 편지하시오. 그러면 오늘은 이만 가내 행운과 기쁜 소식이 오기를 기다리면서 펜을 놓소.

당신의 사랑하는 남편으로부터 씀.

---

4) '아내'의 방언

아빠는 6남매의 맏이였습니다. 스무 살에 대학에 입학하자마자 갑작스런 사고로 할아버지께서 돌아가시고 아래로 다섯 동생을 떠안게 되며 학교를 그만두었습니다. 바로 결혼, 군대, 회사, 해외 노동자, 방앗간, 농사일을 하시며 살게 되었지요. 어릴 때 우리 집 가훈을 적어 내라 하면 '형제 우애'로 썼고, 우리 집 방앗간 이름은 '형제 방앗간'이었습니다.

아빠가 돌아가시고 우리 집안의 어른은 엄마가 되었습니다. 엄마는 학교를 초등학교만 다녔습니다. 30년 가까이 떡 방앗간 일을 맡아 하시며 우리 형제들을 키우셨습니다. 농사일도 같이 하시다가 지금은 방앗간 일은 힘드셔서 농사일만 하고 계십니다. 밭에서 나는 온갖 작물을 가리지 않고 키우십니다. 요즘은 시간이 나면 엄마와 시간을 보내기 위해 주말에 자주 뵈러 갑니다. 갈 때마다 항상 먹을거리를 실어 오는 게 일입니다. 밭뿐만 아니라 산에서 밤도 줍고, 산딸기도 따고, 나물도 캡니다. 겨울 잠깐 빼고는 엄마는 1년 내내 바쁩니다. 가끔 여행도 다니셨지만 그리 재미있지는 않은가 봅니다. 엄마는 농사짓고, 먹을거리 장만해 나눠 주고 넘치면 팔고, 집 앞에 꽃과 나무 가꾸는 것을 가장 즐거워합니다. 아빠가 돌아가시고 6남매가 갈등을 겪을 때 엄마는 묵묵히 보기만 하셨습니다. 몇 달 동안 형제들끼리 스스로 갈등을 해결하는 과정이 있었습니다. 그 과정에서 엄마는 6남매들과 며칠 여행을 하자고 합니다.

권정생 선생님과 아빠, 엄마 이야기는 나는 어떻게 살아왔는지 돌아보게 됩니다. 지금은 어떤 삶을 살고 있는지 살펴보게 됩니다. 초등학교 6학년 1학기 일기장이 남아 있습니다. 선생님이 검사를 해 준 것 같지는 않은데 거의 매일 일기를 썼습니다. 내 일기장에서 몇 가지 글을 옮겨봅니다.

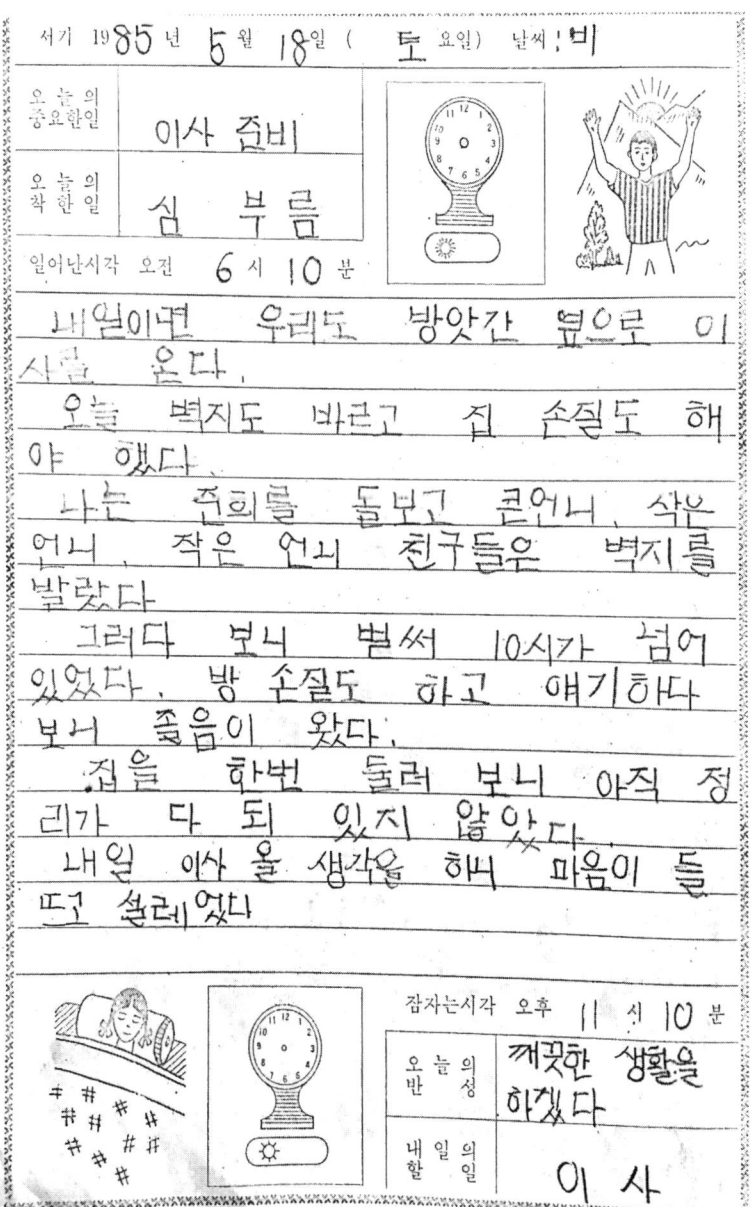

〈일기장 표지와 일기 글〉

농사

동네 아이들과 밭에서 발야구를 했다. 정신없이 놀고 있느라고 재미있는지 없는지도 몰랐다. 그런데 조금 있다가 선구네 엄마가 나와 남의 밭에서 놀이를 한다고 야단을 치시는 것이었다. 이제 고추를 심는데 이런 꼴을 해 놨다고 혼이 났다. 동네 아이들과 함께 야단치시는 모습을 보고 도망쳐 나오긴 했지만 왠지 허전했다. 그리고 이런 일이 몇 번 있었지만 다시는 동네방네 소란을 피우지 않고 요즘 바쁜 철이라 부모님 일손을 돕겠다고 결심했다. (1985년 5월 12일)

이사준비

내일이면 우리도 방앗간 옆으로 이사를 온다. 오늘 벽지도 바르고 집 손질도 해야했다. 나는 준희를 돌보고 큰언니, 작은 언니, 작은 언니 친구들은 벽지를 발랐다. 그러다 보니 벌써 10시가 넘어 있었다. 방 손질도 하고 얘기하다 보니 졸음이 왔다. 집을 한 번 둘러보니 아직 정리가 다 되어 있지 않았다. 내일 이사 올 생각을 하니 마음이 들뜨고 설레었다. (1985년 5월 18일)

2018년 올해도 작은 상자에 텃밭을 만들었습니다. 큰 도시 학교로 옮겨 작은 화분을 찾아 상추와 고추를 심어 키웠습니다. 1년이 지나니 교감 선생님이 주민 센터에서 지원해주는 작은 텃밭이 있다고 써 보라 합니다. 큰 나무 상자입니다. 텃밭치고는 너무 작지만 아기자기하게 아이들과 1년을 가꾸었습니다. 오이도 심고, 토마토, 상추, 고추를 심었습니다. 가을에는 무와 배추를 심어 깍두기와 김치를 만들어 먹었습니다. 아이들은 아침마다 물을 주고, 오이와 토마토를 따 먹습니다. 처음으로 배추를 소금에 절여 김치를 만들어 보니 재미있다 합니다.

〈텃밭사진〉

2018년 3학년 우리 반 아이들 이야기를 담은 글입니다. 친구와 겪은 이야기, 공부 시간 어렵 재미있던 장면, 놀아준 친구가 고마운 마음, 친구와 가족 이야기가 있습니다. 아이들 얼굴과 모습, 장면이 떠오릅니다.

리코더와 손치기

이수빈

음악 시간에 리코더를 했다. 근데, 리코더 중에 겨울밤이 너무 어려웠다. 친구들은 겨울밤을 잘한다. 노래 할 때 손치기가 너무 재미있었다. 손치기 할 때 짝꿍이랑 할 때 재미있었고 손이 빨개졌다.

우리 아빠

조가온

우리 아빠는 집에서 영화 보면 매일 잔다.

"아빠 잘 거면 침대에서 자요. 소파에서 자지 말고"

"어 아빠 안 자. 눈 잠깐 감은 거야"

그게 자는 건데 자꾸 안 잔다고 한다.

권정생 선생님이 『빌뱅이 언덕』에서 들려주는 서러운 이야기가 나를 돌아보게 합니다. 내 이야기를 하면서 다른 삶 이야기를 나누어야 자꾸 희망이 생길 것 같습니다. 내 이야기에는 엄마, 아빠가 있고, 가족이 있고, 우리 아이들이 있고, 나와 함께 하는 많은 사람들이 있습니다. 그 이야기가 이어지면 좋겠습니다.

권정생 빌뱅이언덕

너를 응원한다

윤승용

"언젠가는 우리 모두 죽는다. 그러니 절대 앞서지 말자는 것이다. 그리고 뒤처져 있다고 불행하다는 생각도 하지 말자. 작은 꽃다지가 노랗게 피어 있는 곳에도 나비가 날아든다. 작은 세상은 작은 대로 아름답다.

드넓은 밤하늘을 보면 우리 인생이 얼마나 작고 초라한지 알 것이다. 하늘을 쳐다보는 데 아직 돈 내라 소리 없지 않은가. 가난한 사람에게도 우주는 그 만큼 너그럽다. 작은 것으로, 느리게 꼴찌로 뒤처져 살아도 자유로운 삶이 있다. 자유로운 꼴찌는 그만큼 떳떳하다."

(권정생, 『빌뱅이 언덕』, 창비, 2012, 123쪽.)

"똑같은 것을 흉내만 내는 인간이 되어 일생을 시체로 살게 버려두는 건 죄악이다. 조금은 가난하고 조금은 불편하고 힘들어도 아이들을 시인으로 키우고 생명 가진 인간으로 키워야 한다."

(권정생, 『빌뱅이 언덕』, 창비, 2012, 162쪽.)

다니던 학교를 그만두고 대안학교에 자리 잡으려고 하는 큰 아이. 자기 관심거리에만 깊이 들어가 있고 또 그것을 통해서만 다른 사람을 만나려고 합니다. 그러다 보니 다른 이에게 쉽게 외면 받습니다. 다른 이의 눈치를 살필 때가 많습니다. 조금이라도 자기 말을 들어줄 사람 앞에선 끝도 없이 자기 말만 합니다. 몸놀림이 느리고 운동능력이 뒤처지다보니 다른 아이들과 어울리지 않았습니다. 무시당하는 일이 많아 자존감이 자꾸 떨어졌으리라 생각합니다.

나는 다른 건 내려놓더라도 그냥 평범하게 지내주면 안 될까 싶었습니다. 다른 아이들 하는 것처럼 하다보면 조금씩 나아지겠지 하는 마음만 가졌습니다. 아니, 그렇지 않았습니다. 아이 속마음을 살피기보다 아이를 보는 다른 이를 살폈습니다. 조금이라도 모자라 보이지 않도록 했습니다. 저는 아이가 어설프게 보이는 모든 것을 싫어했습니다. 화가 났습니다.

초등학교는 나와 함께 다녔습니다. 차를 타고 20Km가 넘는 길을 강 따라 산길 따라 다녔지요. 바로 앞에 학교를 두고 근무하는 학교에 데리고 다닌 것입니다. 그렇다 보니 아침에 일찍 깨우게 되고 무엇이든 서두르는 일이 잦았습니다. 차 안에서 챙겨야 할 준비물을 물어보고 "아빠 나 대금 안 가져왔어!" 하면 소리도 지르고 화도 참 많이 냈던 것 같습니다. "미리 미리 챙겨야 할 것 아니야!" 라고 소리도 버럭 질렀습니다. 가는 동안 내내 화가 풀릴 때까지 했던 적도 있습니다. 가끔은 다른 곳에서 쌓인 마음까지 아이에게 쏟아 부었습니다.

다른 아이와 문제가 있어 아이가 말을 할 때면 아이 마음을 감싸 안아주기보다 "그럴 때 그렇게 하니까 안 되지." 하면서 자기 잘못을 먼저 보도록 했습니다. 다른 이와 지내는 방법을 잘 모르고 어설픈 한 아이 자존감을 수없이 깎아 내렸습니다. 마음 여리고 눈물 많은 아이에게 윽박지르는 일이 잦았습니다.

　시간이 지나 집 앞 중학교에 다니게 되니 나와 아이는 더 멀어졌습니다. 벌여놓은 일은 많아서 집에 늦었고 아이와 만나는 시간은 줄었습니다. 가끔 보는 아이는 지쳐있었습니다. 틈만 나면 누워있고 스마트폰에 빠져있었습니다. 열심히 살아야 하는데 빈둥거리는 것 같아 화만 났습니다. 이때도 저는 소리만 질렀습니다. 공부라도 해야 다른 이에게 무시당하지 않는다며, 순한 아이들이 모이는 학교에 진학하려면 성적을 올려야 한다며 학교 끝나면 학원으로 달려가게 했습니다. 주말에는 쉬는 아이를 노려보기 일쑤였습니다.

　부족한 행동으로 다른 아이들의 놀림감이 될 때도 많았습니다. 마음을 나누거나 놀 친구는 없었습니다. 중학생인데도 자주 울었습니다. 고등학교 진학하면서 들은 이야긴데, 죽고 싶은 마음이 자주 들었다고 합니다. 아이로부터 "죽고 싶었다."라는 말을 듣는 순간 아득했습니다. 손이 떨렸습니다. 나도 모르게 아이를 죽음으로 내몰고 있었던 것입니다. 생각해 보면 아이는 머리가 아프다는 말을 자주 했습니다. 담임선생님은 아이가 두통약을 너무 자주 찾는다고 했습니다. 좀 더 빨리 알아차렸거나 욕심을 내려놓았더라면 더 좋았을까요? 돌아보면 아이를 벼랑 끝으로 내몰았던 말이 나를 찌릅니다.

　힘들었던 시간을 아이는 어떻게 이겨냈을까요. 중학교 생활 내내 결석 한 번 없었고, 여러 대회에 나가 상장도 자주 받았습니다. 교과 성적도 나쁘지 않았습니다. 한두 명이었지만 친구를 사귀어 가끔 만나 수다도 떨었습니다. 집으로 불러 같이 자기도 했습니다. 체험학습 때 어떻게 하든 누구와 섞여

밥도 먹었습니다. 부족하나마 이 정도면 되었지 싶었습니다.

하지만 아이는 점점 더 사람을 만나지 못하고 자기 안에 머물고 있습니다. 학교 마치고 밥 먹는 시간을 빼면 자기 방 안에서 나오지 않습니다. 학교는 빠지지 않고 다녔고 학과 공부도 꾸역꾸역 했지만 대부분 아이돌 노래를 부르고 춤을 따라하면서 시간을 보냅니다. 나무위키라는 인터넷 백과사전에 아이돌 그룹에 설명을 덧붙이면서 관심사에 빠져 지냅니다.

바깥으로 나오는 걸 두려워하고 힘들어 합니다. 지나는 길에 마주치는 사람들이 자기를 계속 쳐다본다고 합니다. 길거리에서 물건을 파는 할머니, 할아버지가 자기를 째려본다고 생각합니다. 사람이 모여 있는 곳에 가는 걸 꺼려합니다. 버스 타는 것도 힘겨워해 자주 데려다 달라 했습니다. 자전거가 편할 것 같아 가는 길을 알려주기도 했습니다. 학교에선 그렇지 않다니 다행으로 여겼습니다.

아내와 이야기를 자주 나눴습니다. 아이가 중학교를 마칠 즈음부터였던 것 같습니다. 아이의 내일이 걱정되어 그랬습니다. 대부분은 지난 시간을 떠올리는 이야기였습니다. 서로를 비난하거나 후회하는 이야기였습니다. 걸으면서, 강을 바라보면서, 술 마시면서 싸우고, 다독이고, 약속하고 울었습니다. 청소년 상담을 전문으로 하는 선생님을 찾아 도움을 받았습니다. 집에서 멀지만 아이와 일주일에 한 번씩 다녀옵니다. 아이가 자기를 찾고, 내가 나를 찾는 시간입니다. 아내는 마음공부도 이어갑니다.

점점 아이에게 무엇을 하라고 하지 않았고 아이가 하고 싶어 하는 걸 지켜봐주기로 했습니다. 말처럼 쉽지 않습니다. 더운 여름날, 창문도 문도 닫힌 방에서 선풍기 한 대 틀어놓고 들어앉아 있는 모습을 그냥 지켜보는 건 눈물 나는 일입니다.

 방학 때 바람이나 쐬라고 청소년캠프에 보냈습니다. 멀리 떨어진 남원 실상사라는 절에서 열리는 것이었습니다. 3박 4일 동안 다녀온 아이의 눈이 반짝였습니다. 너무도 오랜만에 보는 표정이라 보는 마음도 기뻤습니다. 함께 보냈던 여러 친구들의 이야기를 멈추지 않았습니다. 이런 학교에 다니고 싶다고 했습니다. 지금 다니는 학교에 그냥 다니라고 하면 다닐 아이입니다. 하지만 이 아이에게 3년이라는 시간이 어떨까 생각했습니다. 끊임없이 성적을 올리기 위해 시간을 쪼개 써야하고 우리는 우리대로 아이를 몰아붙일 것입니다. 조금이라도 다른 이를 이겨보라고 소리칠 것입니다. 아이는 세상을 더 두려워하고 내면의 상처는 곪을 것입니다. 어찌어찌 대학이라는 곳에 간다고 하더라도 아이는 외롭고 무기력할 것입니다. 많은 아이들이 가는 길에서 벗어나는 것이라 나도 아이도 두렵습니다. 그래도 알아보기로 했습니다.

 아쉽게도 캠프에서 같이 지냈던 아이가 다니는 학교로 갈 수 없습니다. 고등과정 편입을 받지 않아서입니다. 그만 내려둘까 하다 다른 대안학교를 살펴봤고 1학년 편입을 받는 곳을 찾았습니다. 새로운 곳에 들어가는 걸 싫어하는 아이라 쉽지 않았습니다. 원서를 쓰고 일주일 동안 체험 시간을 다녀왔습니다. 다녀와서 대안학교로 학교를 옮기겠다고 합니다. 이상하게도 막상 학교를 옮기겠다니 미덥지 못합니다. 너무 쉽게 결정을 내리는 것 같았습니다. 버스도 잘 못 타는 아이가 그 먼 곳에서 어떻게 올라오고 내려가려고 할까? 하루 종일 다른 이와 섞여 살아야 하는데 고민은 한 것일까? 학력 인정이 안 되는 학교인데 검정고시나 다른 삶에 대해 진지하게 생각은 한 것일까? 놀고먹으며 시간을 낭비하는 것은 아닐까? 지금 당장 힘든 공부하기 싫어서 이런 결정을 내린 것은 아닐까? 생각하면 할수록 속에서 짜증이 솟아올랐습니다. 마음 한편에 다니던 학교에 다시 돌아오길 바랐나 봅니다. 대부분의 아이들이 걷는 길을 따라 걷길 바랐나 봅니다.

다니던 학교에 자퇴서를 쓰러 가는 날, 이상하게 아이 보다 내가 더 떨었습니다. 정해 놓은 길 바깥으로 나가본 적이 없어 그랬을까요? 왜 학교를 그만 두려고 하느냐는 질문에 눈물이 돌았습니다. 성급하게 학교를 내려놓는 것 같아 일단 무단결석으로 처리 해달라고 했습니다. 한 달 정도 지나 아이의 결정이 바뀔 수 있으니 그렇게 하자고 했습니다. 결석일수가 모두 차 진급이 안 되는 시간이 오면 자퇴서를 쓰기로 한 것입니다.

아이가 교실로 가 같은 반 아이들에게 인사하는 시간, 학교를 올려다봤습니다. 만원 버스에 실려 이리저리 흔들리며 어딘지 모를 곳에 가던 아이가 보입니다. 넘어지지 않게 손잡이 꽉 잡으라고 소리만 쳤던 내가 보입니다. 다른 차를 타고 싶다는 눈빛을 못 본 척 했던 내가 보입니다. 어떻게 하다 보니 우리만 내렸습니다. 떠나는 버스를 하염없이 바라봅니다. 이제 다른 버스를 기다려야 합니다. 나도 아이도 모르는 길을 걸어야 합니다.

아이에게 참고 이겨내라고만 했습니다. 누구나 다 그래, 누구나 다 힘들어, 힘 안 들이고 어떻게 얻을 수 있니, 그런 거 하고 싶으면 뭘 알아야지, 하고 싶은 게 있으면 그걸 위해 노력이라는 걸 해야지, 어렵고 힘들어도 참아내야지 하면서 말입니다. 다른 이와 섞여 달리다 보면 보이는 게 있겠지, 가만 앉아서 생각한다고 보이겠냐 하면서 말입니다. 정작 뭘 하고 싶은지, 뭘 해야 하는지도 모르고 자기를 알지도 못하는 아이를 난 떠밀고 떠밀었습니다.

"걸어간다. 한 걸음만 더. 아무도 잘 모르지만.

다가간다, 한 걸음만 더. 아무도 잘 모르지만."

아이가 공연한 뮤지컬에 나오는 노래 가사입니다. 대안학교에 진학하면서 처음으로 활동한 것입니다. 같이 꿈을 꿔보자고 하면서 모여 무대극을 만드는 이야기입니다. 여기서 꿈은 '나를 더 알아갈 수 있는 것' '내 옆에 너를 좀 더 알아가는 것'이었습니다. 누군가 꿈을 왜 꿔야 하냐고 물으니 "현실이 시시하니까!" "꿈은 삶의 그림자!" "내 생각대로 꿀 수 있으니까!" 라고 대답합니다. 아이들의 노래와 대사를 들으면서 부끄럽습니다. 아이만할 때 내가 떠오릅니다.

시골에서 먼 곳으로 학교를 다녔습니다. 열한 시 넘어 집에 들어왔고 여섯 시에는 일어나 첫 차를 타야했습니다. 하루는 집에 오는 길 밤하늘을 올려다 봤습니다. 가물거리는 별빛을 가만히 보고 있는데 나도 모르게 눈물이 흘렀습니다. 성적은 오르지 않고, 공부는 어떻게 해야 할지 몰랐습니다. 다른 아이들처럼 묵묵히 앉아 책을 봤지만 어려웠습니다. 낯선 곳으로 진학해서 친구가 없었습니다. 하루 빨리 벗어나고만 싶었습니다. 이렇게 공부해서 뭐하나 싶었습니다. 어떻게든 대학에 들어가고, 졸업하고, 돈 벌고⋯⋯ 재미없었습니다. '결국 그러다가 죽는 거잖아.' 하면서 말입니다. 결국 죽을 거 지금 죽어도 좋지 않을까. 무섭고 용기가 나지 않아 하루하루 그냥 버텼습니다. 힘겹게 지나왔던 시간이 떠오릅니다. 생각해보면 그 어둡고 긴 굴을 어떻게 지나왔나 싶습니다.

시간이 지나 새로운 곳에서 아이는 다시 시작하기로 했습니다. 조금은 자유로운 곳에서 생활하기로 한 것입니다. 사실 아이보다 내가 더 두렵고 떨립니다. 가보지 않은 길이기에 어설프기 그지없는 아이를 세상에 내놓은 것 같아 걱정이 앞섭니다. 하지만 꾹 참고 두 다리에 힘을 주고 마음을 편안히 가지려 합니다. 아이도 저도 용기가 필요합니다.

아이는 그곳에서도 사람 때문에 힘들어 할 것입니다. 자기만의 공간이 없어져 더 힘들어 할 수 있습니다. 응원이라도 해야겠습니다. 똑같은 것 흉내 내지 않아도 괜찮아. 조금 천천히 걸어도 괜찮아. 다음에 무슨 일이 일어날지 아무도 몰라. 모르는 내일을 위해 고통스럽게 걷지 않아도 돼. 네 안에 무엇이 들어있는지 잘 모르지만 잘 키우길 바란다. 움츠린 마음 펴지는 날이 오겠지. 오늘도 살아있구나! 웃고 있구나! 기쁘게 하루를 생각해야지. 가만히 들여다보면 아이를 응원하는 말이기 보다 나를 응원하는 말입니다. 어깨 동무하고 뚜벅뚜벅 걸어보자, 아들!

권정생 빌뱅이언덕 ●────────────

그는 작은 예수였습니다

조 배 식

권정생 작가

　솔직히, 권정생 작가에 대해서 잘 몰랐습니다. 그저『강아지 똥』,『몽실언니』밖에 읽은 기억이 없습니다. 그리고 외롭고 가난하게 살다간 기독교인이라는 사실만 알고 있었습니다.『빌뱅이 언덕』이 작가의 산문집이라 가벼운 내용 일거라 생각 했습니다. 하지만 처음「나의 동화 이야기」부터 나오는 그의 인생 - 일본에서 태어나 해방 전후 어려운 상황, 전쟁의 고통, 가족의 생사와 흩어짐, 평생을 괴롭혀온 병, 지긋지긋한 가난, 배움에 대한 열정, 절망 그리고 외로움 - 이 너무나 절절했습니다. 담담히 써내려간 글에서 나오는 생각들은 많은 울림을 주었습니다.

　"내가 쓰는 동화는 그냥 '이야기'라 했으면 싶다. 서러운 사람에겐 남이 들려주는 서러운 이야기를 들으면 한결 위안이 된다. 그것은 조그만 희망으로까지 이끌어 줄 수 있기 때문이다."

(권정생, 『빌뱅이 언덕』, 창비, 2012, 18쪽.)

누군가에게 희망을 심어주는 사람. 작가는 이러한 마음으로 평생 글을 써 오지 않았을까 싶습니다.

그는 작은 예수였습니다. 「오물덩이처럼 딩굴면서」를 매우 감명 깊게 읽었습니다. 다섯 살에 만난 예수가 평생 그를 따라다녔습니다. 결핵으로 시달리며 기도원으로 향한 여정은 어릴 때 어머니 모습을 떠올리기도 했습니다. 기도원에서 나병환자를 도와주는 모습은 예수님의 모습과 다르지 않았습니다.

"들판에 앉아서 읽은 성경을 생생하게 몸으로 체험할 수 있었다. 머리로 읽는 성경은 자칫하면 환상에 그치고 말지만 실제로 체험하면서 읽으면 성경의 주인공과 대화하는 느낌이 드는 것이다."

(권정생, 『빌뱅이 언덕』, 창비, 2012, 43쪽.)

3개월의 거지생활을 하면서 얻는 교훈은 오히려 그에게 믿음의 진보를 경험하게 합니다. 그리고 "그리스도를 믿는 것은 가장 인간스럽게 사는 것"이라고 믿음의 틀을 잡습니다. 또한 사람을 찾는 것, 사람을 사랑하는 것이 기독교인의 모습임을 고백합니다.

전쟁이 주는 참혹함은 『빌뱅이 언덕』의 「열여섯 살의 겨울」에서 잘 드러났습니다.

"앞집 아저씨는 반동분자로 인민군에게 잡혀 총살당하고, 뒷집 아저씨는 용공분자로 국군에게 총살당했다. 한동네 한 이웃끼리 서로 감시하고 감시받으며 살아야하는 살벌한 세상이었다."

(권정생, 『빌뱅이 언덕』, 창비, 2012, 51쪽.)

이념이 무엇인지도 모르는 순박한 시골 동네에서 김일성 장군의 노래를 불렀다가 김일성 때려잡는 노래를 불러야 했던 상황, 소련깃발과 인민 깃발을 붙이다가 전세가 역전되면 성조기와 태극기를 붙이는 상황. 6.25특집 다큐멘터리에서 봤던 모습입니다. 아버지한테도 비슷한 얘기를 들은 적이 있었습니다. 동네에 인민군이 들이닥쳐서 큰 할아버지가 변소 간에 숨으셨다는 이야기였습니다.

"나 혼자 좋은 대학에 들어가기 위해 친구도 이웃도 다 뿌리쳐야 하고, 나 혼자 취직 시험에 합격하기 위해 수백 명 수천 명을 밀어 내 버리고… 큰 기업체들은 돈을 벌기 위해 공장폐수를 쏟아 더러운 물을 마시게 하고, 어디 한군데 사람다운 곳은 없다."

(권정생, 『빌뱅이 언덕』, 창비, 2012, 73쪽.)

"사람은 각기 다른 모습을 가졌듯이 지능이나 재주도 모두가 다르다. 반에서 공부를 1등하는 아이와 꼴찌 하는 아이의 차이는 시험 점수만으로 따졌을 때 생기는 차이다.… 우리 아이들에게 시험 점수 보다 더 소중한 인간다운 지혜와 따뜻한 사랑을 가르치기 위해 부모들의 각성을 바랄 뿐이다. 따라서 인간들만이 자연에서 이탈하여 만들어 낸 사회제도나 국가정책은 잘못되었으면 하루속히 고쳐야 한다."

(권정생, 『빌뱅이 언덕』, 창비, 2012, 216쪽.)

1978년에 쓴 이야기가 지금도 공감이 되는 것을 보면 어디에서부터 이 꼬인 실타래를 풀어야 할지 정말 답답하기만 합니다. 정권이 바뀌어도 교육의 문제는 해결할 수 없는 철옹성이 아닌가 싶습니다. 모두 교육 전문가가 되어 있습니다. 교사, 학부모, 교수, 학원가, 시민단체. 다들 똑똑이입니다.

작가는 누구나 쉽게 할 수 없는 제안을 합니다.

"혹시나 10대의 어린 나이에 좌절을 겪는 청소년이 있다면 경쟁사회에서 벗어나 가난한 인생을 살도록 권하고 싶다. 우리에게 필요한 것은 먹는 것 입는 것만이 전부가 아니라는 것, 잘못된 향락은 더 큰 고통이 따른다는 것 우리에게 더 소중한 것은 푸른 하늘 밑에서 여덟 시간 일하고 이웃과 더불어 가난하게 사는 것이다."

(권정생, 『빌뱅이 언덕』, 창비, 2012, 122쪽.)

나에게 큰 울림을 주는 말입니다. 절제와 자족, 청빈의 삶을 일깨워주는 귀한 말씀입니다. 평범한 일상보다 이상적인 삶을 꿈꾸며 좀 더 가지려 했고 좀 더 누리려 했던 나를 돌아보게 합니다.

시골스러움

작가의 글에는 자연과 아이들의 이야기가 많이 나옵니다. 자연에서 아이들이 누려야 할 것과 자연과 어우러져 사는 것이 얼마나 좋은 것인지 강조합니다. 그리고 산업화로 인해 자연이 파괴되는 것에 대한 안타까움이 잘 드러납니다.

> "지금 이라도 늦지 않으니 우리 아이들을 자연으로 돌려보내야 한다. 기계에서 해방시키고 콘크리트 벽 속에서 풀려나게 해야 한다. 흙냄새 거름냄새 풀냄새를 맡게 하고 새들과 짐승들과 얘기를 하도록 하자. 괭이질을 하고 지게를 지며 땀 흘리는 농군이 되게 하자. 그래서 시인으로 살게 하자."
>
> (권정생, 『빌뱅이 언덕』, 창비, 2012, 161쪽.)

어떤 서울 사람이 '서울 밑은 다 시골'이라고 했습니다. 광역시나, 지방 도시사람들은 억울하겠지만 통상 그렇게 얘기를 한다고 합니다. 그런 의미에서 나도 시골사람입니다. 정확히 순천시민으로 태어났지만 여기서는 그냥 시골에서 자랐다는 말만 했습니다. 당시 우리 집이 산 밑에 있었고 주변은 밭으로 둘러 쌓여있었기 때문에 시골이과 다름없었습니다.

우리 집이 산 밑이라 좋은 점은 순천시가 한 눈에 들어온다는 겁니다. 어릴 때 얕은 담장너머로 탁 트인 시내를 보고 있으면 기분이 좋았습니다. 그냥 높은 곳에서 산다는 우월감 같은 게 있었습니다. 그리고 집에는 마당도 있고, 텃밭도 있어서 제철 과일과 채소를 먹을 수 있었습니다. 특히, 감나무가 몇 그루 있어서 감을 많이 먹었던 기억이 납니다. 나중에 대학가서 친구가 감을 사먹는 모습을 보고 충격을 받았습니다.

"감을 왜 사먹냐?"
"그럼, 안 사면 감을 어떻게 먹냐?"
"집에 감나무 있잖아."

하지만 초등학교 3학년까지 만해도 집 근처는 흙길이었습니다. 도로에서 500미터 흙길을 걸어와야만 우리 집이 나옵니다. 어릴 때는 우리 집 가는 길은 왜 포장이 안 되어 있는지 궁금했습니다. 밤에 집으로 갈 때는 무섭습니다. 가로등이 하나밖에 없어서 집까지 가려면 깜깜한 길을 걸어야하기 때문입니다. 가끔 저녁에 아래동네 슈퍼에 심부름 시킬 때면 무서워서 가기 싫다고 떼를 부리곤 했습니다.

나는 그 동네가 좋았습니다. 사방이 다 놀이터였기 때문입니다. 하루는 뒷산, 하루는 개울가, 하루는 밭, 하루는 공동묘지. 매일 매일 발 닿는 곳이 놀이터였던 것입니다. 동무들과 도시락 싸서 산에 소풍을 가기도 하고, 가재 잡아 구워먹고, 개구리, 메뚜기 잡아먹고, 산토끼 잡으러 다니기도 하고. 남의 밭에 가서 이것저것 서리도 많이 했습니다. 그러다 주인아저씨한테 걸려서 혼난 기억도 있습니다.

놀이터나 놀이기구가 없어도 알아서 재밌게 놀았습니다. 연날리기, 오징어, 나이 먹기, 말뚝박기, 사방치기, 자치기, 비석치기, 팽이치기, 딱지치기, 구슬치기, 공기놀이, 썰매타기, 불장난, 쥐불놀이, 활 만들기, 새총 만들기, 화약총 만들기, 고무줄, 술래잡기, 숨바꼭질, 움막 짓기를 하였습니다. 그리고 동무들이 있어서 그렇게 잘 논 것 같습니다. 그곳에 살았던 재미있었던 추억들은 아직도 내 머릿속에 소중하게 보관되어 있습니다. 그래서인지 학교에서 아이들과 수업을 할 때면 어릴 때처럼 이것저것을 해보게 됩니다.

만약 내 어린 시절이 도시 복판이었다면 어땠을까 생각을 해봅니다. 지난 7년간의 서울 살이를 떠올려 보면 메마른 가지였습니다. 시골 촌놈이 서울 특별시민이 되었을 때는 뿌듯함이 있었습니다. 하지만 얼마 못가서 서울특별시민의 삶은 썩 좋지 않았습니다. 힘들었습니다. 뭐가 많고, 복잡하고, 숨막히고, 삭막히고

내 아이들이 더 크기 전에 양평에 오게 된 이유입니다. 시골을 맛보며 크길 하는 마음입니다. 하지만 요즘 아이들은 다릅니다. 그냥 서울 놈입니다. 그렇게 세상이 바뀌었습니다. 시골이나 서울이나 다 서울 감성으로 살아갑니다. 시골에서 아이들은 손에 휴대폰을 놓지 못하고, 컴퓨터 게임을 끊지 못하고 있습니다.

작은 놈이 팽이 가지고 싶다고 해서 사줄까 하다가 톱을 들고 같이 나갔습니다. 집 앞 나무에서 팔뚝만한 가지를 잘라다 주었습니다. 대충 설명해주고 만들어 보라고 했습니다. 조금 하다말겠지 했는데 두 시간을 끙끙대며 커터칼, 끌로 나무를 깎았습니다. 그럴 듯하게 팽이모양이 나왔습니다. 어디서 구했는지 팽이 끝에 쇠구슬을 박아 넣었습니다. 어묵 꼬챙이에 두꺼운 실을 묶더니만 팽이채도 만들었습니다. 마지막에는 인두로 팽이를 지져서 무늬도 만듭니다. 팽이를 보니 파는 것 못지않게 잘 만들었습니다. 팽이도 아주 잘 돌아갑니다. 엄마한테 한참 자랑을 합니다. 학교에 가지고 가겠다고 합니다.

그리고 녀석이 하두 대나무 대나무 노래를 부르길래, 설날에 고향에서 대나무를 잘라왔습니다. 어렸을 때 경험을 살려 대나무를 깎아 활을 만들어 주었습니다. 화살을 어떤 것으로 할까 고민하고 있는데 녀석이 근처에서 갈대를 주워옵니다. 화살로 쓰기에 적당합니다. 쏴보니 잘 날아갑니다. 추운데도 재미있다고 계속 밖에서 활쏘기를 합니다. 어느 날 친구가 놀러 왔는데 직접 만든 활이 신기한지 같이 쏘면서 재미있게 놉니다. 친구도 자극을 받았는지 남은 대나무를 달라고 해서 주었습니다. 얼마 후에 그 친구는 아빠랑 만들었다고 자랑 합니다. 게임처럼 이런 놀이가 즐거운가 봅니다.

그나마 다행입니다.

권정생 빌뱅이언덕

권정생 선생님이
우리 옆집에 살고 있네요

장 상 순

　동화나 그림책으로만 만나던 권정생 선생님을 산문집 『빌뱅이 언덕』으로 만났습니다. 이야기를 들어서 어렴풋이 알고 있었던 선생님의 삶을 자세히 살펴보았습니다. 몇 해 전 들렸던 빌뱅이 언덕 아래 작은 집이 생각났습니다. 선생님이 마지막까지 살았던 그 작은 집이 진짜 선생님 집이었다는 것을 느꼈습니다. 선생님의 고단한 삶, 세상을 걱정하는 마음을 읽을 수 있었습니다. 시골 작은 마을에서 세상의 모든 일을 살피고 약자들의 마음을 헤아리는 모습이 따뜻했습니다. 현대사의 증인으로 살아오신 삶을 이야기로 풀어 주셨을 땐 어려운 시대의 많은 사람들이 생각났습니다. 내가 그 시대에 있었으면, 그런 상황을 겪었으면 어땠을까 생각이 들었습니다. 선생님은 참 힘든 삶을 사셨습니다. 그럼에도 분단의 역사와 통일에 대한 고민을 하고 그 생각을 글로 나눠 주셨습니다. 환경과 노동의 문제도 관심을 가지고 글을 쓰셨습니다. 시대를 앞서서 모두를 이끌어가는 역할을 하셨습니다. 그 힘은 세상을 보듬는 선생님의 따뜻한 마음이었다는 것을 『빌뱅이 언덕』을 읽고 알게 되었습니다.

　선생님 이야기의 중심은 사람입니다. 정확히 말하면 사람의 삶입니다. 사람이 온전히 사람답게 살아야 한다고 말씀하십니다. 누구나 공감하고 감동할 수 있는 삶을 사는 사람들이 우리 사회에 많아야 합니다. 선생님은 그러지 못한 사회를 걱정하셨습니다. 사람답지 못한 사람들이 벌인 일로 전쟁이 일어나고 사회가 파괴됩니다. 사람의 욕심이 다른 사람의 것을 빼앗고 착취합니다. 눈 앞의 이익을 위해 자연을 파괴합니다. 이런 것들은 바로 잡으려면 바르게 사는 사람들이 더 많아져야 합니다. 모든 사람들이 사람답게 조금씩 더 노력해야 합니다. 나는 사람을 가르치는 일을 하고 있습니다. 아이들에게 어떤 사람의 삶을 본보기로 보여주어야 할지 생각하게 됩니다. 선생님의 동화로 아이들과 공부하며 바른 사람의 삶에 대한 이야기를 많이 해야겠습니다.

　어떻게 살아야하나? 어떤 사람이 되어야 하는지는 결국 삶을 통해서 알게 됩니다. 많이 읽고, 듣고, 경험해보는 것이 필요합니다. 작은 일 하나부터 꼼꼼히 살펴 잘된 삶과 잘못된 삶을 찾아보는 것이 필요합니다. 사람들이 사는 모습을 많이 보고 이야기하고 스스로를 돌아보는 시간을 가져야 합니다. 우리 주변에는 권정생 선생님 같이 힘들고 어려운 삶을 살면서도 따뜻한 마음을 가지고 살고 있는 사람들이 많습니다. 그런 사람들의 삶을 살펴 울고, 웃고 분노하다보면 참된 삶이 무엇인지 알게 됩니다. 더디도 그러다 보면 우리 모두 참된 사람으로 살아갈 수 있을 것입니다.

구멍 난 구두 밑창

사람답게 산다는 것은 일하고 사는 것과 관련이 많습니다. 권정생 선생님도 그래서 노동 문제를 이야기했습니다. 비인간적인 대우를 받아가며 일하던 노동자에서 권리를 찾아 사람답게 살고자 하는 것이 노동운동입니다. 노동운동으로 많은 노동자들이 인간답게 살고 있으나 아직 갈 길이 멉니다. 오히려 귀족노조, 정규직, 비정규직 밥그릇 싸움 등으로 일부 세력들에게 비판받기도 합니다. 직접 겪는 사람들에게는 참 답답한 노릇입니다.

역사를 이끌어가는 것은 지도자가 아니라 묵묵히 자신의 일을 하는 민중입니다. 한 사람 한 사람의 작은 실천이 서로에게 본보기가 되고 힘이 됩니다. 10여 년 전 일입니다. 전교조 지부연수에 상급단체의 교육 담당자가 강의를 하러 왔습니다. 그 분들은 노조 전임자거나 해고 노동자들입니다. 전교조 비합법화 시절 전교조 가입으로 해고된 선생님들이 노조 일을 맡아서 했었습니다. 그 때는 후원금은 모아 월급의 형태로 활동비를 드렸습니다. 그러나 정상 월급에는 훨씬 못 미치는 액수였습니다. 다른 사업장도 비슷했습니다. 해고 조합원들의 경제적 삶은 어려웠습니다. 그 때 강의를 했던 분의 이름은 생각나지 않습니다. 강의가 끝나고 바쁜 일이 있어 자리를 떠나는 그 분의 구두 밑창을 우연히 보게 되었습니다. 닳아서 구멍 나 있었습니다. 헌신과 진정성이 떠올랐습니다. 그리고 높은 자리에서 노동운동을 이야기하는 사람들이 생각났습니다. 그 사람들이 이렇게 현장에서 치열하게 활동하는 사람들을 알고는 있을까요?

그 때의 기억이 10여년이 지난 지금도 잊혀지지 않습니다. 뚫어진 구두 밑창이 아니라 올바른 가치에 대한 그 분의 진정성을 느꼈기 때문입니다. 요사이 제기되는 정규직, 비정규직 노조 이기주의 문제를 보면서 사람다운 세상을 만들기 위해 내 것을 내려놓는 따뜻한 용기가 필요하다는 생각이 듭니다.

빌뱅이 언덕 같은 『작은책』

10년 넘게 보고 있는 월간지가 있습니다. 비싸지 않습니다. 지금은 5,000원입니다. 처음 구독할 때는 3,000원이었습니다. 평범한 사람들의 살아가는 이야기를 읽을 수 있는 좋은 책입니다. 『작은책』을 처음 만난 것은 지부 연수 때였습니다. 그 때는 나눠주는 자료로 생각하고 대충 읽고 말았습니다. 지부에서 무료로 나눠준 것입니다. 그 후 전국초등국어교과모임 연수에서 구독 신청을 했습니다. 손바닥만한 책입니다. 그래서『작은책』이라 한 것 같습니다. 또 다른 의미는 우리 주변 사람들의 작은 이야기를 담기 때문에『작은책』이라 한 것 같기도 합니다.

『작은책』에서는 보기 좋게 글쓰는 솜씨가 중요하지 않습니다. 삶을 솔직하게 이야기하는 글이면 됩니다. 맞춤법이 조금 틀려도 띄어쓰기가 틀려도 상관없습니다. 쉬운 우리말로 편하게 쓰면 됩니다. 그런 글들이 많아서 읽기가 좋습니다. 가끔 이름이 알려진 사람들이 쓴 글은 어렵기도 합니다. 우리 이웃 사람들이 쓴 글이라 좋습니다. 내용도 여러 가지입니다. 개인의 삶과 고민, 역사 문제, 환경문제, 노동문제, 교육문제 등의 이야기들이 실립니다. 1995년 창간되었으니 권정생 선생님도 『작은책』에 글을 쓰셨을지도 모르겠습니다. 빌뱅이 언덕에 실렸던 글들처럼 아프지만 함께 나누고 싶은 이야기들이 이 책에 실립니다. 내가 아는 학교 이야기가 실리기도 했습니다. 우리 주변의 작은 이야기들이 실리기 때문에 이 책을 좋아하지만 사람 냄새가 나는 이야기여서 더욱 좋습니다. 또 내가 몰랐던 곳의 사람 사는 모습을 알게 되어 좋습니다. 언론에서는 잘 다루지 않는 힘 없는 사람들의 이야기도 많이 실립니다. 일 년 넘게 굴뚝농성을 한 노동자들의 이야기는 작은 책을 통해서만 자세하게 알 수 있었습니다. 책을 읽으며 이 시대 청년들의 고민과 살아가기 위한 다양한 삶의 모습들을 그들의 입장에서 생각할 수 있었습니다.

바른 사람이 되기 위해서는 사람들의 삶을 알고 이해하려 노력해야 합니다. 사람답게 사는 사회를 만들기 위해서는 바꾸려는 노력도 필요하지만 공감이 바탕이 되어야 합니다. 『작은책』은 그래서 빌뱅이 언덕 같이 이 시대 사람들이 기댈 수 있는 나눔의 마당입니다. 권정생 선생님도 사람 냄새나는 『작은책』을 좋아하셨을 것 같습니다.

참과 거짓 살피기

나라에서는 계속 오르는 집값을 조금이라도 낮추기 위해 비싼 집에 대한 세금을 올렸습니다. 이에 대한 어느 신문 기사입니다. '부동산 보유세 인상으로 내는 세금이 늘면 수입이 없는 집 한 채 가진 기초노령연금 수급자가 대상자에서 빠진다.' 는 것입니다. 기자는 노인들의 생활을 걱정하면서 정부의 정책을 비판했습니다. 보유세 인상으로 일어나는 사실입니다. 댓글은 이렇습니다. 공시지가가 4억에서 5억이 되는 시세 7억의 집 주인이 보호받아야할 노인인가? 주택연금을 활용하라고⋯ 기자는 참을 말했을까요? 거짓을 말했을까요? 기사의 내용은 참이라 할 수 있습니다. 다만 기자는 노인을 걱정한 것이 아닙니다. 자신의 부동산 보유세가 신경 쓰여 별 관심도 없는 노인들의 경제생활을 걱정한 것입니다. 댓글로 견주어 보면 알 수 있듯이 자신에게 이익이 되는 점만 나타내어 기사를 쓴 것 입니다. 마음은 거짓입니다.

매일 출근 할 때 타는 버스 기사 아저씨 이야기입니다. 기사아저씨는 내릴 때 미리 일어나지 말라고 잔소리를 많이 합니다. 노인 분들이 많이 있어서 더욱 그러하지만 젊은 사람들에게도 미리 일어나지 말라고 잔소리를 심하게 합니다. 너무 지나치게 말하니 진짜 손님들의 안전을 위한 것인지 의심이 듭니다. 누가 다치면 자신의 책임을 피하기 위한 것인지 모릅니다.

학교에서도 그렇습니다. 교사나 관리자가 아이들을 위한다고 특별한 활동을 할 때가 있지만 사실은 자신의 업적을 위해서 그러기도 합니다. 참이라 말하지만 마음은 거짓일 수 있습니다. 위험에 대비가 잘된 교육활동을 아이들 안전을 위해 하지 못하게 하는 관리자들의 마음도 자신의 안위를 위한 것입니다. 아이들을 위한다는 겉모습은 참 같지만 마음은 거짓일 수 있습니다.

참과 거짓은 그 경계가 모호하기도 하지만 중요한 것은 마음입니다. 거짓을 말하는 것도 문제지만 거짓을 마음에 담고 참이라 말하고 믿으려하는 거짓된 삶이 더 무섭습니다. 그런 사람들이 합리화와 자기 최면으로 사회를 더 럽히고 있는 것 같습니다. 권정생 선생님의 삶은 어떠했나요? 선생님의 말과 행동은 거짓인가요 참인가요? 자신의 이익을 위해 거짓을 참처럼 말하지 않아서 선생님의 말은 참입니다. 우리가 알고 있는 선생님의 삶을 생각해 보면 더욱 그렇습니다. 우리는 바르게 살지 못하면서 성자가 아니라 위안을 할 것이 아니라 행동과 말을 마음과 하나로 해야 합니다. 아이들에게 본보기가 되어야합니다. 어렵습니다. 그렇게 사는 것이 어디 쉬운 일입니까?

교실로

『빌뱅이 언덕』을 읽으면 청빈한 삶을 실천하는 성직자 말씀을 듣는 것 같습니다. 소유하지 않으면 자유롭다고 합니다. 나만 생각하는 욕심을 부리지 않았기에 사람답게 살아야 함을 진실하게 전할 수 있었던 것 같습니다. 그래서 더 울림이 있고 마음에 담게 됩니다. 권정생 선생님처럼 살아가기는 어렵습니다. 그래도 모든 사람들이 서로를 존중하고 위하는 인간다운 모습으로 살았으면 좋겠습니다. 아이들과 공부할 때 『강아지 똥』, 『몽실언니』 뿐만 아니라 선생님의 동화들을 선생님의 삶과 함께 풀어서 살펴봐야겠습니다.
"애들아 권정생 선생님이 우리 옆집에 살고 있어"라고 말하면서 함께 배워야겠습니다. 우리 아이들이 더 따뜻한 사람으로 자랐으면 좋겠습니다.

교사, 읽고 쓰다
교사의 온작품읽기

김수업

말꽃 타령

김수업 말꽃 타령

사람의 삶과 말은 이야기다

김 영 주

삶을 밝히는 일

김수업 선생님은 학문을 연구하는 학자다. 전국국어교사모임 교사들과 평생 활동하며, '우리말 우리글' 대안 국어교과서를 만드는 일에 헌신하였다. 나는 초등 대안 국어교과서 만드는 일로 김수업 선생님을 처음 만났다. 학자는 보통 혼자 연구하거나 교수끼리 모여 학회 활동을 한다. 교수와 교사가 어울려 연구하며 실천하는 것을 거의 보지 못했다. 그래서 김수업 선생님은 교수라기보다 연구하고 실천하는 현장 선생님처럼 느껴졌던 것이다. 왜 교사들과 함께 했으며, 이 분이 생각하는 학문과 학자는 도대체 무엇일까 궁금했다.

여태 모르던 것을 알아내고, 여태 어둡던 곳을 밝혀내고, 여태 틀렸던 것을 바로잡는 노릇이 학문이다. 알아내고 밝혀내고, 바로잡으며, 좀 더 참된 것에 가까이 가려는 노릇인 학문은, 알아내고 밝혀내고 바로잡은 것들을 말에다 담아내는 노릇이기도 하다. (김수업, 『말꽃 타령』, 지식산업사, 2006, 113쪽.)

학문이란 알아내고 밝혀내고 바로잡은 것을 말에다 담아내는 일이라고 말하고 있다. 여태 모르던 것, 어둡던 곳, 틀렸던 것들에 관심을 둔다. 모르던 것, 어둡던 곳, 틀렸던 것이 구체적으로 무엇인지 찾아보았다.

학문의 임자 노릇을 하는 길이 무엇입니까? 한 마디로 우리 스스로의 삶을 밝히는 학문을 하는 것입니다. 자연과학이라면 우리 자연을 밝히고, 사회과학이라면 우리 세상을 밝히고, 인문과학이라면 우리 사람을 밝히는 일에 매달리는 것입니다. 우리 자연이면 우선 우리 마을 뫼와 들과 시내와 하늘과 땅, 그리고 거기 가득한 푸나무와 곡식과 과일과 벌레와 날짐승과 길짐승과 물고기입니다. 우리 세상, 우리 사람이라도 모두 마찬가지입니다. 먼저 우리 마을의 자연과 세상과 사람을 밝히는 학문을 우리가 하면 우리 마을 사람 모두 그것에 힘입어 삶을 새롭게 만들어갈 수가 있을 것입니다. (…) 누구나 알아듣는 토박이말을 가지고, 마을 사람이 나날이 어우러져 살아가는 자연과 세상과 사람을 밝히는 학문을 할 수 있으면, 그때는 우리가 학문의 임자 노릇을 제대로 하게 되는 것이라고 생각합니다.
(김수업, 『말꽃 타령』, 지식산업사, 2006, 77쪽.)

학문의 대상은 우리가 사는 세상, 자연, 사람 등인데 이것들은 모두 삶과 직접 관련되어 있다. 다시 말해서, 삶을 밝히는 것이 학문이다. 그렇다면, 학자로서 김수업 선생님은 『말꽃 타령』에서 삶의 무엇을 밝혔을까?

책읽기와 의미 찾기

『말꽃 타령』이 2006년 출판되었을 때 선생님께서 손수 사인을 해서 나에게 주었다. 그 이후 혼자서도 읽고, 모임에서도 읽었다. 여러 곳에서 강의할 때나 남한산초등학교 교육과정을 만들 때 책 내용을 빌려와 쓰기도 했다. 가장 많이 쓴 것은 사람이 무엇인지, 삶은 무엇인지, 마음의 속살은 무엇인지 밝힌 부분이었다. 이번에는 '이오덕김수업교육연구소' 선생님들과 함께 읽었다.

먼저 1부를 읽은 뒤, 중요한 내용을 간추려서 모임 교사들과 이야기를 나누었다. 두 번째는 2부에서 4부까지를 읽고 중요한 내용을 간추려서 이야기를 나누었다. 1-4부에서 나온 의미 있는 문단 57개를 다시 읽은 뒤, 이것을 의미 있는 문구나 문장 27개로 간추렸다. 간추린 과정의 예는 다음 표와 같다.

간추린 차례	간추린 내용
원본 보며 금긋기	『말꽃 타령』 책읽기
1차 간추리기	【1차 자료】 68쪽, 크고 무거운 것은 '학문을 우리말로 해야 한다'하는 뜻을 깨닫고, 그렇게 해보려는 마음을 지니는 일이다. '진짜배기 우리말'로 학문을 해야 거기서 다루는 사실과 생각이 '참된 우리 것'일 수 있으며, 백성들이 두꾸마리 만들며 쓰던 우리 토박이말을 살려 학문을 해야 거기서 찾아내고 밝혀낸 바를 우리 모두 함께 마음껏 누리며 살아갈 수 있다.
2차 간추리기	【2차 자료】 6. 백성들이 두꾸마리 만들며 쓰던 우리 토박이말을 살려 학문을 해야 거기서 찾아내고 밝혀낸 바를 우리 모두 함께 마음껏 누리며 살아갈 수 있다(68).

세 번째는 앞 모임에서 간추린 자료를 영역으로 구분하였다. 설정된 영역

은 '삶말'과 '학문'이었다. 김수업 선생님이 본 삶과 말은 분리될 수 없는 하나다. '사람들의 동아리에서 말은 피고, 말길은 핏줄'이라든지, '백성들이 그냥 먹고 자며 쓰는 말'이라든지, '말이 여러 사람의 생각을 담는 구실'을 한다든지, '시장 바닥에서 쓰는 말'과 '나날이 부대끼며 사는 삶에서 나온 토박이말' 같은 문구에서 보듯이 삶과 말은 따로 뗄 수 없다. 그래서 삶과 말을 붙여서 '삶말'을 한 영역으로 했다.

학문은 백성들의 삶을 알아내고, 밝혀내고 바로잡는 일을 말에다 담아내는 일이라고 뚜렷하게 밝히고 있다. 그리고 백성들이 쓰는 말, 초등학생도 읽을 수 있는 쉬운 말, 백성들이 두꾸마리 만들며 쓰던 토박이말을 쓰라고 해 놓았다. 즉 백성들의 삶을 밝히라고 되어 있다. 그래서 백성의 삶말을 밝혀야 하는 '학문'을 또 다른 한 영역으로 설정하였다.

위와 같은 영역 구분에 따라서 27개의 문장은 '삶말' 영역으로 10개, '학문' 영역으로 5개로 정리되었다. 『말꽃 타령』을 읽고 3차에 걸쳐서 내용을 간추린 까닭은 적어도 김수업 선생님이 말한 내용의 알맹이와 그 뜻을 잘 읽어 내기 위해서다. 삶말 영역과 학문 영역으로 나눈 결과는 다음과 같다.

영역	간추린 내용
삶말	• 느낌과 생각을 담는 그릇 • 쉽게, 또렷하게, 아름답게 • 백성들, 겨레, • 토박이말, 시장 바닥에서 쓰는 말, 나날이 부대끼며 사는 삶 • 그냥 먹고 자고 쓰는 말 • 백성이 놀이, 노래, 이야기로 드러낸 것 • 한글로 적어 놓은 토박이말(우리 삶의 피와 살) • 사람의 동아리에서 말은 피고, 말길은 핏줄이다. • 한글만을 쓰면 평등한 글말살이가 된다. • 말이 여러 사람의 생각을 담는 구실을 한다.

학문	· 알아내고 밝혀내고 바로잡는 것들을 말에다 담아내는 그릇 · 초등학생도 읽을 수 있도록 쓰라 · 농사짓는 말이나 학문하는 말이나 한결같이 다름없다. · 백성들이 두꾸마리 만들며 쓰던 우리 토박이말을 살려 학문을 해야 · 밝혀낸 바를 우리 모두 함께 마음껏 누리며 살아갈 수 있다. · 삶을 밝히는 길은 학문의 임자 노릇하는 길

이어서 삶말 영역과 학문 영역으로 정리된 자료와 책을 오가며 두 영역의 관계를 살폈다. 학문은 삶말을 밝히는 역할을 하는 것이기 때문에 중요한 것은 그 대상인 삶말이다. 삶말을 자꾸 들여다보니 사람이 보였다. 사람이 살아가는 것이 삶이며, 삶이 담긴 말도 사람이 한다. 백성들과 겨레, 동아리의 개체는 모두 사람인 것이다. 그래서 다시 김수업 선생님이 밝혀놓은 사람에 대해 살펴보았다.

> 우리말 사람은 '살다'와 '알다'가 어우러진 낱말이다. 요즘 맞춤법으로 하자면 '살다'의 줄기 '살'에다가 '알다'의 줄기 '알'을 이름꼴 '앎'으로 바꾸어 붙인 셈이다. 그러니까 맞춤법으로는 '살+앎'이라 하겠으나, 뜻으로는 '삶+앎'으로 보아야 옳다. '삶을 앎'이니, 삶을 아는 것이 사람이라는 뜻이다. 왜 사는지 어떻게 살아야 하는지를 알고, 어떤 삶이 보람차고 어떤 삶이 헛된지를 알고, 무엇이 값진 삶이며 무엇이 싸구려 삶인지 아는 것이 사람이라는 말이다
>
> (김수업, 『말꽃 타령』, 지식산업사, 2006, 11쪽.)

삶이 무엇인지 알아가는 것이 사람이다. 삶이 무엇인지 알아가려면 여느 사람들이 살며 쓰는 말 즉 삶말을 알아야 한다고 볼 수 있다. 이어서 사람을

이루는 몸과 마음에 대해서 이야기하는데 특히 마음의 속살을 느낌, 생각, 뜻의 세 겹으로 말하고 있다. 마음의 '맨 껍데기 가장자리에는 몸에서 비롯하는 느낌이 자리 잡고, 느낌의 자리를 지나 가운데로 들어가면 생각이 자리 잡고, 생각을 뚫고 더욱 가운데로 들어가면 뜻이 자리 잡고 있다'고 말한다. 이 가운데 사람의 삶을 이끄는 알맹이는 뜻임을 강조한다.

> 그러니까 마음의 뼈대와 알맹이는 뜻이다. 뜻이 온전하게 세워지면, 생각을 이끌고, 느낌을 다스리고, 몸까지 사로잡을 수 있다. 뜻이 어떠한가에 따라서 삶은 달리지기 마련이고, 뜻이 어떠한가에 따라 삶이 달라지면 사람의 값어치가 달라지게 마련이므로, 뜻이 사람의 값어치를 매김 하는 잣대가 된다
>
> (김수업, 『말꽃 타령』, 지식산업사, 2006, 17쪽.)

삶말에서 비롯하여 느낌이 자리 잡고, 느낌이 생기면 느낌을 가름하는 생각을 하게 된다. 이러한 느낌과 생각이 쌓이면 뜻이 되어 한 사람의 정체를 이룬다. 다만 느낌·생각·뜻은 한 사람의 마음속에서만 작동하는 것이 아니라 동아리 사람들의 삶과 교류하면서 이루어진다. 교류는 '이야기하기'이고, 교류하면서 마음에서 그때그때 생기는 느낌·생각·뜻은 삶말의 소재이다. 이렇게 드러난 삶말 가운데 뜻으로 똘똘 뭉친 것이 이야기다. 그래서 이야기에는 뜻이 담겨 있다. 일상의 보통 사람들의 이야기에도 뜻이 담겨 있고, 겨레에서 내려오는 옛이야기에도 뜻이 담겨 있다.

사람과 동아리의 삶말을 깊이 들여다보고 밝히고자 하는 것이 『말꽃 타령』의 핵심인데 내가 보기에 사람과 동아리의 삶말을 잇는 것은 이야기라고

할 수 있다. 이러한 흐름을 도표로 정리해 보았다. 도표에서 타원형 속 삶말은 내용으로서 이야기이고, 화살표는 주고받는 행위로서 이야기를 뜻한다.

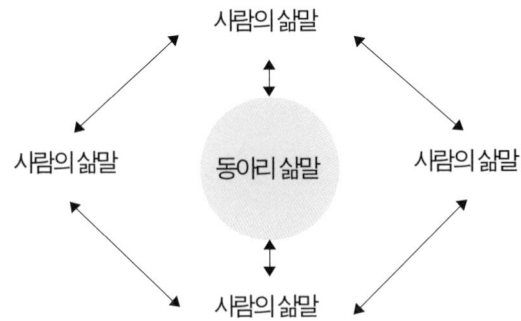

개인의 삶말과 동아리의 삶말이 이야기라면 연구소 교사들의 이야기를 살펴보아야 이들의 삶말과 지향하고 있는 뜻을 알 수 있을 것이다. 연구소 교사들은 말꽃 타령을 읽고 나서 저마다 자기 이야기를 썼다. 개인이 쓴 이야기는 개인의 삶말이 되고, 이야기 나누기를 통해서 새롭게 형성된 연구소 동아리의 이야기는 연구소의 삶말이 된다고 볼 수 있다.

삶말은 이야기다

'이야기'는 두 가지 뜻이 있다. 하나는 이야기하는 행위를 가리킨다. 우리 이야기해볼래, 이야기 좀 하자. 이야기 나누기 등에서 볼 수 있듯이 말을 주고받는 행위를 이른다. 둘은 말한 내용을 가리키는데 문학의 갈래로 발전하였다. 한 인물이 사건을 겪고 해결하는 옛이야기, 동화, 소설 등을 말한다. 내러티브(narrative)라는 들온말도 갈래로서 이야기와 이야기하기의 두 가지 뜻을 다 포함하고 있다.

이야기는 이야기하는 행위를 통해서 만들어지고 전승된다. 개인 사이 이야기들은 일상의 쓸모에서 끝나지만 이 이야기가 누구나 듣고 싶은 이야기로 퍼지면 오래 살아남는다. 이것은 동아리의 이야기로, 겨레의 이야기로 자리를 잡는다.

이와 같이 이야기는 개인들의 작은 이야기부터 동아리의 겨레의 큰 이야기까지 다양하지만 이야기의 바탕은 어디까지나 개인들의 이야기다. 이야기는 삶에서 사람들이 말을 주고받다가 자연스럽게 생긴다. 보통 사람들은 자기 이야기를 다른 사람과 나누며 살아간다. 우리는 사람들끼리 이야기 나누는 장면들을 주변에서 쉽게 볼 수 있다. 사람들 사이의 일상 이야기가 얼마나 잘 오가느냐에 따라 그 동아리의 사람에 대한 이해 깊이도 달라진다고 할 수 있다. 이야기가 막히면 애고 어른이고 답답해서 우울증에 걸린다.

연구소 교사들은 『말꽃 타령』을 읽고 나서 글을 쓴 뒤 함께 이야기를 나누었다. 글을 쓰는 동안 이야기를 찾으면서 자신을 이해할 수 있게 되었을 뿐 아니라 모임에서 쓴 내용을 서로 이야기하는 과정에서 다른 사람을 이해할 수 있었다. 『말꽃 타령』을 읽고 나서 교사들이 쓴 글 속에는 여러 종류의 개인 이야기들이 담겨 있었다.

먼저 말과 관련하여 자기가 겪은 이야기가 나온다. 박길훈 교사는 어릴 적 회초리를 맞으며 한자를 배운 사건에 대해서 이야기하고 있고, 조배식 교사는 장인어른이 건설 현장에서 쓰는 말에 대해서 이야기하고 있다.

> 어릴 때 서예학원을 다녔습니다. 명심보감부터 시작해서 소학이니 중용이니 하는 도무지 알 수 없는 한자들을 뜻으로 써가며 외워야 했습니다. 집에서도 잘 맞지 않았던 회초리를 맞아가며 배웠으니 머릿속에 꽤나 많은 한자들이 남아 있습니다. 워낙 말이 없던 아이였지만 한 번씩 한자를 내뱉어가며 말을 꺼내면 친구들이 어리둥절해 하던 모습이 떠오릅니다. (박길훈 교사의 글에서)

> 저의 장인어른은 목수입니다. 수십 년을 건설현장에서 다니셨지요. 가끔 양평 저희 집에 놀러 오시는데 하시는 일에 대해 물으면 관련 용어를 자연스럽게 말하십니다.
> "내일 아시바 해체하는데 그냥 쉬어야지."
> "추워도 공구리 안 치면 늦어."
> "오늘 아리가다 했어."
> 물론 공구리 정도야 아는 척 끄덕거릴 수 있지요. 저도 아버님이 하는 일본어를 따라해 보았습니다. 뭔가 전문가스럽다는 착각에 빠지기도 했습니다. 그래서 일본어를 쓰나. (조배식 교사의 글에서)

연구소 교사들은 아이들을 가르치고 있기 때문에 아이들에 대한 이야기를 자주 한다. 이혜순 교사는 이번 글을 읽고 나서 자해하던 과거의 한 아이를 떠올리고 있다. 그 당시 그 아이에 관한 일기 몇 편을 찾아서 자기 글의 소재로 삼았다.

… 아이들에게 몇 문제 풀게 하고 OO이를 내 옆에 앉혔다. 왜 그러냐고 물었더니 더 서러워하며 운다. 이렇게 울면 집에 가서 혼자 공부하라 했더니 "그래요. 저는 필요 없으니 집에 갈게요." 한다. 저는 필요 없다는 말에 맘도 아파서 다시 잡아 물어보니 "아까, 선생님이 저에게 무섭게 화냈잖아요." 한다. 속으로 내가 언제? 내가 얼마나 조심해서 말했는데. 근데 OO이는 무서웠단다. 그냥 OO이를 안아주며 미안하다 했다. 그제야 울음을 그치고 눈물 닦고 씻고 점심도 맛있게 먹었다. (2012년 3월 26일 이혜순 교사의 일기에서)

OO이가 공부 시간에 무엇 때문인지 기억도 가물가물한데 조금씩 화가 났다. 제발 저번처럼 엉엉 울지 않고 빨리 마음을 진정했으면 했는데. 조금씩 나를 보며 고개를 들어 괜찮은가보다 했다. 공부시간도 조금 남아 옛이야기를 들려주려 하는데 머리를 책상에 박기 시작한다. 한번 하고 말 줄 알았는데 몇 번 계속하더니 강도가 점점 세어진다. (2012년 4월 6일 이혜순 교사의 일기에서)

교사들은 다양한 아이들을 만난다. 아이들이 다양한 만큼 벌어지는 일도 다양한데 이런 힘든 이야기를 어디 가서 할 때가 마땅치 않다. 그나마 이혜순 교사는 일기라도 쓰고 있었기 때문에 자신의 마음을 추슬러 갈 수 있었을 것이다. 2012년 일기를 6년이 지난 지금에 와서 다시 이야기하게 될 정도로 이 사건은 이 교사의 마음속에 깊이 남아 있었던 것이다.

연구소 교사들의 글에는 학교, 모임, 단체 등에서 활동하며 만난 사람들에 관한 이야기들이 자주 나온다. 김강수 교사는 김수업 선생님이 살아계실 때 연구소에서 함께 근무하며 겪은 이야기를 하고 있다. 권재우 교사는 교장과 껄끄러운 관계가 교실 속 아이들에게 영향을 미치게 된 이야기를 하고 있다. 최강토 교사는 독서 모임의 교사에게 들은 이야기로 자기 이야기를 하고 있었다.

아침에 연구소에 나가보면 김수업 선생님이 계십니다. 차를 한 주전자 끓여놓고는 저에게도 주셨습니다. 그러고는 둘 다 컴퓨터 앞에만 앉아있었습니다. 아침나절 내내 탁탁탁 자판 두드리는 소리만 들릴 때도 있었습니다. 점심 먹을 때가 되면 말씀을 건네셨습니다.

"김 선생님, '즐겁다'와 '기쁘다'가 어떻게 다른지 아시나요?"

하고 물을 때가 있고 '누다'와 '싸다'가 어떻게 다른지 묻기도 했습니다. 밑금을 그어야 하는지, 밑줄을 그어야 하는지 묻기도 했습니다. 어떤 날은 '뛰다'와 '달리다'를 물어보시길래 이건 알겠다 싶어서 머뭇거리며 대답했던 적도 있습니다. 선생님은 내가 어물어물 대답을 못해도 곧장 선생님이 생각하시는 것을 말씀하지 않았습니다. 그 말의 쓰임을 떠올리도록 묻고 또 물었지요. 선생님이 묻는 것을 따라가다 보면 머릿속에 불현듯 뜻이 뚜렷해지곤 했습니다. (김강수 교사의 글에서)

그렇게 9, 10월을 보냈습니다. 교장 선생님은 나와 다르다 생각하니 마음이 불편해지고 가능하면 부딪치지 않으려 애쓰게 됩니다. 그런데 더 큰 문제가 생깁니다. 제가 우리 반 아이들을 자꾸 혼내게 됩니다. 10월이 되자 아이들은 학예회 준비에, 각종 행사에, 스포츠클럽 활동에, 담임 수업에 눈코 뜰 새 없이 바쁩니다. 학교가 바쁘면 아이들은 정신없어집니다. 아이들 입장에서도 난처했을 것입니다. 바쁜 것은 자기들인데 담임은 별 것도 아닌 것으로 화를 냈으니까요.(…)

왜 혼냈을까 지금 곰곰이 생각해보면 사실은 아이들을 혼내고 싶은 게 아니라 교장 선생님께 한 마디 하고 싶었습니다. 교장 선생님께 한 소리 못하고 괜히 약한 아이들만 잡은 꼴이었지요. (권재우 교사의 글에서)

최근 독서모임에서 여자 선생님 한 분이 결혼을 준비한 경험담을 말했습니다. 전에는 남자친구 이름을 편하게 부르고 반말로 대화했는데, 부모님 특히 시부모님들과 같이 있을 때는 존댓말을 써야 해서 여간 불편한 것이 아니라고 합니다. 더구나 호칭을 뭐라고 해야 할지 너무 어색해서 가족들과 함께 있는 자리에서는 아예 쳐다보지도, 부르지도 않는다고 합니다. 다른 여자 선생님들 중 많은 분들이 고개를 끄덕이며 공감하였습니다. 특히 남자들은 그렇지 않은데 여자들만 시형제들에게 존댓말을 써야 해서 그렇다고 했습니다. 나이가 어려도 아가씨나 도련님이라고 부르며 높이는 일이 어색하고 불편했다고 합니다. 아무리 미투 운동을 활발히 하는 시대여도 말 속에 양성이 평등하지 못했던 과거 가부장 문화가 아직도 남아 있다고 했습니다. (최강토 교사의 글에서)

이 사건들은 살면서 스승, 교장, 제자, 동료 교사, 가족 등과 같은 주변 사람들과 겪는 일들이다. 여기에는 현실에 살아있는 생생한 인물이 등장하고 교사라면 누구나 한번쯤 겪을 수 있는 사건이 나온다. 삶에서 나온 말이요 이야기인 것이다. 삶에서 나온 이야기이기 때문에 고민과 갈등도 따른다. 그래서 그 속에는 자기가 깨달은 것들도 있다.

아마 말을 제대로 쓴다는 것은 결국 사람을 꽃피운다는 뜻이 아닐까 싶습니

다. (최강토)

여유가 다른 사람의 말을 듣게 했고, 서로 주고받는 이야기 속에서 내 뜻이 아닌 우리의 뜻을 세울 수 있었습니다. (권재우)

『배달말꽃』에는 "뜻이 굳고 부지런한 김강수 선생님"이라고 적혀있는데 그 말을 볼 때마다 부끄러운 마음이 납니다. 언제쯤 뜻이 굳어지고 언제쯤 부지런해질지 모를 일입니다. 선생님 삶을 따라가다 보면 언젠가는 비슷한 사람이 되지 않을까 혼자 생각합니다. (김강수)

우리말을 사랑했던 김수업 선생님의 말꽃 이야기가 권정생 선생님의 삶처럼 저의 삶의 한 구석을 비집고 들어왔습니다. (조배식)

교사들이 쓴 글에 나온 이 말들은 김수업 선생님의 말씀 이상으로 나에게 큰 울림을 준다. 『말꽃 타령』은 김수업 선생님의 삶말 곧 이야기를 담고 있다. 김수업 선생님의 삶말을 통해서 교사들은 자신의 삶말을 찾았다. 다른 교사들과 이야기 나누고 글을 쓰면서 다시 자신의 삶말을 단단하게 세워 나갔다. 동시에 이것은 '이오덕김수업교육연구소'라는 동아리를 단단하게 만들고 있다. 단단함은 한 사람의 뜻이고 동아리의 뜻이다. 그 뜻으로 교사들은 살고 말하는 가운데 이야기를 새롭게 구성해서 다시 살아간다.

김수업 말꽃 타령 ●

삶의 뿌리를 일깨우는 말

김 강 수

　햇수를 따져보니, 15년 쯤 되었나 봅니다. 저는 여기저기 흩어져있는 초등 국어모임을 하나로 모으는 일을 하고 있었습니다. 중등의 국어선생님들과 교사연수를 함께 열고, 교육과정을 가다듬는 모임에 나갔습니다. 사람들이 늘어나고 함께 할 일이 많아지면서 우리말교육연구소를 만들었습니다. 저도 그 자리에 끼게 되었지요. 선생님들 연구를 뒷바라지하는 젊은이가 있어야 할 것 같다고 해서, 다니던 학교를 휴직하고 그곳으로 갔습니다.
　우리말교육연구소 첫모임을 하는 날입니다. 선생님들 틈에서 머리가 하얗게 샌 김수업 선생님을 처음 뵈었습니다. 나이가 높아 보였는데 목소리가 또렷하고 눈빛이 맑았던 것이 기억에 남습니다. 두런두런 돌아가며 이야기를 나누는데 그러다 이야기가 막히면 김수업 선생님이 끼어들곤 했습니다. 선생님 이야기를 듣고 나면 다시 이야기가 이어질 수 있었지요. 이야기가 술술 풀리고, 말길이 열리는 느낌이었습니다. 그날부터 김수업 선생님이 좋아졌던 것 같습니다.

선생님은 그때까지만 해도 대구가톨릭대의 총장을 맡고 계셨는데 곧 그만두고 서울에 오셨습니다. 우리말교육연구소의 소장이 되셨지요. 저는 그 분을 도우면서 틈틈이 전국초등국어교과모임 뒷바라지를 하기로 했습니다. 김수업 선생님과 저는 한 사무실에 지내게 되었습니다.

아침에 연구소에 나가보면 김수업 선생님이 계십니다. 차를 한 주전자 끓여놓고는 저에게도 주셨습니다. 그러고는 둘 다 컴퓨터 앞에만 앉아있습니다. 아침나절 내내 탁탁탁 자판 두드리는 소리만 들릴 때도 있었습니다. 점심 먹을 때가 되면 말씀을 건네셨습니다.

"김선생님, '즐겁다'와 '기쁘다'가 어떻게 다른지 아시나요?"

하고 물을 때도 있고, '누다'와 '싸다'가 어떻게 다른지 묻기도 했습니다. 밑금을 그어야 하는지, 밑줄을 그어야 하는지 묻기도 했습니다. 어떤 날은 '뛰다'와 '달리다'를 물어보시길래 이건 알겠다 싶어서 머뭇거리며 대답했던 적도 있습니다. 선생님은 내가 어물어물 대답을 못해도 곧장 선생님께서 생각하시는 것을 말씀하지 않았습니다. 그 말의 쓰임을 떠올리도록 묻고 또 물었지요. 선생님이 묻는 것을 따라가다 보면 머릿속에 불현듯 뜻이 뚜렷해지곤 했습니다. 선생님께서 먼저 말문을 열어주셔서 저도 가끔 묻곤 했습니다. 한 날은 아이들이 쓰는 말에 대해 물었던 적이 있습니다.

"선생님, 제가 다른 학년 맡을 때는 안 그랬는데, 1학년 아이들을 맡으면 아이들이 반말을 할 때가 있습니다. 반말을 못하게 막아야 하는지, 가만히 놔둬야 할지 모르겠습니다."

선생님께서는 그 아이들이 쓰는 말을 반말이라고 하거나 존댓말로 나눌 수는 없을 것 같다고 했습니다. 아이들은 가까이 있는 사람에게 다들 그렇게 하는데, 김선생님이 가깝게 느껴져서 그랬을 거라고, 그런 건 어린이말이라고 하면 되지 않겠나 하셨지요. 저는 '어린이말'이라고 한 번 따라 불러 보고 나서 그 말이 썩 마음에 들었습니다. 제대로 가르치지 못했지만 선생이라고 그렇게 아껴주던 아이들이었습니다. 그 아이들이 어른에게 반말이나 하는 나쁜 아이가 아니라고 해서 좋았고, 어린이들이 쓰는 말에 따로 이름을 붙여 준 것이 기뻤습니다.

대안 교과서 『우리말 우리글』을 만들 때였습니다. 가마라는 말이 타고 다니는 것도 있고, 머리꼭대기에도 있고 부뚜막 아래도 있는데 그 말들이 다 어디서 나왔는지 물었습니다. 그걸 다 알고 계시지는 않겠지만 실마리라도 잡을까 싶은 마음이었습니다. 선생님은 잠깐 생각하더니, 말씀하셨지요. 타고 다니는 가마는 한자말일 것 같고, 머리꼭대기에 있는 가마는 '감다'에서 나왔을 것 같다고 했습니다. 머리꼭대기 가마를 가만히 보면 머리카락을 빙글빙글 감아놓은 것 같아서 그걸 보고 이름 지었을 거라고 합니다.

부뚜막 아래 가마 이야기를 하실 때를 잊을 수가 없었습니다. 태어나서 처음 들어보는 말이었습니다.

"김선생님, 그때 쓰는 가마는 '검다'에서 나온 말이 틀림없습니다. 우리말은 양성모음과 음성모음이 달라지면 느낌도 달라질 때가 많은데 뜻은 그대로입니다. '캄캄하다'와 '컴컴하다'는 느낌이 다르지만 뜻이 같습니다. 그러니 '검다'와 '감다'도 같은 뜻으로 쓰였을 겁니다. 가마에 불을 때면 숯이 나와서 검어지니, 가마라고 했습니다."

정확하게 기억하지는 못하지만 그런 이야기였습니다. 그 뒤에 이어진 말 때문에 더 놀랐던 것도 생각납니다. 가마는 우리 겨레가 청동기, 철기를 만들기 위해 불을 다루던 때부터 있던 말이니, 오천년도 더 되었다고 했습니다. 청동기나 철기를 녹이려면 높은 열을 내는 가마를 만들어야 하고, 그 기술이 있는 겨레가 바로 우리라고 합니다. 중국 곳곳에서 발굴되는 비파형 청동검이 있던 자리가 우리 겨레가 가마터를 만들던 자리일거라는 말도 덧붙입니다. 어떻게 그런 생각을 할 수 있는지 짐작할 수도 없었습니다. 말이 그냥 말이 아니구나, 말은 삶과 이어지고 그 말을 쓴 겨레의 뿌리와도 이어진다는 것을 그때 처음 깨달았던 것 같습니다.

『우리말 우리글』 교육과정을 만들 때입니다. 한참 이야기를 나누었는데 자꾸만 겉돌고 있다는 느낌이 들었습니다. 내가 말한 것을 듣는 이가 제대로 못 알아듣는 것 같고, 상대가 말하는 것이 뚜렷하게 잡히지 않습니다. 서로 한 말을 풀이하느라 자꾸 시간만 가고, 그렇다고 생각이 하나로 모아지지도 않았습니다. 곁에서 듣고 있던 김수업 선생님께서 한 마디 하셨습니다.

"선생님들, 한자말로 하지 말고 우리말로 해보면 어떻습니까? 한자말로 하다보면 뜻을 알고 있어서 속속들이 헤아리기 힘들 때가 있습니다. 어린 아이들도 알아들을 수 있는 말로 하면 선생님 생각하는 뜻이 더 잘 통할 것 같습니다."

그랬던가 봅니다. 선생님 말씀대로 교육과정에 적힌 말들을 우리말로 바꾸고 나니 뜻이 뚜렷해집니다. 뜻이 뚜렷해지니 잘못 알아들을 일이 없고 그 말을 바탕으로 생각을 펼쳐나가기가 쉬웠습니다. 우리가 어떤 말을 쓰며 살아가야 할지 몸으로 깨달을 수 있었습니다.

『말꽃 타령』은 우리말을 살리려는 뜻을 담은 책입니다. 왜 우리말을 살려야 하는지, 우리말에는 어떤 뜻이 담겨있고, 어떤 마음이 담겨있는지, 우리 겨레는 어떤 말을 쓰며 살아왔는지가 두루두루 쓰여 있습니다. 우리말이 그냥 쓰고 있는 말이기 때문에 죽 이어서 써야 한다는 말을 하지는 않습니다.

> "써야 하는 말을 똑똑히 알고 있으면, 쓰는 말이 마땅하지 못한 까닭도 환히 알 수 있고, 살려야 할 우리말이 무엇인지도 저절로 깨달을 수 있다. 그러니까, 써야 하는 말이 무엇인지를 올바로 아는 것부터 우선 매듭지어야 일이 풀린다."
>
> (김수업, 『말꽃 타령』, 지식산업사, 2006, 225쪽.)

선생님은 사람이란 "말로써 삶을 이루어가는 존재"이기 때문에 "써야 할 말을 올바로 찾아 써야 삶을 값지고 보람차게 살 수 있다"고 말합니다. 그러니까 말이라는 것이 따로 떨어져있는 것이 아니라 삶과 이어져있기 때문에 삶을 보람차게 살려면 써야 할 말을 제대로 써야 하고, 그래야 삶도 그렇게 된다고 생각했습니다. 써야 할 우리말의 잣대를 세 가지로 잡았습니다.

> "'쉬운 말', '또렷한 말', '아름다운 말', 이런 세 가지 잣대에 맞으면 써야 하는 말이다. 말을 바꾸면 어려운 말, 흐릿한 말, 더러운 말을 쓰지 말아야 하는 말이다. 이들 잣대로 가늠하여, 써야 하는 말은 '참된 우리말'이고, 쓰지 말아야 하는 말은 '거짓된 우리말'이다. 이런 생각은 우리가 쓰는 말을 모조리 우리말이라고 생각하는 것과는 아주 다르다."
>
> (김수업, 『말꽃 타령』, 지식산업사, 2006, 229쪽.)

그때, 교육과정을 만들 때도 그랬습니다. 써야 할 말을 쓰지 않고, 쓰지 않아야 할 말을 쓰면서 이야기를 나누다보니 우리가 무엇을 하고 있는지도 잊어버릴 때가 있었습니다. 길을 한 번 잘못 들면 한참을 헤매다가 되돌아나가기 일쑤였지요. 어름어름 겨우 뜻만 알고 있는 어렵고 흐릿한 한자말로 교육과정을 이야기하다보니 그랬던 것 같습니다. 김수업 선생님의 한 마디를 듣고 우리는 조금씩 써야 할 말로 교육과정을 가다듬었습니다.

점심때만 되면 선생님 가르침을 받았습니다. 이야기를 나누었는데 지나고 나면 그게 가르침이고 배움이었습니다. 선생님은 일부러 가르치지 않았지만, 저는 자꾸만 배우는 재미에 빠졌습니다. 선생님은 문학으로 박사가 되셨지만 역사를 이야기하실 때도, 민속학을 이야기하실 때도 거침이 없었습니다. 그리스 신화는 계통이 뚜렷하고 이야기가 풍성한데, 왜 우리 신화는 그렇지 않느냐고 물었을 때도, 전라도에서 다시래기가 왜 남았는지 물었을 때도 선생님 이야기를 들으면 쉽게 알아들을 수 있었습니다.

한참 지내고 나니 선생님을 우러러보는 마음이 저절로 일어났습니다. 선생님께 메일을 보낼 일이 있었는데, 늘 끄트머리에 그냥 내 이름만 쓰는 것이 마음에 걸렸습니다. 선생님은 가르쳐주지 않았지만, 저는 선생님 제자가 되고 싶었습니다. 저는 마음먹고 '제자 김강수 아룀'이라고 썼습니다. 그러고는 내 마음대로 제자라고 불러도 되냐고, 그렇게 부르고 싶다고 썼습니다. 그때 선생님이 어떻게 대답하셨는지 잘 기억이 나질 않습니다. 보내고 나눈 메일을 다 열어보면 어딘가에 선생님 대답이 들어있을 텐데, 애써 찾아보질 않았습니다.

선생님은 저에게 편지를 보낼 때 가끔 '동지' 라고 부르셨습니다. 김수업 선생님 책을 함께 읽기 위해 『말꽃 타령』을 펼쳤을 때에도 "김강수 동지에게" 라고 씌어있었습니다. 그 전에 받았던 『배달말꽃』에는 "뜻이 굳고 부지런한 김강수 선생님"이라고 적혀있는데 그 말을 볼 때마다 부끄러운 마음이 듭니다. 언제쯤 뜻이 굳어지고 언제쯤 부지런해질지 모를 일입니다. 선생님 삶을 따라가다 보면 언젠가는 비슷한 사람이 되지 않을까 혼자 생각합니다.

동지는 같은 뜻을 나누는 사람입니다. 누가 위이고, 누가 아래인지 나누지 않습니다. 선생님은 돌아가시는 날까지 저를 그렇게 대해주셨습니다. 뜻이 사람을 끌고 간다고 여러 번 말씀해주셨는데, 그 뜻이란 것이 저와 같다고 해주셔서 고마웠습니다.

김수업 말꽃 타령

교장선생님을 사랑하기로 했습니다

권 재 우

"뜻이 온전하게 세워지려면 먼저 생각을 올바르게 다스릴 수 있어야 하고, 그보다 먼저 느낌을 제대로 가꾸어야 한다. 몸 바깥세상을 부드럽게 받아들이며 고스란히 살아 있는 느낌을 바탕에 깔고, 온갖 것을 올바르게 가늠하는 생각을 갖춘 위에, 굳세고 날카로운 뜻을 세우면, 마음은 더할 나위 없이 온전할 것이다. 그래서 마침내 사람의 마음은 느낌과 생각과 뜻이 골고루 제 몫을 다할 수 있어야 바람직하게 되는 것이다. 그러나 우리가 잊지 말아야 할 것은, 이들 마음의 세 가지 속내는 모두 몸에서 말미암고 몸에서 떨어질 수 없다는 사실이다."

(김수업, 『말꽃 타령』, 지식산업사, 2006, 17쪽.)

2018년 11월부터 양평 읍내에 있는 썬 피트니스 헬스장을 다니고 있습니다. 10회 개인 훈련비 40만원에, 한 달 헬스장 사용료 6만원, 총 46만원입니다. 적지 않은 돈이라 부담이 되지만, 운동과 악기는 돈 주고 배워야 제대로 배울 수 있다고 생각하기에 큰 맘 먹고 다니고 있습니다. 1주일에 2번 배우는데 월요일은 상체 운동, 수요일은 하체 운동을 배웁니다.

운동 순서는 이렇습니다. 먼저 개인 훈련 10분 전에 헬스장에 도착해서 10분 정도 러닝머신으로 몸을 풉니다. 러닝머신 기계에는 4, 6, 8, 10 이렇게 숫자가 있는데 속도입니다. 저는 4~5단계로 2-3분, 6단계로 4분, 다시 4-5단계로 2-3분, 이렇게 10분 정도 달립니다. 그 후 관장과 일대일 연습을 합니다. 운동기구 사용법과 주의할 점등 관장의 시범을 본 후 제가 따라 하는 식입니다. 짧게는 5분, 길게는 10분정도 운동을 합니다. 관장은 옆에서 어떻게 몸을 써야 하고, 신경 써야 할 부분은 무엇인지 히니씩 일러줍니다. 이때 자주 듣는 말이 '자세'입니다. 한 동작을 하더라도 허리를 곳곳이 세워 바르게 하는 게 좋다고 합니다.

한 시간 동안 온전히 '몸'에 집중합니다. 숨을 참고, 내뱉으며, 알지 못했던 제 몸에 대해 하나씩 배웁니다. 스쿼트를 하며 제 몸의 왼쪽이 약한 것을 알았습니다. 특히 왼쪽 다리로 균형 잡는 것이 힘듭니다. 중학교 때 오래 달리기를 하다 왼쪽 발목인대를 다쳤는데, 제때 치료를 하지 않아 조금만 무리하면 발목이 빠지곤 했습니다. 그게 이유가 아닌가 싶습니다. 운동을 하니 몸이 좋아집니다. 오후만 되면 목덜미가 아이 하나 얹어 놓은 것처럼 아팠는데 배에 힘을 주고 허리를 펴려고 애쓰니 아픈 게 많이 줄어듭니다. 배에 힘을 줄때는 똥이 나올 정도로 줘야한다고 합니다. 운동은 힘을 주고 빼는 게 8할이라는 것을 몸으로 배웁니다. 보람도 있습니다. 마지막 한 개를 들어올리기 위해 팔다리가 후들거리고, 힘에 부쳐 큰 숨이 나오다가, 마침내 그 하나를 들어 올리면, 온 몸에 전기가 옵니다. 짜릿합니다.

건강 때문에 운동을 시작했습니다. 요즘 몸이 천근만근입니다. 아침에 눈을 못 뜹니다. 책을 읽으려 해도, 짧은 글쓰기를 하려 해도 몸이 힘듭니다. 앉아도, 누워도 몸과 마음이 붕 뜬 것 같습니다. 점점 책상에만 앉아 있고, 움직임이 적으니 뱃살만 늘어납니다. 옷장에 옷은 많은데 입을 수 있는 옷이 몇 개 없을 때마다 '살 빼야 할 텐데' 중얼거립니다.

올 초에는 안 그랬는데 말입니다. 2017년 연구년을 마치고 돌아와 보니 5학년만 남아 있었습니다. 왜 5학년이 남았을까요? 생각하는 그대로입니다. 우리 반은 6명입니다. 남자 5명에 여자 1명이지요. 참 여자 1명도 남자아이와 다름없지요. 길들여지지 않는 야생마 같은 아이들 속에서 알콩달콩 재미나게 지냈습니다. 솔직하게 말씀드리면, 학생을 키우는 교사의 마음보다 아들을 키우는 엄마의 마음으로 1년을 도 닦는 심정으로 보냈지요. 제가 아들 둘을 키웠기에 이해하기 편했습니다. 이렇게 이야기 하니 우리 반 아이들이 드센 것처럼 보이네요. 절대 그렇지 않습니다. '선생님 도와줄 사람?' 하면 모두가 뛰쳐나오는 착한 아이들입니다.

그런데 10월이 되자 조금씩 힘이 부칩니다. 2학기에 교장 선생님이 새로 오셨는데 보여주는 것에 관심이 많습니다. 특히 학예회에 신경을 많이 씁니다. 학예회를 위해 문화 예술 강사들이 수업시간에 많이 들어옵니다. 한참 수업에 들어 올 때는 일주일에 10시간 정도만 수업을 하니, 누군가 '석좌교수' 부럽지 않다고 농을 칩니다. 그냥 겉으로 웃기는 한데 마음이 불편합니다. 교사로 잘 살고 있다는 느낌보다는 교사로 뭐하는 것인가 의문이 들어 불편합니다. 수업 시간은 줄어 몸은 편안한데 도리어 짜증은 늘었습니다. 제 뜻대로 수업을 못하니 화가 납니다.

괜히 교장 선생님이 미워집니다. 작은 것 하나도 신경 쓰는 꼼꼼함에 답답했습니다. 학교 곳곳에 이상한 글귀가 적힌 펼침막들이 펄럭이는 모습에 짜증났습니다. '겉만 가꾸는 게 무슨 학교야' 라는 생각이 가득했습니다. 교장 선생님을 보는 게 힘듭니다.

"권재우 선생님, 저랑 학예회 때 기타 연주 함께 해요. 재작년 ○○○교장 선생님 때 봤는데 참 좋아 보였어요. 남교사 대표로 권선생님이, 여교사 대표 제가 공연하면 좋지 않을까요?"

학예회 때 기타 연주를 함께 하자는 말을 듣자 얼굴이 일그러집니다. 마음이 불편합니다. 보여주는 것에만 신경 쓰는 것 같아 화가 납니다. 왜 이리 판을 키우나 싶습니다. 이런 생각이 드니 몸이 반응합니다. 일단 교장 선생님과 마주치지 않으려 합니다. 아침마다 교무실에 일부러 들러, 선생님과 실무사님들께 인사 하고 커피 한 잔 들고 교실에 올라갔습니다. 우리 둘레에 있는 사람들 모두 소중하기 때문입니다. 2학기에는 교무실을 그냥 지나칩니다. 교장 선생님과 마주치는 것이 껄끄럽습니다. 교장 선생님이 뭐라고 말해도 그냥 흘려듣습니다. 일부러 쌀쌀맞게 대합니다. 교장 선생님도 이런 제가 불편했는지 저에게 조심합니다. 지금 생각해보면 참 모자란 행동입니다. 잘 해드려야지 하는데도 몸이 그렇게 반응합니다. 이상한 일입니다.

그렇게 10월을 보냈습니다. 교장 선생님은 나와 다르다 생각하니, 마음이 불편해지고, 가능하면 부딪치지 않으려 애쓰게 됩니다. 그런데 더 큰 문제가 생깁니다. 제가 우리 반 아이들을 자꾸 혼내게 됩니다. 10월이 되자 아이들은 학예회 준비에, 각종 행사에, 스포츠클럽 활동에, 수업에 눈코 뜰 새 없이 바쁩니다. 학교가 바쁘면 아이들은 정신없어집니다. 아이들 입장에서도 난처했을 것입니다. 바쁜 것은 자기들인데 담임은 별 것도 아닌 것으로 화를 냈으니까요. 사실 큰일도 아니었습니다. 학예회 끝나고 교실에 늦게 들어 온 일, 반복되는 연습에 동무들과 다툰 일, 숙제 몇 번 빼먹은 일 정도였습니다. 왜 혼냈을까 지금 곰곰이 생각해보면 사실은 아이들을 혼내고 싶은 게 아니라 교장 선생님께 한 마디 하고 싶었던 겁니다. 교장 선생님께 한 소리 못하고 괜히 약한 아이들만 잡은 꼴이었지요.

'노나메기' 함께 놀고, 함께 나눠먹자는 우리 반 급훈이 부끄러웠습니다. 교사로서 세운 뜻이 흔들립니다. 정말 별것도 아닌 일인데 말이죠. 부끄러운 마음에 생각을 다잡고, 마음을 추슬러 애썼지만 쉽지 않았습니다. 그렇다고 앞장서서 학예회를 안 하도록 되돌리거나, 저희 반만 거부할 만큼의 용기는 없었습니다. 말을 하지 못하고 우물쭈물 그저 따라 갑니다. 교사로 제 뜻과 마음이 무너지니 몸이 아프기 시작합니다. 소화도 잘 되지 않고, 자다 깨고, 신경질만 늘어갑니다. '아 이제 정말 이 학교를 떠나야 할 때가 왔구나!' 이런 생각만 듭니다.

그러다 말꽃타령에서 김수업 선생님의 말씀이 생각났습니다.

> 뜻이 온전하게 세워지려면 먼저 생각을 올바르게 다스릴 수 있어야 하고, 그보다 먼저 느낌을 제대로 가꾸어 두어야 한다. … 그러나 우리가 잊지 말아야 할 것은, 이들 마음의 세 가지 속내는 모두 몸에서 말미암고 몸에서 떨어질 수 없다

는 사실이다.

(김수업, 『말꽃 타령』, 지식산업사, 2006, 17쪽.)

아! 그래, 몸부터 제대로 살려야겠구나 싶었습니다. 뜻과 생각을 바로 잡으려 애쓰지 말고 몸의 소리를 들어야겠다고 생각했습니다. 참 길고 길었네요. 제가 헬스를 하게 된 두 번째 이유입니다. 정말 헬스가 뜻을 다시 다잡는데 도움이 되었을까 궁금하시죠? 이렇게 길게 썼으니 간증이 나올 차례라 생각하셨을 것 같습니다. 월, 수 이렇게 운동을 하니 온 몸이 쑤시고 피곤합니다. 이상합니다. 몸은 힘들고 피곤한데, 느낌이 좋습니다. 운동을 마치고 나면 개운하고, 집에 돌아오는 길에 하루 있었던 일을 돌아봅니다. 오후에 역정 냈던 일이, 저녁 운동을 하고 나면 별 볼일 없는 일이 됩니다. 운동을 하니 느낌과 생각이 달라집니다. 너그러워지고 그냥 넘어가는 게 많아집니다.

학교에서도 마음이 편안해집니다. 반에서도 혼을 덜 내니 아이들이 제 옆으로 옵니다. 예전처럼 장난도 치고, 서로 아쉬웠던 이야기도 합니다. 아이들은 불만이 많습니다. 아침에 책도 덜 읽고, 차도 덜 마시고, 학급 신문도 잘 안 나온다고 합니다. 별 것도 아닌 일에 화를 내니 선생님을 한 대 때려주고 싶었다고 합니다. 선생님 욕도 했냐고 물어보니, 아직 그 정도는 아니었다고 합니다. 천만 다행입니다. 선생님이 미안하다고 말합니다. 아이들이 이번 한번만 봐준다고 합니다. 마음이 편해지고, 생각도 유연해집니다. 원래 제 뜻을 다시 살려가는 것 같아 좋습니다.

마음에 여유가 생기니 말을 하고 싶어졌습니다. 선생님들과 학예회에 대해 이야기를 했습니다. 학예회의 좋은 점도 많지만, 보여주기 식 행사가 되어 힘들었다고 했습니다. 선생님들도 같은 마음이라 말씀하십니다. 이런 이야기들이 오고가니 길이 보입니다. 내년에는 보여주기 행사는 하지 말자고 합니다. 크게 보여주기 보다는 소소하게 행사를 계획하자 합니다. 다들 같은 마음이었습니다.

교장 선생님에 대한 오해도 있었습니다. 교장 선생님의 뜻이 아닌데 알아서 잘해보려 '액션'을 한 것도 있었습니다. 학예회 전시는 교장 선생님도 원치 않은 일인데, 교사들이 미리 앞서서 했습니다. 교사 스스로 미리 판단하여 '학예회라면 이 정도는 해야지' 라는 마음으로 준비한 것입니다.

우리에게 힘주는 말도 합니다. 학교를 처음 옮기고 하는 행사라 조금 욕심을 내었다고, 힘든 부분이 있었을 거라고 미안해합니다. 내년에는 아이들이 평소에 익힌 것을 학예회 공연 때 그대로 올리자고 합니다. 보여주기 행사는 자신도 싫다고 강조합니다. 교장 선생님의 뜻도 우리와 다르지 않다는 것을 알았습니다.

오해가 풀리니 교장 선생님을 속으로 욕한 제가 부끄러워집니다. 나이가 들면 점점 넓어지고 깊어질 줄 알았는데 아직도 어린애입니다. 김수업 선생님은 '저 마다 다른 길을 잡았더라도 모두 하나의 과녁을 바라보고 나아가면 마침내 그 과녁에서 만날 수 있다.[5]' 하셨습니다. 교장선생님과 이야기를 나눠보니 우리 모두 학생이라는 과녁을 보고 있었다는 것을 깨달았습니다. 가는 길만 다를 뿐, 한 곳을 바라보고 있었던 것이지요. 어찌 보면 우리 모두

---

5) (김수업, 『말꽃 타령』, 지식산업사, 2006, 214쪽.)

뜻을 같이하는 동지였던 셈입니다. 단지 몰라봤을 뿐이지요. 그동안 동지를 많이 미워하고 오해했습니다. 반성합니다. 오늘부터 교장 선생님을 사랑하기로 마음먹습니다. 운동이 준 깨달음입니다.

김수업 말꽃 타령

말은 주고받아야 아름답습니다

박길훈

아이들과 수업을 하다 보면 내 말이 무슨 말인지 알아듣지 못할 때가 있습니다. 어른말로 아이들을 가르치니 그렇습니다. 그럼 아이들은 어름어름 알 듯 모를 듯 그러려니 하고 넘어갑니다. 교과서 없이 아이들과 공부를 할 때도 간혹 그럴 때가 있습니다. 아마도 내가 아이들이 알아들을 수 없는 이야기를 꺼내었나 봅니다. 저를 돌아보아야겠습니다.

어릴 때 서예학원을 다녔습니다. 명심보감부터 시작해서 소학이니 중용이니 하는 도무지 알 수 없는 한자들을 붓으로 써가며 외워야 했습니다. 옛날 서당에서처럼 회초리를 맞아가며 배웠으니 꽤 많은 한자들을 기억하고 있습니다. 어릴 때 저를 떠올려보면 말이 많지 않았습니다. 한 번씩 한자를 내뱉어가며 말을 꺼내면 친구들이 어리둥절해 하던 모습이 떠오릅니다. 그 옛날 양반들이 백성들을 앞에 두고 공자 왈, 맹자 왈 하며 으스댔을 때도 그랬을까요? 돌아보면 머리에만 떠돌던 생각을 생각 그대로 내뱉지 못하고 고상한 말로 바꾸어 말했던 우스운 때가 있었습니다. 아이들 앞에서도 그렇게 저 잘난 꼴을 보이며 살아오지는 않았는지 모르겠습니다.

모임을 하며 우리말과 우리글을 바로 말하고 바로 쓰자고 하는 분들을 만나게 되었습니다. 그리고 글을 쓰기 시작하면서 겨우 알게 되었습니다. 생각대로 말하고 말한 대로 글을 써야 제대로 말하고 쓸 수 있다는 것을 말입니다. 아이들과 이야기를 나눌 때도 아이들의 말에 귀를 기울이고, 아이들의 말로 이야기를 나누어야 가까워질 수 있다는 것도 알게 되었습니다. 참 쉬운 일을 어렵게 해왔습니다.

김수업 선생님께서 언젠가 연수 때 들려주셨던 이야기가 있습니다.

"우리 민족은 언젠가는 온 나라에서 제일 으뜸인 나라가 될 것입니다. 온 나라에서 가장 으뜸인 말과 글을 쓰기 때문입니다."

김수업 선생님의 『말꽃 타령』을 다시 읽으며, 처음 읽었을 때와 또 다른 생각을 해 봅니다. 우리말과 글을 제대로 부려서 쓰는 것도 중요한 일이지만 우리말과 글을 제대로 가르쳐야겠다고 말입니다.

『말꽃 타령』에는 도령과 방자의 이야기가 나옵니다. 한자와 한문이 우리 겨레에게 어떤 삶을 살도록 만들었는지를 잘 보여주는 이야기입니다. 여기저기에서 말이 권력이 되는 모습을 심심찮게 볼 수 있습니다. 글 꽤나 읽었다는 교수들은 책 속에 담긴 것을 마치 자기 것 마냥 읊어대며 학생들에게 자신의 힘을 드러냅니다. 의사들은 그들 스스로도 알아보지 못할 지렁이 기어가는 낙서질로 아픈 이들의 몸에 대해 휘갈겨 댑니다. 서울 사투리를 바탕으로 표준어를 삼고 다른 곳에 사는 사람들이 부려 쓰는 지역 사투리들을 쉽게 받아들이지 않으려 합니다. 오히려 온갖 영화와 문학 작품들 속에서 지역 사투리 쓰는 사람들을 하찮게 봅니다. '교양 있는 사람들이 두루 쓰는 현대의 서울말'이 표준어라고 하니 서글픈 일입니다.

김수업 선생님의 『말꽃 타령』에는 불편한 글도 있습니다. 속이 시원한 이야기도 있습니다. 나를 꾸짖는 것 같아 많이 불편했습니다. 그래도 내가 쓰는 말과 글을 어찌해야 할지 갈피를 잡아주니 속이 시원합니다.

'우리가 쓰는 말이면 그게 모두 우리말이다.'와 '우리가 써야 하는 말이라야 우리말이다.' 이 두 문장은 서로 부딪힙니다. 김수업 선생님께서는 책에 써야 하는 말을 밝혀 놓으셨습니다.

쉬운 말이라야 하고, 또렷해야 하며, 아름다워야 한다고 하셨습니다. 어른도 아이도 서로 알아듣지 못할 말을 쓰지 말아야 합니다. 많이 배웠거나 그러지 못했다고 해도 서로의 말을 알아들을 수 있어야 합니다. 내가 쓰는 말이 다른 이가 쓰는 말과 다르면 알아들을 수 없게 됩니다. 우리말은 서로 알아들을 수 있는 쉬운 말이어야 합니다. 쉬운 말은 또렷합니다. 모두 알아들을 수 있으니 어름어름하지 않습니다. 남의 말에 휩싸여 그 말이 멋지고 아름답다 여기지 않아야 합니다. 우리말은 아름답다고 여겨야 해서 아름다운 말이 아닙니다. 우리말은 원래 아름답습니다. 우리말을 아낄 때 우리말이 아름답게 여겨질 겁니다.

저는 선생이니 아이들과 함께 살아갑니다. 아이들이 선생님의 말을 도무지 들으려 하지 않는다고 생각했던 때가 있습니다. 처음에는 말을 듣지 않으니 힘으로 아이들을 눌렀습니다. 그게 얼마나 어리석고 얍삽한 생각이었는지 알게 된 것은 얼마 되지 않습니다. 아이들이 알아들을 수 없는 말로 앞에 서 있으니 듣지 않는 겁니다. 알아들을 수 없는 말에 힘을 넣어 큰 소리로 두려움을 주면 겨우 듣는 척 했던 겁니다. 선생님은 그저 두려움의 대상이었고, 힘을 주어 말을 할 때만 말을 들어주면 그만인 사람이었습니다. 함께 살아가는 동무가 되지는 못했습니다. 친한 동무 같은 선생님이 되어야겠다던 다짐과는 먼 삶을 살았던 겁니다.

말을 고쳐야 했습니다. 언제부터 말을 그리 어렵게 써 왔는지 돌아보아야 했습니다. 저는 출발이 학교였다고 생각했습니다. 학교에서 배운 많은 것들에 도움을 받아왔습니다. 보여주는 대로 알려주는 대로 배웠던 겁니다. 말의 뜻은 뒤로하고 말을 그대로 받아 적고, 외우는 게 전부였습니다. 어느 선생님도 말뜻을 제대로 밝혀주거나, 우리말로 풀어 쉽게 알려주지 않았습니다. 국어 선생님들도 마찬가지였습니다. 저도 역시 배운 대로 알려줄 밖에 없습니다. 결국은 말의 뜻은 버리고 글의 껍데기만 머리에 담아 두니 오래 갈 수 없습니다. 배운 것이 자기 것이 되지 못합니다.

이야기를 나누어야겠다고 생각했습니다. 아이들과 이야기를 나누려 하니 이야기 할 거리가 필요합니다. 어제 무엇을 했는지, 오늘 무엇을 했는지, 나는 어떤 사람이 될 것인지, 무엇을 배우고 싶은지, 책을 읽어보니 어떤 마음이 들었는지, 친구를 어떻게 생각하는지, 나는 어떤 사람인지 같은 것들입니다. 결국 어떻게 살았는지, 어떻게 사는지, 어떻게 살 것인지 이야기를 나누는 것입니다. 그렇게 아이들의 삶을 들여다보게 되었습니다. 아이들이 이야기를 나눌 때는 이야기 속으로 깊숙하게 들어가야 합니다. 어떤 말을 쓰고 있는지, 서로의 이야기를 잘 들어주고 있는지 말입니다. 아이들이 쓰는 말로 이야기를 나누어야겠다고 다짐했습니다. 아이들과 삶을 나누며 살아야겠다고 다짐을 했습니다.

2018학년도에 온작품읽기로 수업을 할 때의 일입니다. 『몽실 언니』를 읽고서 아이들과 분단체험을 하기로 했습니다. 두 주 동안의 짧지 않았던 분단체험을 마치고 통일 협상이 막바지였습니다. 한 아이가 끝까지 통일을 하고 싶지 않다고 했습니다. 다른 아이들은 통일이 통일답지 않다고 탓을 합니다. 만장일치가 되지 않았다고 타박을 합니다. 원망을 듣게 된 그 아이는 결국 눈물을 흘렸습니다. 활동을 마치고 분단체험 소감문을 썼습니다. 통일을 하고 싶지 않다는 아이의 글을 읽어주었습니다. 잠시 조용해졌습니다. 몇몇 아이들이 다가가서는 미안하다고 사과를 합니다. 또 어떤 아이는 "그럼 그렇다고 이야기를 하지." 하며 미안한 마음을 화로 드러냅니다. 그 아이가 쓴 글의 내용입니다.

"분단체험이 너무 재미있다. 중간에 스승의 날이라고 멈춰서 아쉬웠다. 그리고 빨리 끝나는 것 같아서 속상했다. 계속 하고 싶었는데, 아이들이 통일을 하자고 했다."

통일이 싫었던 것이 아닙니다. 분단체험이 재미있었습니다. 빨리 끝나는 것이 아쉬웠습니다. 아이들이 그런 자기 마음을 받아주지 않아 눈물을 흘렸던 겁니다. 여러 아이들이 자기를 향해 비난을 하는 것이 두려워 말도 할 수 없었습니다. 결국 시간이 필요하긴 했지만 아이들은 그 친구의 마음을 받아

주었습니다. 아이들은 그렇게 서로를 이해하는 법을 배워갑니다.

김수업 선생님은 책에서 '말은 사랑의 열쇠다.'고 하셨습니다. '말을 주고받는 것은 사랑의 행위다. 말은 그 어느 꽃보다도, 그 어떤 선물보다도, 심지어 몸보다도 더 고귀한 것이다. 말에는 사람의 마음과 더불어 얼까지 싸잡아 담겨 있기 때문이다. 말은 사람됨의 모두기 때문이다. 사람됨 모두를 담아내는 참다운 말을 주고받는 것보다 더 아름답고 거룩한 사랑은 없다.'고 하셨습니다.

아이들의 마음 안에는 많은 이야기가 담겨 있습니다. 그만큼 많은 삶이 담겨 있으니 잘 들어주어야 합니다. 그래야 아이들의 삶을 이해하고 사랑할 수 있습니다. 진심으로 들어주어야 합니다. 그리고 다그치지 말고 기다려주어야 합니다. 그래야 마음 안에 담긴 이야기를 꺼내어 놓을 수 있습니다.

아이들끼리 서로 이야기를 나누는 모습을 보면 도무지 주제를 알 수가 없을 때가 있습니다. 자기 이야기하기 바쁩니다. 친구가 그 이야기를 듣고 있는지 살필 겨를도 없습니다. 어떨 때는 아이들이 제 옆에서 온갖 이야기를 합니다. 뭔가에 빠져있을 때면 무슨 이야기를 하고 갔는지 휙 하고 지나갑니다. 나중에 와서 아까 이야기했다며 저를 원망하기도 합니다. 이야기를 툭 던지고 간 녀석도 그렇지만 귀 기울여 듣지 않은 저도 할 말이 없습니다.

월요일 첫 시간마다 아이들과 차를 마십니다. 아이들의 이야기를 듣고 싶어 아침 일찍 학교에 가서 차를 준비합니다. 처음에는 아이들이 많이 쑥스러워했습니다. 편하게 이야기를 꺼내어 놓지 못했습니다. 머뭇거리다가 끝내 이야기를 못하는 아이도 있습니다. 처음이니 그럴 만도 합니다. 몇 차례를 지나고 나면 조금씩 말을 꺼내어 놓습니다. 이야기는 꺼내어 놓기만 하는 것은 아닙니다. 잘 들어주어야 합니다. 선생인 저만 혼자 잘 들어야 하는 것도 아닙니다. 아이들끼리도 서로 잘 들어주어야 합니다. 오히려 저보다는 아이들끼리 더 잘 들어주어야 합니다. 서로 이야기를 주고받으며 더 가까워질 수 있습니다. 김수업 선생님 말씀처럼 말은 주고받아야 아름답습니다. 그래야 아이들의 삶도 아름다워지겠지요.

김수업 말꽃 타령

뜻이 길을 만들다

이혜순

김수업 선생님의 『말꽃 타령』을 읽으면서 내가 가지고 있는 뜻과 가는 길에 대해 생각합니다. 사람에 대한 뜻은 결국 삶이 됩니다. 내가 느낌을 제대로 가꾸며 살아왔는지, 올바른 생각으로 스스로를 다스려 왔는지 돌아봅니다.

> 사람. 살다+알다, 삶+앎, 삶을 앎, 삶을 아는 것이 사람이라는 뜻. 옳고 마땅한 이름을 사람에게 붙인 겨레
>
> (김수업, 『말꽃 타령』, 지식산업사, 2006, 11쪽.)

> "뜻이 있으면 길이 있다" 뜻은 생각을 끌고 가는 힘이기도 하다. 뜻이 생각을 끌고 가면 느낌도 끌려갈 수밖에 없을 것이고, 그렇게 뜻이 마음을 끌고 가면 몸도 끌려가지 않을 수 없다. 뜻은 사람을 끌고 가는 힘인 셈이다.
>
> (김수업, 『말꽃 타령』, 지식산업사, 2006, 16쪽.)

> 뜻이 온전하게 세워지려면 먼저 생각을 올바르게 다스릴 수 있어야 하고, 그보다 더 먼저 느낌을 제대로 가꾸어 두어야 한다. 그래서 마침내 사람의 마음은 느낌과 생각과 뜻이 골고루 제 몫을 다할 수 있어야 바람직하게 되는 것이다.
>
> (김수업, 『말꽃 타령』, 지식산업사, 2006, 17쪽.)

김수업 선생님이 설명하는 '사람'의 뜻을 살펴보면 삶을 알아가는 길입니다. 그 길에 뜻이 있어야 합니다. 뜻은 사람의 생각과 느낌을 끌고 가는 힘이 되기 때문에 뜻을 잘 세우는 것이 중요한 일입니다. 나에게는 가장 어려운 일입니다. 뜻을 잘 세우지 못하는 것은 생각과 느낌을 잘 경험하지 못한 데서 오기도 합니다. 그래서 아이들이 생각과 느낌을 잘 경험하도록 돕고, 나도 올바른 경험을 하며 살아야 올바른 뜻이 세워집니다. 그것이 가르치고 배우는 길입니다.

내가 아이들과 함께 겪으며 들었던 생각이나 느낌을 들여다봅니다. 거기에서 뜻을 찾으면 앞으로 선생님으로 함께 살아갈 길이 보일 겁니다. 송천분교에서 선생님들과 글을 써서 함께 읽은 때가 있습니다. 교단 일기처럼 아이들 이야기, 가르치는 이야기, 하고 싶은 이야기들을 엮어 함께 나누었습니다. 그 때 쓴 이야기입니다.

무섭게 하지 않겠다

정렬[6]이가 기억이 잘 안 나는데 무슨 소리를 내었다. 나는 기분 좋게 공부에

---

6) 2학년 아이 이름 바꾼 것

집중했으면 하는 마음에

"어 그거 '얼씨구! 좋다!' 같은 추임새 같은데" 하며 좋다고 했다. 애들이 와하하 하고 웃었다. 그런데 정렬이가 엎드린다. 그것도 옷에 달린 모자를 뒤집어쓰고 엎드린다.

"정렬아 재미있으라고 그런 거야. 놀린 거 아니야"

그래도 정렬이는 계속 엎드려 있다. 금방 일어날 줄 알고 수학 공부를 시작했다. 계속 내 눈치를 보며 엎드려 공부에 집중 안하기에 "빨리 일어나라" 했더니 이제 소리 내어 울기 시작한다. 간격이 짧고 소리도 작더니 점점 커진다. 화를 낼까 하다가, 달래도 보다가 이도저도 안되어 아이들에게 물었다.

"정렬이 뿐만 아니라 이렇게 떼쓰는, 선생님 말 안 듣는 사람에게 어떡하면 좋겠냐?"

모든 아이들이 이야기해 보게 했다. 아이들이 이야기하는 것들이 신경 쓰이는지 정렬이는 점점 더 크게 운다. 너무 달래주어도 오늘은 안 되겠다 싶어 수학공부를 했다. 시간이 지나도 정렬이가 계속 그러고 있는데 점심시간이 다가온다. 아이들에게 몇 문제 풀게 하고 정렬이를 내 옆에 앉혔다. 왜 그러냐고 물었더니 애들이 자기를 놀렸단다. 아니라 했더니 더 서러워하며 운다. 이렇게 울면 집에 가서 혼자 공부하라 했더니 "그래요. 저는 필요 없으니 집에 갈게요" 한다. 저는 필요 없다는 말에 마음도 아파서 다시 잡아 물어보니 "아까 선생님이 저에게 무섭게 화냈잖아요" 한다. 속으로 '내가 언제? 내가 얼마나 조심해서 말했는데' 생각했다. 근데 정렬이는 무서웠단다. 그냥 정렬이 안아주며 미안하다 했다. 정말 미안하다 했다. 그제야 울음을 그치고 눈물 닦고 씻고 점심도 맛있게 먹었다.

다음날 일기장에 열심히 한자 공부 한 걸 자랑하고 중간부터 선생님께 미안하다는 말을 적어왔다. 어제 죄송하다고. 정말 정렬이에게 무섭게 하지 않겠다.

(2012년 3월 26일 화요일)

눈물이 난다

정렬이가 공부 시간에 무엇 때문인지 기억도 가물가물한데 조금씩 화가 났다. 제발 저번처럼 엉엉 울지 않고 빨리 마음을 진정했으면 했다. 조금씩 나를 보며 고개를 들어서 괜찮은가보다 했다. 공부 시간도 조금 남아 옛이야기를 들려주려 하는데 머리를 책상에 박기 시작한다. 한번 하고 말 줄 알았는데 몇 번 계속하더니 강도가 점점 세어진다. 박박 바가지 이야기를 시작하다 그만 두고 선생님이 목도 아프고 지금 화가 너무 나 도저히 안 되겠다고 쉬어라 하고 와서 앉았다. 정렬이를 불러서 이야기를 시작하려 했지만 저번처럼 이야기도 하려 하지 않고 들으려 하지 않는다. 자기는 쓸모없는 인간이라 죽어 없어져야 한다면서 손으로 계속 머리를 세게 때리고 손톱으로 이마와 눈 주변을 꼬집어 뜯는다. 말려도 계속하고 선생님과 한 약속을 다시 상기시켜도 자기는 죽어버려야 한다고 한다. 누가 그런 말을 하더냐 하고 물어도 자기가 그렇게 생각한단다.

어찌하면서 쉬는 시간 30분을 이야기 나누고, 선생님이 화를 내지 않기로 했다. 화를 냈다기보다는 잔소리조차도 정렬에게는 무서운 소리인가 보다. 슬펐다. 정렬이도 자꾸 나쁜 생각을 하게 된다고 솔직하게 이야기를 했다. 좋은 생각이나 기분 좋아지는 일을 해 보자 했더니 없다 한다. 그래도 생각해보라 했다. 피구 하면 기분 좋다고 하여 3교시에 피구 하자 하며 얼굴 닦고 밖에 나가 놀라했다. 나가기 전에 정렬이를 안아 주며 내가 눈물이 나서 정렬에게 솔직하게 정말 슬프다고 하며 울어 버렸다. 정렬이가 앞으로 너무 화가 나도 머리를 때리거나 꼬집지 않기로 약속했다. 집에 갈 때 꼬집은 자국에 약을 발라 주었다.

지금도 정렬이가 자기 머리를 때리며 쓸모없는 인간이라 죽어버린다고 하던 상황을 생각하면 눈물이 난다. 정렬이는 나에게 어떤 나쁜 소리도 듣고 싶어 하지 않는구나. 왜 그럴까? 정렬이가 내가 자기만 미워하는 것 같다면서 운다. 선생님이 너무 정렬이만 봐 주면 아이들에게 잔소리 들을까봐 선생님이 오히려 조심한다 했더니 그제야 마음이 풀리나 보다. 다음에 또 정렬이가 어떻게 불쑥 올라올까 걱정되고 안쓰럽다.

(2012년 4월 6일 금요일)

나는 어떤 교사인가

학부모 설문에 정렬이 엄마께서 짧게나마 가정형편의 어려움과 아이에 대한 미안함을 담은 글을 보내왔다. 학기 초 정렬이 때문에 마음이 찡했던 것이 생각이 났다. 계속 정렬이 이야기를 써 보려 했지만 게을러서인지 걱정이 풀렸는지 못 썼다. 지금 정렬이는 가끔 눈물을 흘리지만 마음도 일찍 풀고 씩씩하게 공부하고 있다. 그런데 정렬이가 공부하는 모습을 볼 때면 허전할 때가 많다.

우리 반 인서[7] 생각이 난다. 정말 나랑 자주 싸운다. 오늘 시험 볼 때도 나는 설명을 해주고 인서는 이해가 안 된다고 이야기를 나누다 서로 화를 냈다. 지난 2주 동안 인서가 연산 공부를 하면서 드디어 1년 동안 잘 안되던 것을 조금씩 알아가는 것 같아 서로 손바닥을 부딪치며 좋아도 했다. 인서도 즐거웠지만 내가 마음이 들떴다. 그런데 오늘 또 다른 것이 이해가 안 된단다. 내가 또 인서에

---

7) 2학년 아이 이름 바꾼 것

게 뭘 잘못 하고 있는 걸까? 몇 번을 실랑이를 하다가 인서가 알았단다. 기쁨의 한숨이 나왔다.

나는 정렬이에게, 인서에게 1년 동안 어떤 선생님으로 삶을 돌봐 주고 있을까 하는 생각이 들었다. 아이들 설문을 다 들여다보지는 않았지만 아이들은 친절한 선생님, 재미있는 선생님, 공부를 잘 가르치는 선생님 모두를 원한다. 무서운 선생님은 아닌 듯하다. 잠깐 설문을 만들 때 엄격한 선생님으로 만들어 보고 싶었다. 좀 뜻이 달라 아이들이 선택하지 않을까 해서. 그런데 나는 아이들과 지내는 모습을 보면 정렬이와 인서가 이야기하듯이 무섭고 화를 많이 내는 선생님이다. 아이들과 삶에서 좀 더 함께 느끼고 살아가려면 나는 어떤 모습으로 아이들과 만나야 할까 고민이 된다.

(2012년 12월 5일 수요일)

한심한 가르침

수학 공부를 시작하였다. 받아 올림이 없는 덧셈과 뺄셈 공부를 마치고 마지막 시간으로 문제풀이 카드를 풀면 스티커를 붙이는 놀이다. 여기 저기 카드 떼는 걸 도와주고 가장 느리게 시작하는 유린[8]이가 놀이 방법을 모른다 해서 가르쳐 주고 있었다. '14-2=?' 유린이가 한참 생각할 시간을 주어도 모른단다. 다시 칠판에 가로 셈, 세로 셈, 십의 자리, 일의 자리를 물어가며 설명을 해 주었다. 다시 유린이에게 물어 보는데 대답을 못한다. 칠판에 불러 나오게 하여 두 문제를 풀었다. 유린이는 계속 일의 자리 계산을 손가락으로 하지만 계산할 것도 없는

---

8) 1학년 아이 이름 바꾼 것

십의 자리를 어쩌지 못해 이랬다저랬다 한다. 다시 세로셈으로 써 가며 설명을 하고 답을 쓰게 해 보았다. 모른다. 그렇게 반복을 열 번을 넘게 하며 30분 정도의 시간이 지났다. 다른 아이들은 벌써 계산을 다하고 스티커 붙이기도 끝내 남아 있는 조각과 비닐을 가지고 여기저기서 놀고, 느린 아이들은 계속 하고 있다. 나는 조금씩 유린이가 공부 시간에 멍하게 있을 때가 많았던 것, 계속 가르쳐 주어도 생각을 정확히 하려 하지 않는다는 이야기를 하면서 화를 냈다. 유린이는 잘 우는 아이다. 그래서 칠판에 나와서부터 울기 시작했다. 울지 말라고 하며 알 때까지 계속 했다. 가끔은 제 시간에 못한 유린이를 봐 주었는데 오늘은 울어도 끝까지, 알 때까지 해 주어야겠다면서 눈물을 계속 닦는 유린이를 칠판에 붙들어 놓았다. 유린이와 나랑 30분 정도 칠판에서 씨름을 하니 이제 한다. 알고 하는 건지는 모르겠다. 내일 다시 확인해 본다 했다. 잊어버리지 말라했다.

그 동안 아이들은 처음에 장난을 치더니 선생님이 다음 배울 걸 읽어 보고 있으라 했더니 유린이가 계속 울면서 하는 모습을 지켜보거나 조용히 책을 본다.

유린이가 자리로 돌아간 후 아이들에게 선생님이 잘못했지 물었더니 아이들이 자신 있게 아니다 맞다 대답을 못한다. 아이들이 긴장을 하면서 나만 쳐다본다. 선생님인 내가 잘못했다고 했다. 30분의 과정을 보면 선생님이 유린이를 울게 했으니 잘못했다. 유린이에게 미안하다. 그리고 선생님도 울고 싶다고 말을 하고 나니 정말 눈물이 나려 해서 말을 못했다. 유린이를 보면 학교에서 공부하는 것이 얼마나 힘들고 울고 싶을까 생각될 때가 있다. 성실하고 착한 아이인데 글을 익히는 것이, 셈을 익혀가는 과정이 정말 힘들다. 아직까지도 울게 하면서 가르치는 것 밖에 못하는 내가 한심스러운 날이다.

얼굴이 빨개진 유린이는 쉬는 시간에 아이들과 마법 놀이를 한다며 웃으면서 와서 또 떠들고 갔다. 다행이다. 내가 준 상처를 잊었는지는 모르겠지만…

(2014년 10월)

지금 정렬이는 중학교를 졸업할 때가 되었습니다. 6학년 때 모습이 기억납니다. 공부가 끝나고 학교에 남아서 수학공부를 하고 혼자 걸어가던 때가 많았습니다. 기특했습니다. 지금은 어떻게 살고 있는지 모르지만 스스로 잘 살기를 바랍니다.

이 글을 쓰고 그 해 교육과정 평가회에서 선생님들과 '공부가 느린 아이들'을 주제로 몇 시간 동안 이야기를 나누었습니다. '교재를 어떻게 만들까', '수업 시간에 어떻게 봐 주어야 할까'를 함께 찾아보고 다음 해부터 함께 해 보았습니다. 학교에서 공부가 '느리다'는 것은 여러 가지 이유가 있습니다. 아이가 좋아하는 것, 싫어하는 것이 다르고, 부모의 보살핌을 제대로 받지 못한 것이 이유가 되기도 합니다. 아이들이 가진 경험과 환경이 다릅니다. 아이에 따라 다른 아이들과 관계를 맺는데 어려움을 겪기도 합니다. 교재를 만들고, 수업 시간에 잠깐 봐 주어서 해결 되는 문제가 아닙니다. 한 해 동안 아이가 나아지는 모습은 아주 작고 눈에 보이지 않을 수도 있습니다.

내가 뜻을 두어야 하는 것은 아이들이 함께 잘 살아가는 삶을 경험하고, 자기 생각과 느낌도 쌓아가도록 돕는 것입니다. 그 길에서 아이의 생각과 느낌을 다시 한 번 묻고 살펴야합니다. 내가 한 걸음 더 나아가려면 내가 먼저 다가가 아이가 올바른 경험을 할 수 있도록 해 주어야 합니다. 김수업 선생님이 『말꽃 타령』에서 '사람', '뜻', '길'이라는 우리말로 나에게 다가온 것처럼 나도 다시 아이들에게 다가가야 할 때입니다. 나는 어떤 삶으로 다가갈 수 있을까

지금도 묻고 있습니다. 엊그제 선생님들께 온배움씨 이야기를 들려 줄 때 마지막으로 '길'이라는 노래를 불렀습니다. 노래를 잘해서 부른 것이 아닙니다. 음도 맞지 않고 음 이탈도 있지만 긴 노래를 끝까지 불렀습니다. 처음으로 겪은 일입니다. 끝까지 선생님들이 가고자 하는 길을 가면 좋겠다고 하였습니다. 이 노래를 부르면서 들려 준 이야기에는 사람과 이야기가 있습니다.

"이 노래를 부른 사람들은 18년 전 6학년 제자들이 책상에 붙여 놓았던 가수들입니다. 그래서 저도 이 노래를 알고 그 중에 한 사람을 좋아하게 되었습니다. 이번에 다시 부를 때 제가 좋아하는 두 사람이 함께 불러 더 좋았습니다. 제가 어렸을 때 노래를 끝까지 불렀다 합니다. 아빠가 술 한 잔 하고 오시면 형제들을 불러 세우고 노래를 시켰는데 저만 끝까지 노래를 불렀다 합니다."

긴 노래 글 중에 조금만 옮겨 봅니다.

내가 가는 이 길이 어디로 가는지
어디로 날 데려가는지 그 곳은 어딘지
알 수 없지만 알 수 없지만 알 수 없지만
오늘도 난 걸어가고 있네
사람들은 길이 다 정해져 있는지 아니면
자기가 자신의 길을 만들어 가는지
알 수 없지만 알 수 없지만 알 수 없지만
이렇게 또 걸어가고 있네
나는 왜 이 길에 서있나
이게 정말 나의 길인가
이 길의 끝에서 내 꿈은 이뤄질까

김수업 말꽃 타령

지극히 옳은 말입니다

윤승용

　국어교육 관련 책을 읽다 보면 김수업 선생님의 이름이 잠깐씩 나옵니다. 국어교육에서 목표로 삼아야 할 것[9]으로 '문화의 계승과 창조'를 들며 선생님의 말을 옮겨 놓습니다. 선생님의 우리말 사랑 이야기가 끄트머리에 대롱대롱 매달려 있는 것 같아 서글픕니다. 국어교육에서 다루고 있는 것은 우리말이고, 우리말을 바라보는 눈이 가장 크게 자리매김 해야 할 것인데 그렇지 않습니다.
　제도권 국어교육에서 의사소통과 사고력이 중요하다며 목소리를 높입니다. 하지만 생각 주고받기(의사소통)는 커갈수록 어려워하고 저마다 가진 생각의 힘(사고력)은 갈수록 쪼그라져 갑니다. 왜 그럴까? 책을 읽으면서 조금은 알 듯했습니다. '우리가 쓰는 말이면 모두 우리말이다.' 라고 생각해서입

---

[9] 제도권 국어교육에서 목표로 삼는 것은 언어 기능 신장, 사고력 신장, 인성 함양, 문화의 계승과 창조 네 가지로 갈무리할 수 있다.

니다. 들어온 말, 한자말, 토박이말을 어지럽게 섞어 쓰고 이를 모두 우리말이라고 생각합니다. 말은 겨레끼리 그리고 이웃 겨레와 주고받으며 새로워지고 없어지고 달라집니다. "이 모두를 우리말로 여기지 않으면 어떻게 하자는 것인가?" 하고 따질 수 있습니다. 선생님은 '우리말은 우리가 써야할 말'이라고 했습니다. 그 잣대로 '쉬운 말', '또렷한 말', '아름다운 말'을 들었습니다. 말을 바꾸면 어려운 말, 흐릿한 말, 더러운 말은 쓰지 말아야 하는 말입니다. 써야 하는 말은 '참된 우리말'이고 쓰지 말아야 하는 말은 '거짓된 우리말'이라 하였습니다.

다음 두 글을 견주어 보면 선생님의 생각을 읽을 수 있습니다. 언어, 사고, 밀접, 관계, 형성, 인간, 영향, 주장, 관점, 현재, 상관성, 과정, 외부, 언어 자극, 중시, 내적인 사고 작용, 언어적 표현. 쉽게 알아차리지 못할 말을 늘어놓으니 다음 생각으로 이어가기 쉽지 않습니다. 학문이나 생각이 깊어지고 넓어지려면 여러 사람의 생각이 만나 더해져야 하는데 어렵고 흐릿한 말로 담을 쌓아 놓았습니다.

"언어와 사고는 서로 밀접한 관계를 형성하고 있어서 오래 전부터 인간은 언어와 사고의 관계를 밝히고자 노력해 왔는데, 그 과정에서 언어가 사고에 영향을 미친다는 주장과 사고가 언어에 영향을 미친다는 주장이 맞서기도 하였다. 현재의 관점은 언어와 사고의 상관성을 중시하고 있는데, 가령 듣기와 읽기의 과정에서는 외부의 언어 자극이 내적인 사고에 영향을 미치고, 말하기와 쓰기 과정에서는 내적인 사고 작용이 언어적 표현에 영향을 미친다고 보는 관점이 그것이다. 즉, 언어 이해의 과정에서는 언어가 사고에 영향을 미치고, 언어 표현의 과정에서는 사고가 언어에 영향을 미친다는 것이다."[10]

"생각과 말은 같은 하나의 뿌리에서 나오는가? 서로 다른 두 뿌리에서 나오는 가? (…) 그것들을 간추리면 크게 세 갈래로 묶을 수 있다.

첫째는, 생각이 먼저 있어서 말을 낳고 이끈다는 주장이다. 이것은 저 멀리 그리스 철학에서 비롯하여 중세의 철학자들을 거치고 현대에 와서도 여러 심리학자들의 연구로 굳건한 전통을 지키고 있는 주장이다. 둘째는, 말이 먼저 있어서 생각을 낳고 이끈다는 주장이다. 이것은 말에 매달리는 언어학이 철학으로부터 떨어져 하나의 학문으로 일어나면서 새롭게 나타났다. 그래서 여러 언어학자들과 철학자들이 주장하는 것이다. 셋째는, 말과 생각이 서로 어우러져 낳고 이끈다는 주장이다. 이것은 첫째와 둘째 주장을 뒤섞어 얼버무린 것이 아니다. 생각과 말이란 본디 앞서고 뒤서거나 위에 있고 아래에 있는 것이 아니라 높낮이 없이 나란히 자리 잡고 있으며, 언제나 서로를 돕고 이끌어준다는 것이다."[11]

또렷하지도 않은 말을 마구잡이로 쓰니 읽는 사람은 쉽사리 다음 생각, 더 나은 생각으로 나아가지 못합니다. 앞의 글에서 '언어'를 '말'로 바꾸고, '사고'를 '생각'으로 바꾸면 초등학생도 그 뜻을 알아차릴 만합니다. "사고가 언어에 영향을 미친다."보다 "생각이 먼저 있어서 말을 낳고 이끈다."가 훨씬 또렷하고 쉽습니다.

순수한 우리말로만 글을 쓰거나 말을 하자는 게 아닙니다. 누구나 알고 있

---

10) 신헌재 외 (2017), 『초등국어교육학 개론』 (29쪽), 박이정
11) 김수업(2006), 『말꽃 타령』 (235-236쪽), 지식산업사.

듯 순수한 우리말은 없습니다. 이웃 겨레말도 그렇습니다. 말을 되도록 쉽게, 또렷하게, 아름답게 쓰고 가꾸자는 것입니다. 그렇게 되면 서로의 생각을 보다 잘 읽을 수 있고, 하찮은 생각이라도 더해져 조금씩 커지고 깊어집니다.

쉽고 또렷한 말을 쓰려고 하는 것이야 말로 우리말 사랑이고 함께 살고자 하는 마음입니다. 어렵고 흐릿한 말을 쓰려고 하는 것은 우리말을 짓밟고 혼자 살고자하는 마음이 들어있습니다. 곳곳에서 선생님의 한결같은 마음을 읽을 수 있습니다. 누구 한 사람이 아닌 모든 사람, 가진 사람보다 못 가진 사람, 많이 배운 사람보다 못 배운 사람에게 눈이 가 있습니다. 이는 사람을 나누고 편 가르는 눈이 아닙니다. 함께 살자는 따뜻한 마음입니다.

"배우기 어려워서 재주 있는 사람과 시간 있는 사람이라야 읽고 쓸 수 있는 글자는, 재주 없고 시간 없는 사람에게는 멍에가 된다. 바야흐로 우리는 시간 없고 재주 없는 사람들까지 모두 어우러져 함께 더불어 살아가는 세상으로 나아가는데, 제가 안다고 어려운 글자를 구태여 배우라고 하면서, 가난하고 불쌍한 사람들에게 멍에를 안기는 일은 세상의 흐름을 거스르는 짓이다. 마땅히 어려운 글자를 없애거나 고쳐서 힘없는 사람들의 어려움을 덜어주는 것이 올바른 길이다."

(김수업, 『말꽃 타령』, 지식산업사, 2006, 178쪽.)

"많이 배워서 잘 아는 사람들이 하자고 하는 쪽으로 가는 것이 아니라, 배울 수가 없어서 모르는 사람들에게 길을 열어주는 쪽으로 가야 한다. 그러면 아는 사람들은 더욱 쉽게 갈 수 있기 때문이다."

(김수업, 『말꽃 타령』, 지식산업사, 2006, 191쪽.)

읽는 내내 선생님의 목소리가 느껴집니다. 꾸짖고 아파하고 힘내서 일어나는 선생님이 느껴집니다. 한자교육을 하자는 사람들을 꾸짖는 말에선 나도 모르게 주먹을 불끈 쥐었습니다. 없는 참을성을 끌어내어 스무 가지가 넘는 한자교육 필요성을 하나하나 따진 글에선 웃음이 나옵니다. 외로운 길 걷는 선생님의 쓸쓸한 뒷모습이 보여 눈물이 글썽거립니다.

"한자에 길이 막혀 값진 지식과 정보 곁에도 다가가지 못하고 답답한 까막눈으로 가슴 치고 한숨 쉬며 살아온 가난하고 불쌍한 백성들의 원한이 지난날 얼마나 쌓였던가? 한문에 길이 막혀 세상에 나서 이웃에게 베풀어 보지도 못하고 썩혀 버린 억울하고 기막힌 재능이 또한 얼마나 많았던가? 이제는 쉬운 한글 덕분에 누구나 손쉽게 지식과 정보의 바다에 뛰어들 수도 있고, 제가 타고난 재능과 기술을 얼마든지 글말로 드러내어 이웃에게 베풀면서 자랑스럽게 살아갈 수도 있게 되지 않았는가? 이제야 우리 겨레가 너나없이 타고난 능력을 마음껏 펴면서 함께 어우러져 살아가는 세상이 열렸는데 새삼스럽게 다시 한자로 그 길을 막겠다니, 정말 이래도 되는가!"

(김수업, 『말꽃 타령』, 지식산업사, 2006, 164쪽.)

선생님이 말하는 우리말은 토박이말입니다. 토박이말은 우리에게서 나와서, 우리가 아니면 누구에게도 속내를 드러내지 않는 말입니다. 토박이말은 그동안 서러움을 많이도 받았습니다. 하지만 겨레를 살찌우고 살려냈습니다. 무식하지만 자랑스런 우리 백성으로 보여 사랑한다고 했습니다.

지나 온 시간을 더듬어 보면 '무식하지만 자랑스런 우리 백성'이라는 말이 결코 가볍지 않습니다. 말로 담을 쌓고 가진 자들이 버려놓으면 어떻게든 '우리 백성'이 살려냈으니 말입니다. 임진왜란이 그랬고 동학농민운동이 그랬습니다. 가까이는 '촛불혁명'이 그랬습니다. 밟히고 밟혀도 그 숨을 끊지 않았습니다. 긴 역사의 흐름과 사람 그리고 토박이말을 떠올리니 서글프면서 힘이 납니다.

하지만 요즘 들어 내가 바보라는 생각을 자주 합니다. 세상 돌아가는 꼴이 가늠이 안 되기 때문입니다. 자연스런 생각, 누구나 옳다고 하는 생각은 왜 발붙이기 힘이 들까요? 국민세금으로 제공된 교육비를 투명하게 집행하라는 요구에 집단 반발하는 단체의 뻔뻔함에 놀랍니다. 법과 양심에 따라 재판을 해야 할 사람들이 재판으로 서로의 이권을 주고받는 사건들에 눈살이 찌푸려집니다. 간절한 희망으로 들었던 촛불을 보고 계엄을 생각한 사람들이 있었다니 화나는 일이 한둘이 아닙니다. 하나하나 따질 필요도 없을 만큼 잘못된 일이고 그래서는 안 되었습니다. 하지만 버젓이 일어났고 일어나고 있습니다. 잘못이 드러나도 주눅 들지 않습니다. 오히려 속내를 감추고 잘났다고 소리 높입니다.

몸담고 있는 학교는 그렇지 않습니까. 자기 자리 차지하려고 선생을 내쫓고, 보탬이 되려는 마음은 자기를 방해하려는 움직임이라고 손가락질 합니다. 아이들과 선생이 섞여 삶을 꾸리고, 돋아나는 여러 이야기를 주고받는 움직임을 하찮은 것으로 깔아뭉갤 때가 있습니다. 힘들어 하고 지쳐있는 친구 선생을 보는 마음이 아픕니다.

김수업 선생님이 말하는 것은 어렵고 특별한 것이 아닙니다. 들어보면 누구나 고개를 끄덕일만한 말입니다. 그런데 선생님이 반평생을 울부짖었음에 따르는 사람은 왜 이렇게 적을까? 국어교육 학계 안에 들어가도 외국이론과 말을 마구잡이로 끌어다 쓰고 있기 때문입니다. 국어교육을 잘 하자고 하는 사람들이 말본에 맞지 않는 말을 논문에, 책에 싣습니다. 이해하기 어렵습니다. 선생님은 지치셨을까? 입씨름 되풀이를 언제까지 해야 하는지 안타까워합니다. 하지만 작은 몸으로 우뚝 서 있는 선생님이 보입니다. "거짓이 참을 이기지 못하고 어둠이 빛을 이길 수 없으니" 라고 소리높입니다. 선생님의 뜻을 조금이라도 이어 받고자 힘을 쏟으려 합니다. 내가 할 수 있는 것에서부터, 내가 하고 싶은 일에서부터.

"나에게 남은 것은 이런 입씨름을 언제까지 되풀이해야 하는가 싶은 안타까움 뿐이다. 그저 말없이 나 혼자라도 우리말을 알뜰하게 찾아 쓰고 우리 한글을 자랑스럽게 부려 쓰는 것이 옳다는 생각이 간절할 따름이다. 거짓이 참을 이기지 못하고 어둠이 빛을 이길 수 없다는 진리가 우리를 이끌어주기 때문이다."

(김수업, 『말꽃 타령』, 지식산업사, 2006, 194쪽.)

김수업 말꽃 타령

몰랐던 것을 깨달았습니다

조 배 식

"우리가 꿈꾸는 세상은 온갖 것이 더불어 사랑하며 하나로 어우러져 살아가는 살맛나는 세상이다. 가진 이나 못가진이, 힘 있는 이나 힘없는 이, 아는 이나 모르는 이 가리지 않고 서로 돕고 아껴주며 더불어 살아가는 세상이다. (…) 그런 세상으로 나아가는 첫걸음은 우리나라 사람들끼리, 우리 겨레 사람들끼리 마음껏 생각과 느낌을 주고받으며 사는 것이다. 알아듣기 쉽고 깨끗한 말을 주고받으며 사랑 넘치게 살아가는 것이다. 어렵고 어수선한 말을 간추려 갈고 닦아 가난하고 어렵게 살아가는 사람들이 마음 편안히 주눅 들지 않고 주고받을 수 있는 말을 쓰도록 하는 것이다."

(김수업, 『말꽃 타령』, 지식산업사, 2006, 167쪽.)

저녁에 동네 동생을 만났습니다. 그런데 우연히 동생의 사원증을 보게 되었습니다. 동생은 서울에 있는 어느 사립대학 교직원입니다. 사원증에 직급이 '부참사'라고 적혀있었습니다. 단어가 생소하다 하였더니 일제 강점기 때 쓰던 용어인데 지금까지 쓰고 있다고 합니다. 그걸 여태 쓰고 있냐고 했더니 사학연금 때문에 새로 직급을 바꾸기는 어렵다고 그럽니다. 기존에 연금을 받고 있는 사람들과 형평성의 문제라고도 합니다. 자세히는 모르겠고 아직까지 그러고 있다는 게 어이가 없었습니다. 행정서류상 그런 직책이 남아있는 것이고, 현장에서는 팀장이니 과장이니 요즘 말을 쓴다고 합니다. 생각지 못한 곳에 일제의 잔재가 남아있다는 게 놀랍고 아쉬울 따름입니다.

재작년에 우리학교 건물을 신축하기 전에 교육청 직원이 의견을 묻고 싶다고 왔었습니다. 그런데 우리가 원하던 위치가 어렵다는 것이었습니다. 그쪽에 지으려면 국토부 땅(냇가)이 지나고 있어서 땅을 사야 된다고 합니다. 그래서 시간이 많이 걸린다고 합니다. 그때 지적도를 보게 되었는데 파란종이의 지도에는 일본어가 적혀있었습니다. 우리 지도에 일본어라니. 담당자 말이 일제 강점기 때 만든 거랍니다. 설마해서 검색을 해보니 지적도가 일제 강점기인 1910~1924년에 제작되었는데 아직까지 쓰고 있다고 합니다. 거의 100년이 되어가는 지도를 여태 쓴다는 게 말이 안 되었지만 새로 측량하기엔 어마어마한 돈이 든다나 뭐래나. 당시 지적도는 지역마다 측량 단위가 다르고 일본 동경을 토지측량의 기준점으로 삼아 측량했기에 정밀도가 많이 떨어진다는 겁니다. 그래서 매년 민원 및 소송도 많다고 합니다. 그나마 최근 뉴스를 보니 100년 이 지난 지적도로 인해 사회적 갈등을 유발함에 따라 2030년까지 지적재조사 사업을 진행한다고 했습니다. 일본이이 우리나라를 수탈하기 위해 만든 지도가 온 나라를 재는 도구로 쓰이고 있다는 사실이 놀라웠습니다.

어느 건설현장에 있음직한 이야기입니다.

"노기사, 계단 오도바리랑 샤끼리 청소 좀 하고 사시낑 제대로 뽑으라 그래!"
"잘 못 들었습니다. 재송신 바랍니다."
"오도바리 옆에서 사시낑 제대로 뽑고, 샤끼리 삿뽀도 하고, 면끼 손 좀 보라고~!"
"……"12)

건설회사 블로그에서 본 글입니다. 건설현장에는 아직도 일본용어를 300개 이상 쓰고 있다고 합니다. 저의 장인어른은 목수입니다. 수십 년을 건설현장에 다니셨지요. 가끔 양평 저희 집에 놀러 오시는데 하시는 일에 관해 물으면 관련 용어를 자연스럽게 말하십니다.

"내일 아시바 해체하는데 그냥 쉬어야지."
"추워도 공구리 안 치면 늦어.."
"오늘 야리가다 했어."

물론 공구리 정도야 아는 척 끄덕거릴 수 있지요. 저도 장인어른이 쓰는 용어를 다른 곳에서 사용해 본 때가 있습니다. 뭔가 전문가 같은 착각에 빠

---

12) 출처 : http://samsungblueprint.tistory.com/208

지기도 했습니다. TV를 보거나 강연회, 또는 모임에서 사람들이 말을 어렵게 하거나 외국어로 포장할 때 보면 그런 심리가 작용하지 않나 싶습니다. 저 또한 수업 중에 은근히 외국어를 많이 사용하는 것을 발견하게 됩니다. 아는 체라고 할까요?

이오덕김수업연구소모임 회식 날. 다들 즐겁게 먹고 마시며 3차는 기분 좋게 당구장으로 향했습니다. 저는 당구를 그리 좋아하지 않습니다. 그래도 한 수 배울 겸 따라나섰습니다. 저에게 얼마치냐고 묻기에 기본 30에 가르쳐주면 50이라고 했지요. 그러자 한 선생님이 저를 팀원으로 삼고 가르쳐주었습니다.

"자, 오른쪽으로 살짝 시네루 주고. 그렇지!"
"오시로 하면 되겠네."
"이번엔 기리까시로 가자."

저는 따야 적기 때문에 가르쳐 준대로해서 빨리 끝났습니다. 그 후 고수 분들의 경기를 가만 보고 있으니 자꾸만 웃음이 나옵니다. 술을 먹은 탓도 있지만 우리 고수 분들의 말투가 여간 재미있는 게 아닙니다. 온갖 일본 당구용어가 난무합니다.

'우리말을 쓰자는 양반들이 여기서는 주저 없이 일본말을 외치고 있다니…'

이런 당구장에서는 일본말을 써줘야 나름 '다마' 치는 맛이 나는가 봅니다.

어느 날 아내가 큰 애 영어 실력이 너무 떨어진다고 학원을 알아봤다고 합니다. 중학교 1학년인데 아이의 학업 상태를 보고는 결국 엄마가 나선 겁니다. 무슨 레벨 테스트인가를 하고 학원갈 날만 기다리고 있었습니다. 저는 탐탁치가 않아서 툴툴거렸습니다.

"한 달에 얼마래?"
"23만원 달라는데?"
"무슨 시골에 학원비가 이리 비싸?"
"아냐, 여기 싼 편이야."

다음날 학교 선생님들께 물어보니 아내 말이 맞았습니다. 서울, 하남 사시는 분들은 이구동성으로 여기가 싸다고 합니다. 내가 너무 몰랐습니다. 벌써부터 아이의 인생에 개입을 하는 것이 옳은 건지 잘 모르겠습니다. '공부는 지가 필요하면 알아서 하겠지' 싶었는데 '영어' 때문에 마음을 고쳐야하나 헷갈렸습니다. '영어'가 제 인생에 몇 퍼센트나 영향을 줬을까 싶습니다.

솔직히, 김수업 선생님의 『말꽃 타령』을 읽기 전까진 영어 공용어를 찬성했었습니다. 전 국민이 어릴 때부터 그렇게 영어를 배우지만 정작 외국인 앞에서는 제대로 몇 마디 못 나누는 게 현실인데 그럴 바에는 영어를 공용어로 만들면 낫지 않겠냐 하는 생각이었습니다. 이렇게 영어에 매달릴 바엔 차라리 공용어로 하면 좋겠다고 여겼습니다.

한때 미국의 식민지였던 필리핀은 영어라도 할 줄 아니 매년 방학 때마다 한국 유학생을 봉으로 삼고 돈을 법니다. 또, 영국의 식민지였던 인도도 영어를 해서 청년들이 외국기업에 취직이 잘 된다는 신문기사를 본 적이 있었습니다. 우리나라가 일본보단 차라리 미국 식민지가 되었다면 얼마나 좋았을까 생각도 해보았습니다.

영어 교육과 관련된 우리나라 사회적 비용이 한 해 십 조원이상 이라고 하는데 정작 투입만큼의 효과가 얼마나 있느냐 하는 것입니다. 왜 전 국민이 유치원, 초등학교, 중학교, 고등학교, 대학교, 대학원까지 영어를 배워야하며, 심지어 직장 채용 이력서에 영어실력을 증명해야 하고, 직장에서까지 승진하기 위해 영어실력을 키우는지 모르겠습니다.

영어 전문가나 전문 번역가를 발굴하면 되는 일 아닌가 싶기도 합니다. 영어를 도구로서 배워놓으면 좋은 점은 분명히 있습니다. 내가 필요하면 말입니다. 한편으론 기술 발달로 인해 더 이상 영어 공부는 의미가 없지 않을까 싶습니다. 기계가 통역을 해줄 테니까요. 그런 시대가 빨리 오면 좋겠습니다.

연구소에서 읽자고 제안한 『말꽃 타령』은 책 디자인이 별로였습니다. 저는 처음 책을 접할 때 표지 디자인과 편집을 살핍니다. 표지와 내용이 세련될수록 눈에 띄게 마련이지요. 하지만 『말꽃 타령』은 표지 디자인과 편집이 투박해서 대학교재로만 느껴졌습니다. 조금 거부감이 든 것도 사실입니다. 하지만 우리말을 사랑했던 김수업 선생님의 말꽃 이야기가 저의 삶의 한 구석을 비집고 들어왔습니다. 권정생 선생님의 삶처럼 말입니다. 『말꽃 타령』은 처음부터 끝까지 어느 것 하나 허투루 들리는 말이 없습니다. 몰랐던 것을 깨닫게 되어서 좋았습니다.

김수업 말꽃 타령

토박이말 사랑

장상순

『말꽃 타령』책에 김수업 선생님이 이름을 적어 선물로 주셨습니다. 선생님을 안지 얼마 안 되는 때였습니다. 붙임성이 없는 나는 감사하다는 말씀만 드렸습니다. 이름 밑에 '2006년 4월 20일' 날짜도 적어 주셨습니다. 꽤 오래된 일입니다. 우리말 가르침에 관심이 많으셨던 선생님은 중등국어교사 모임에 함께 하고 계셨습니다. 저는 전국초등국어교과 모임에 참여하면서 중등국어 선생님들과 함께 하는 시간이 많아졌습니다. 그래서 자연스럽게 선생님을 자주 뵙게 되었습니다. 그 때 선생님과 많은 이야기를 깊게 나누지는 못했던 것 같습니다. 옆에서 지켜본 선생님은 차분한 성격으로 늘 조근조근 까닭을 들어 쉽게 말씀하셨습니다. 우리말 사랑의 교과서 같이 늘 말과 행동이 같으셨습니다. 많은 일을 하시면서도 자신의 업적을 드러내지 않으셨습니다. 늘 겸손한 모습이 더욱 존경스러웠습니다. 선생님은 초등국어교과모임 활동에 많은 관심을 가지시고 격려를 해주셨습니다. 참 고마우신 분이십니다.

『말꽃 타령』을 읽으니 선생님이 더욱 생각납니다. 돌아가시기 전 뵈었던 마지막 모습이 생각납니다. 새 집을 짓고 많은 사람들을 만나고 싶어 하셨습니다. 본보기집을 보여주시며 집에 놀러오라고 하셨습니다. 그랬으면 얼마나 좋았을까요? 책에서 다하지 못하셨던 이야기도 들을 수 있었을 것입니다. 이 책은 제목도 정겹습니다. 우리말을 사랑하자는 주장은 누구나 하지만 선생님은 그 까닭을 책 제목처럼 한결같은 마음으로 쉽게 풀어서 말해주셨습니다. 모임에서 함께 할 때 들려주신 이야기들도 생각납니다. 가르침대로 살아야하는데 늘 그러지 못해 죄송한 마음입니다.

한글박물관

서울 국립중앙박물관 한쪽에 한글박물관이 있습니다. 2014년 문을 열었는데 첫 해 부터 해마다 아이들과 다녀오고 있습니다. 아이들과 우리말 공부를 하면서 시작한 체험학습입니다. 쉽게 배우고 쓰는 한글이 박물관을 만들 정도로 소중하다고 알려주고 싶었습니다. 그냥 배울 수도 있지만 직접 박물관에서 느끼는 것이 더 좋다고 생각했습니다. 나들이의 즐거움도 있습니다. 공교롭게도 몇 년 째 2학년 아이들과 다녀왔습니다. 가평에서 서울까지라 전철을 타고 다녀왔을 때는 갈아타는 것을 아이들이 무척 힘들어했습니다. 버스를 빌려서 다녀왔을 때는 조금 쉬웠지만 먼 거리라 힘든 것은 같았습니다. 그래도 아이들은 마땅히 다녀와야 할 곳이라고 이야기 했습니다. 힘들어 했지만 아이들이 많은 것을 배웠습니다.

한글박물관을 다녀올 때마다 아쉬운 것이 생각납니다. 첫째는 전시 내용이 초등학교 아이들에게 어렵다는 것입니다. 박물관에서 처음 둘러보는 한글 탄생 영상관은 그나마 괜찮은데 나머지는 아쉬웠습니다. 아이들이 간단한 설명만 들어도 알 수 있게 바꿨으면 좋겠습니다. 또 한 가지는 한글을 조금 더 가까이 살펴볼 수 있는 학생 체험관을 만들어야겠습니다. 아이들이 훈민정음을 손으로 써보거나 한글의 제자원리를 쉽게 체험하면 좋겠습니다. 여러 방법으로 재미있게 토박이말을 찾는 것도 해보면 좋을 것입니다. 박물관 2층에는 한글 놀이터가 있는데 내용은 많이 부족합니다. 박물관 한 꼭지에서 우리 아이들이 말꽃 타령의 기멸진 우리 이름씨 낱말을 만나는 때가 왔으면 좋겠습니다.

"한글박물관에 갔다. 영상을 봤다. 거기서 세종대왕이 신하에게서 자기 아버지를 죽인 이야기를 듣고 슬퍼했다. 아버지를 죽인 자는 감옥에서 누군가에게 누명을 썼다고 했다. 이것은 한자를 못 써서 그런거였다. 그래서 세종대왕은 백성들을 위해서 한글을 만들었다. 세종대왕님이 훌륭했다.

용산 한글박물관을 갔다. 예전에 여기에 온 적이 있었다. 한글이 왜 만들어졌는지 알게 되었다. 다른 나라 말 때문에 백성들이 힘들어 하기 때문에 세종대왕님이 한글을 만드셨다고 한다. 한글을 그렇게 힘들게 만드셨는데 우리가 중간 중간 다른 나라 말을 쓰는게 미안했다. 이제부터 한글을 많이 쓸거다.

나는 금요일 용산에 있는 한글 박물관에 갔다. 가장 먼저 간 곳은 한글박물관이었다. 먼저 영상을 봤다. 그 영상으로 한글이 만들어진 계기를 배울 수 있었다. 그 다음은 한글이 만들어지기 전에 글자로 쓴 것의 종류를 배웠다. 향찰, 이두, 구결이었다. 한글박물관에 가서 조금이나마 한글에 대해서 알 수 있어 좋았다.

한글박물관에 갔다. 힘들었다. 그래도 재미있었다. 처음엔 한글에 대한 영상을 보았다. 내용은 한자가 어려워서 세종대왕이 한글을 만들었다. 근데 양반들은 한글을 쓰지 말자고 했다. 세종대왕은 쓴다고 하는 내용이다. 한글에는 자음과 모음이 있는데 자음에서 4개가 없어졌다고 한다. 왜 그런지 궁금하다."

2014년~2017년 아이들이 쓴 글 중에서

우리말 바로쓰기

'빠께스', '아부라기', '벤또', '쓰메끼리'는 40여 년 전 초등학교 다닐 때 자연스럽게 쓰던 말입니다. 지금은 전혀 안 씁니다. 일본 지배의 찌꺼기를 버리자는 노력으로 자연스럽게 없어졌습니다. 작은 실천이 큰일을 했습니다. 모두가 함께 해서 없어진 것입니다. 참 신기합니다. 모를 때는 어쩔 수 없이 썼지만 알고 나서 모두가 바꿔 쓰게 된 것입니다. 알아야 합니다. 그래야 우리말을 바로 쓰게 됩니다.

우리는 외래어나 한자어들을 토박이말로 바꿔 쓰려 힘씁니다. '박수'를 '손

'뼉'으로 바꾸는 것처럼 작은 실천이 이어지고 있습니다. 그러나 학문과 전문적인 분야에서는 아직도 영어, 일본, 중국 등의 말이 많이 쓰이고 있습니다. 그래서 배우지 않아도 되는 다른 나라 글자를 모두가 힘들게 배우고 있습니다. 우리 토박이말 찾아 쓰기를 꾸준히 해야 하는 까닭입니다.

토박이말은 어릴 때부터 부려 써야 합니다. 그래서 아이들과 우리말 배움 꼭지를 배움씨로 만들어 해마다 공부하고 있습니다. 큰 것이 아니라 아주 작은 실천을 하고 있습니다. 한자어 토박이말로 고치기, 한글 이름 만들어 쓰기, 고운 토박이말 찾기를 했습니다. 아이들은 어려운 외국말을 쉬운 우리 토박이말로 바꾸어 쓰면서 한글이 쉽다는 것을 배웠습니다. 고운 우리말을 찾아보고 우리말의 풍성함도 느꼈습니다. 오랜 시간 동안 잘 못 쓰여 온 많은 말들을 한 번에 바로 잡기는 쉽지 않습니다. 그렇지만 외국에서 들어온 말을 찾고 줄여 쓰려는 노력을 꾸준히 해야 합니다. 이렇게 하다보면 40년 전 자주 쓰던 일본 낱말이 사라진 것처럼 외국에서 들어온 말들도 우리말로 자연스럽게 바뀌게 될 것입니다. 그래야 '학문을 우리말로 해야 한다'는 김수업 선생님의 말씀이 언젠가 이루어질 것입니다.

새로 해 볼 것

『말꽃 타령』책을 읽고 새롭게 해야 할 것이 생겼습니다. 사람, 마음, 몸을 토박이말로 자세하게 풀어주셨는데 그 내용이 너무 알참니다. 몸에 익혀 쓰기 낯선 낱말인데 재미있게 풀어주셨습니다. 아이들과 하나씩 살펴보려 합니다. 아이들에게 우리 토박이말이 얼마나 쉽고 어여쁜지 알려주는 공부가 될 것입니다. 그리고 아이들과 함께 다른 토박이말도 찾아서 선생님이 정리한 것처럼 풀어봐야겠습니다.

선생님이 이탈리아에서의 겪은 「마씨모 이야기」가 기억에 남습니다. 말을 깊이 돌아봐야 한다는 말씀입니다. 사람이 쉽게 알도록 쓰는 말이 좋은 말이며 그러기 위해서 우리말을 업신여기는 사대주의를 극복해야 한다는 것입니다. 외국에서 들어온 말도 토박이말로 바꿀 수 있다는 것을 직접 보셨습니다. 그래서 우리말 살리기에 더 많은 노력을 하셨을 것입니다. '마씨모' 같은 학생들이 많아질 수 있도록 내가 먼저 교실에서 쓰는 말을 쉽게 해야겠습니다. '주간학습안내'도 '이렇게 배워요'로 고쳐 쓰고 있습니다. 모두 바꾸기는 어렵지만 학교에서 자주 쓰는 어려운 한자와 영어를 쉬운 토박이말로 고쳐 쓰도록 힘써야겠습니다.

교사, 읽고 쓰다
교사의 온작품읽기

우리들

마주이야기

우리들 마주이야기 ●────────────

만남, 이야기, 돌아봄
연구소 사람들의 인터뷰를 읽고

김 영 주

인터뷰의 목적과 과정

'이오덕김수업교육연구소'는 이오덕과 김수업의 교육적 실천과 뜻을 이어 가고자 2013년 7월, 교사들이 만든 자생적 모임이다. 지난 5년 동안, 연구소 교사들은 두 분의 책을 읽고 이야기 나눈 뒤, 저마다 학교 현장에서 두 분의 사상을 실천하였다. 또한 이오덕, 김수업의 사상과 맥을 같이하는, 방정환, 권정생, 임재해, 서정오, 박문희 등의 책도 찾아서 읽었다. 이들은 책을 읽는 것에서 그치지 않고, 김수업, 서정오, 박문희, 임재해 선생님을 직접 찾아가서 대화를 나누었다. 이미 세상을 떠난 이오덕과 권정생의 경우 살았던 곳을 방문하였다. 스승들에 대한 책읽기뿐만 아니라 연구소 교사들은 낱말 교재 만들기, '교실 책읽기의 시작 온작품읽기' 책 출판, '온작품읽기와 온배움씨' 책 출판, 전국 교사를 대상으로 한 강마을산마을 배움터도 진행하였다.

2018년 2학기, 연구소 교사들의 공부 주제는 두 분의 뜻을 일상에서 실천하는 것이었다. 이오덕, 김수업의 핵심 사상은 산대로 말하고, 말한 대로 쓰는 것이다. 그래서 교사들은 책읽기, 이야기 나누기, 실천하기, 글쓰기 과정 속에서 자신의 삶을 돌아볼 기회를 갖고자 하였다. 특히 스승의 경전에 해당하는 책을 꼼꼼하게 읽는 것이 중요하였다. 이오덕의 『글쓰기 이 좋은 공부(삶을 가꾸는 글쓰기)』, 김수업의 『말꽃 타령』, 권정생의 『빌뱅이 언덕』, 방정환의 어린이에 대한 글 등을 읽기로 했다. 이번 학기에는 『빌뱅이 언덕』과 『말꽃 타령』이 진행되었다. 이들은 스승의 뜻을 알고 실천하기뿐만 아니라 현장의 문제나 교사로서 자신의 문제를 극복하려고 애썼다.

2018년 8월 31일, 연구소의 여름연수가 있었는데 여기서 1학기 공부주제였던 『온작품읽기와 온배움씨』 출판에 관한 평가를 하고 신학기 공부 계획도 세웠다. 새로운 공부는 회원 간 인터뷰에서 시작했다. 질문지의 내용은 개인의 삶에 영향을 미친 사건과 연구소에 대한 기대를 묻는 것이었다. 기존 회원들만 있는 것이 아니라 새롭게 가입하여 활동을 시작하는 회원도 있었기 때문에, 서로의 삶에 대한 이해가 필요했다. 삶에 영향을 미친 사건을 들으면 그 사람을 더 이해하게 될 것이고, 그 사람에 대한 이해는 새롭게 시작하는 공부와 자연스럽게 연결될 것으로 보았다.

아래 내용은 인터뷰 질문지이다. 둘씩 짝지어 서로 묻고 답하는 과정을 거쳤다. 인터뷰 내용을 녹음하여 각자 받아썼다. 받아쓴 자료를 바탕으로 이야기를 나누고 글을 썼다.

인터뷰 질문지

삶말찾기 : 자신의 삶에 가장 큰 영향을 미친 사건(장면, 사람, 벌어진 일 등)

1. 이 사건에 제목을 단다면?
2. 이 사건의 줄거리를 간단하게 말해 주세요.
3. 이 사건이 자신의 삶에 어떤 영향을 미쳤습니까?
4. 이 사건이 현재 교사로서 삶에도 영향을 주고 있다면 어떤 면이 그러한지 말해 주세요.
5. 이 사건이 준 의미(뜻)는 지금까지 자신의 삶에 어떻게 이어지고 있습니까?
6. 앞으로 교사로서 어떤 삶을 살고 싶은지 말해주세요
7. 나는 왜 이오덕김수업교육연구소에 나오게 되었는지 혹은 왜 계속 나오고 있는지 사연을 말해주세요.
8. 이오덕김수업교육연구소에서 모임 사람들과 함께 살아가면서, 나의 삶이 어떻게 되었으면, 어떤 사람이 되었으면, 어떻게 바뀌었으면 좋겠는지 말해주세요.
9. 그 외 보충 질문

※ **지킬 일**

- 손전화로 녹음한다.
- 질문하고 듣기만 한다.
- 이야기를 끊지 않는다.
- 30분이 되면 마친다.
- 자신의 이야기를 넉넉하게 할 수 있도록 한다.
- 둘이 짝을 지어 번갈아 가며 한다(한 시간 걸림).
- 마주이야기 내용은 들은 사람이 녹음 내용을 전사해서 연구소 누리집에 올리고 회원 부수만큼 복사해서 다음 모임에 가져온다.
- 우리가 살아온 삶에 답이 있음을 믿고 함께 진행한다.

〈이오덕김수업교육연구소 여름연수 마주이야기 2018. 8. 31(금), 가평켄싱턴리조트〉

자료 분석

회원들은 전사한 내용들을 연구소 카페의 자료실에 올렸다. 저마다 자료를 받아서 읽고 간추리고 이야기 나누다가 마지막으로 자신의 글을 썼다.

나는 인터뷰 자료를 읽으며 핵심적인 문장에 밑금을 그었고, 밑금을 그은 문장들을 다시 읽으며 그 생각의 본질이 드러난 문구를 찾아서 정리했다. 정리된 내용들에서 공통된 주제를 찾았는데 나온 주제는 '연구소 사람들의 삶에서 배움은 어떻게 이루어질까?'였다. 이러한 질문을 바탕으로 1차 자료를 다시 분석하여 2차 자료를 얻었다. 이 과정에서 나온 하위 주제는 만남, 이야기, 돌아봄이었다. 표로 정리한 내용은 다음과 같다.

인터뷰 자료 2차 분석

주제	인터뷰 내용 핵심 문구	줄 번호	참여자번호
만남	전교조를 만나다	1	1
	아이들 만나는 속에서	44	3
	사람을 만나다	49	4
	사람을 만나게 되고 그 다음 자연을 만나게 되고	67	5
	사람 만나는 거에 대해서 깊이를 많이 생각	74	5
	양평 오게 된 계기도 그 샘들이 스쿨디자인 하면서 박상혁 샘이	93	6
	양평으로 오다	95	7
	좀 더 삶에 가까운 것을 만나겠다는 생각	98	7
	책	109	8
	교대, 너무 붕 뜬 곳이고 배움이 별로 없었어요. 가르쳐주는 사람도 없었고, 가르침을 주는 만남도 없었고	110	8
	사람들하고 같이 부딪히면서 사는 것이 되게 재미있고 좋은 길이구나	111	8
	사람들하고 계속 어우러져야 / 제가 모임을 많이 하고 있잖아요	113	8
	이유는 재미있고 많은 사람과 어우러져야	114	8
	아이들 만나는 것과 연애하는 것이 비슷	117	8

이야기	소통하고 나눌 수 있는 끈이 연결되고	15	1
	독서모임 가서 매주 독서토론을 했어요	19	2
	글을 쓰고 이야기를 나누면 내가 걸어왔던 길이 보여요	26	2
	사람들과 같이 있으면 함께 사는 세상에 대해 이야기하지 않을 수 없어요	28	2
	남들 이야기를 막 들을 때가 많아요	32	2
	질문과 질문이 만나는 여러 가지 이야기가 좋습니다	47	3
	다른 사람과 대화를 나눌 때 더 나아갈 수 있다고 생각	48	3
	함께 살고 나누고 글 쓰고 그렇게 사는 게	60	4
	혁신학교에서 제일 힘들었던 게 교사들과 의사소통하는 것	107	7
	선생님들한테 많이 배우고 싶고요	121	8
돌아봄	세상을 보는 눈이 달라졌지	3	1
	함께 성장할 좋은 기회	16	1
	내가 사람들을 만나거나 대화하는 법을 모르지 않았을까?	23	2
	고민과 번뇌하고 변화하려고 노력한다는 이야기하면서 나를 돌아보고	11	1
	내가 보이는 거예요	24	2
	사람들이 왜 아픈지 왜 슬픈지 이런 걸 잘 몰랐어요	31	2
	끊임없이 지난 시간이 후회되는 장면들이 한두 가지가 아닙니다	44	3
	글을 쓰면서 나를 돌아보게 글을 끊임없이 써야겠다	60	4
	글을 자꾸 쓰다 보니깐 나를 돌아보게 되고 공부가 되요	61	4
	교사의 삶도 돌아보게 되고	68	5
	살아왔던 거나 살아갈 거에 대해서 자꾸 돌아보게 되고	69	5
	안목이 생기게 된 것	71	5
	기억에 남는 수업을 하자	88	6
	한번 돌아보게끔 된 것	96	7
	삶에도 좀 더 깊게 교사로서 돌아보게 되는 것 같아요. 그 전에는 활동만 봤던 것 같아요	99	7
	지금 딜레마, 숙제는 외국 것이 아니라 권재우 나의 생각으로 다시 한 번 성찰해봐라 하는 이야기 같다.	108	7
	나는 이 모임을 왜 하고 있지?	120	8

'만남' 주제에는 사람(동료, 아이들), 장소(양평, 수동, 자연), 모임(전교조) 등의 영역이 있었고, '이야기' 주제에는 그들이 겪은 사건이나 일들이 들어 있었다. 끝으로 '돌아봄' 주제에는 현재와 과거(나, 질문, 교사 정체성, 살아온 것 등), 결과(안목, 나 자신이 보임, 부족함 인식, 깨달음, 세상 보는 눈, 살아갈 것 등) 영역이 있었다. 결국, 연구소 교사들은 만남 속에서 이야기를 통해 자신의 삶을 돌아보는 순환 과정을 거치고 있었다.

지난 번 연구소 모임에서 교사들은 여덟 명의 인터뷰 자료를 읽고 핵심 낱말을 찾아 자기 삶을 다시 이야기하는 글을 썼다. 인터뷰 때 질문을 통해서 얻은 삶의 소사들은 자신이 하고 싶은 이야기 한 편의 실마리가 되었다.

또한 연구소 모임 자체가 또 하나의 이야기를 엮어주는 계기를 제공했다. 연구소 사람들은 이야기 나누고 글을 쓰는 과정에서 자기 자신을 돌아보고 있었다. 1차 인터뷰 자료에서 얻은 만남, 이야기, 돌아봄의 주제는 모임 하는 한 학기 동안 계속 진행되고 있었다. 인터뷰, 스승님 책읽기, 글쓰기 등의 활동은 또 다른 이야기였으며 삶이었다.

자기 이야기 찾기와 돌아봄

인터뷰 자료들은 교사들의 또 다른 이야기를 찾는 계기였다. 권재우 교사는 인터뷰 자료에서 '결정적 순간'이란 핵심 낱말을 찾아냈다. 그리고 '결정적 순간'을 주제로 자신이 겪은 혁신학교 이야기를 썼다. 윤승용 교사는 '교사로서 어떻게 살고자 하는가?'의 질문을 던지며 자신의 교사 생활에서 의미 있었던 수업 장면 이야기를 썼다. 최강토 교사는 연구소 교사들의 '뜻'에 대해 질문을 던졌다. 이혜순 교사는 좋아함, 잘함, 어우러짐 등의 핵심 낱말을 찾아내서 자신이 '사랑하는 것'에 대해 이야기를 썼다. 자신이 풍물 모임 '타래' 활동을 하며 아이들을 가르친 경험을 글로 썼다. 박길훈 교사는 '만남'이란 핵심 낱말을 찾아내서 연구소 동료 교사들에 대한 이야기를 썼다.

이 때 중요한 역할을 하는 것이 '이야기하기'와 '글쓰기'인 것 같다. 사람이 누군가와 만나면 일이 생기고 이야기가 생긴다. 이 삶의 과정은 쭉 이어진다. 삶에서 어느 정도 가닥이 잡혀 한 편의 이야기가 되면 이를 바탕으로 새로운 이야기가 이어진다. 평소의 '이야기하기'는 단편의 조각난 것이지만 이것을 글로 쓰게 되면 완성된 이야기 한 편이 된다.

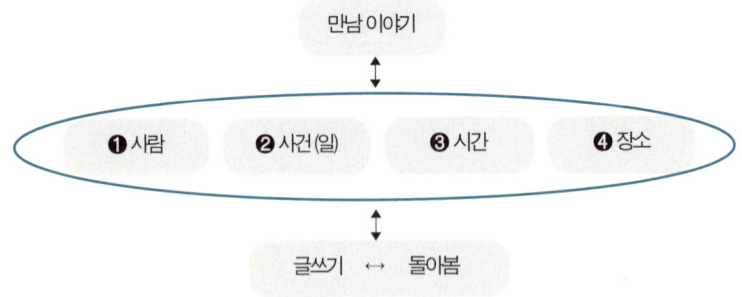

애초에 인터뷰를 한 까닭이 연구소 선생님들의 삶을 이해하는 것이었기 때문에 우리는 이 과정에서 완성된 각자 선생님들의 이야기에 주목할 필요가 있다. 인터뷰 자료에서 찾아낸 주제인 만남, 이야기, 돌아봄을 묶어내는 실체는 곧 각 사람의 이야기인 것이다. 각자 완성한 이야기 속에는 시간과 장소를 바탕으로 사람이 벌인 사건들이 있다. 이 사건들을 정리한 이야기를 쓰면서 교사들은 자신을 돌아보게 된다.

이렇게 놓고 보면, 선생님들이 만남, 이야기, 글쓰기, 돌아봄을 통해서 완성한 한 편의 글을 사람, 사건, 시간, 장소를 초점으로 더 세밀하게 들여다볼 수 있다. 세밀하게 들여다본다는 말은 그 사람의 이야기를 통해서 그 사람의 삶을 더 깊이 이해한다는 뜻이다. 이러한 눈으로 교사들이 완성한 이야기를 다시 읽어 보았다. 그리고 시간, 사람, 사건, 장소를 기준으로 여러 번 반복해서 읽었다. 특히 교사의 글 속에 숨어 있는 '돌아봄' 장면을 주목하여 보았다.

교사들이 완성한 이야기 분석

교사	시간	사람	사건	장소
권재우	2009년 ~ 2014년	혁신학교 교사들	〈결정적 순간〉 - 혁신학교 운영을 하며 초기에 만난 교사들과 힘든 과정을 겪는다. - 유머를 통한 관계 개선, 협력적 실천 등을 통하여 혁신학교 운영에 기여한다.	혁신학교

〈돌아봄〉
- 빌뱅이 언덕, 말꽃 타령, 인터뷰 이렇게 3개의 활동들이 동시에 진행되다 보니 헷갈립니다. 다 끝난 건데 굳이 할 필요가 있나 싶습니다. 어쨌거나 선생님들의 글을 다시 읽습니다. 한참을 읽습니다. 아, 그런데 이상합니다. 지난 모임에서는 보이지 않았던 내용들이 더 잘 드러납니다.
- 2011년 여름 워크숍 사건 이후, 저는 어떻게 하면 소통하는 회의를 할 수 있을까 고민했습니다. 제가 퍼실리테이션이라는 것을 찾아가 배우게 된 계기입니다.
- 2009~2014년, 6년의 시간을 돌아보고 글을 정리하니 마음이 쓸쓸해집니다. 잘 해보려는 애는 썼는데 제대로 한 것이 거의 없는 것 같습니다. 동무와 동지라 여겼던 사람들의 변화에 화가 나기도 했고, 나와 전혀 다른 사람이라 상종하지도 않았던 사람들이 스승이 되기도 했습니다. 그러고 보면 본디 그렇게 태어난 사람은 한 명도 없는 것 같습니다. 나쁜 상황과 좋은 상황이 있을 뿐이지요.
- 2015년 안산을 떠나 양평에 와서 여유가 생겼습니다. 물리적 여유도 있겠지만 마음의 여유가 더 큽니다. 안산에서 몸으로 배운 것입니다. '너도 나름 애쓰고 있구나. 다름은 동무가 된다. 나쁜 사람은 없다. 나쁜 상황만 있다. 누구나 잘해보려 애쓴다.' 이런 것들입니다.

이혜순	2003년 ~ 2018년	'타래' 교사들과 학급 아이들	〈내가 사랑하는…〉 - 15년 가까이 구리남양주풍물교사모임 '타래' 활동을 하였다. - '타래'에서 배운 사물놀이를 학급 학생들에게 가르쳤다.	구리 남양주 지역
			〈돌아봄〉 ● 아이들이 사물놀이를 하면서 느끼는 재미와 흥은 나의 배움씨를 크게 합니다. 꽹과리도 더 배워야 하고, 소고도 배우고 싶고, 상모도 돌리고 싶고, 언젠가는 단소도 잘 불고 싶습니다. 그래야 아이들에게 단소와 소금 악기를 더 잘 가르칠 것 같습니다. ● 돌이켜보면 10년 전, 5년 전 아이들과 사물놀이를 할 때와 올해 아이들과 사물놀이를 할 때 그 합이 다릅니다. 내 배움이 커지면서 아이들 재미와 흥도 살아납니다. 그 흥이 나의 배우고자 하는 마음을 더 키워줍니다. ● 장구를 배우면서 겪었던 장면들이 아쉽고 부끄러운 장면들이 있습니다. 그 장면에는 사람이 있고 사물놀이의 합도(쌓인 시간) 있습니다. 배우고 나누는 방법이 서툴러 겪은 일들이 많습니다. 그 서투름이 무엇이었을까 묻다 보면 내가 왜 이 배움을 시작했나, 아이들과 어떻게 이어왔나, 사람들과 무엇을 나누고 있나 묻게 됩니다. 그것을 묻다 보니 장구를 사랑하게 되고, 아이들과 사물놀이 흥을 더 느껴보고 싶어집니다.	
윤승용	1981년 ~ 1986년 (교사의 어린 시절) 교사 생활 시절	- 어린 시절 담임교사와 친구들 - 담임교사시절 아이들	- 어린 시절 교사에게 뺨 맞은 이야기, 영지버섯 이야기 등을 한다. - 담임교사로서 겪은 이야기들이 나온다.	학교

⟨돌아봄⟩
- 늘 제대로 사는 교사를 꿈꾸지만 나는 얼마나 스스로에게 만족하고 있을까. 선생의 마음이 아닌 아이의 마음으로 되돌아보면 더욱 알 수 없는 노릇이다. 가뭄에 콩 나듯 웃음 짓게 만드는 몇 장면이 떠오른다. 하지만 함께 했던 아이도 나처럼 의미 있다고 생각했을까. 시간이 지나도 좋은 기억으로 남아 있을까. 알 수 없다.
- 주위 사람에게 공감 능력이 부족하다는 말을 자주 듣는다. 다른 이의 마음을 헤아리기보다 내 마음만 앞세울 때가 많다는 말이다.
- 투박하지만 모임 속에서 선생님들이 던지는 말 한 마디, 한 마디가 소중하다. 어떤 삶을 살고 싶은지 여전히 물음표지만 계속 배우면서 아이들의 이야기 들으면서 살찌우고 싶다. 내가 삶에 질문을 던지고 살고 있다. 그 질문과 질문이 만나는 여러 이야기가 좋다. 질문과 만나는 이야기는 늘 나를 거듭나게 한다.

박길훈	연구소 모임 기간	-모임 교사들 -이철수 화백	⟨우리는 만나야 한다⟩ -모임에서 만난 선생님들에 대한 느낌들이 나온다. -'내가 가진 손재주' 이야기를 한다. -이철수 선생님의 격려가 큰 힘이 되었다.	연구소, 교실

⟨돌아봄⟩
- 언젠가 이철수 선생님을 만나 내가 그린 그림 이야기를 할 때가 있었다. 꼼꼼하고 자세하게 그려진 내 그림을 보시고 웃으시고는 잘 그렸다고 칭찬을 해주시면서 한 마디를 더 해 주셨다. "이젠 대충 그려. 아이들 가르치는 사람이 이렇게 그리지 마!" 그러신다. 이어지는 이야기를 듣고는 무슨 말씀인지 알게 되었다. 선생님은 아이들에게 빈틈을 보여야 한다. 그래야 아이들이 비집고 들어올 자리가 있지 않겠냐는 것이다. 그 한마디에 난 내가 살아온 길을 돌아보지 않을 수 없었다. 나는 너무 딱딱하게 살아왔다는 생각이 들었다. 나를 가만히 두지 못했다. 몸이 상하는 것도 모르고 정신없이 살아왔다. 아이들과 함께 지내온 십 수 년을 돌아보게 되었다. 아이들이 참 답답하겠다는 생각이 들었다. 내가 아이들에게 너무 많은 걸 바라고 살았다는 생각이 들었다.

위와 같이 교사들의 이야기를 살펴본 결과 첫째, 교사들은 주로 긴 시간에 걸쳐 일어난 일들에 대해서 이야기하고 있다. 자신이 찾아낸 핵심 낱말로 엮어낸 이야기이기 때문에 나름대로 일관성 있게 삶의 의미를 이야기에 담아내고 있다. 긴 시간을 이야기로 엮는다는 것은 교사들의 삶이 실제로 그러했다는 것이다. 단순히 물리적 시간 속에 몸을 맡긴 것이 아니라, 자신의 의지에 따라서 선택하고 실천하며 물리적 시간을 자신만의 시간으로 채워간 것이다.

둘째, 이야기가 주로 학교에서 벌어지기 때문에 사람들 또한 동료 교사들이나 아이들이 주요 인물로 나온다. 혁신학교를 운영하며 기존 교사들과 갈등을 겪는다든지, 아이들을 가르치며 자신을 돌아본다든지, 이야기를 통해서 자기 자신을 돌아보는 내용들이 대부분이다.

셋째, 돌아봄 즉 자신에 대한 성찰은 한 편의 자기 이야기가 완성되는 과정에서 발생한다. 연구소 교사들은 주변 교사들이나 아이들과 만남으로써 새로운 사건이 발생하게 되고 이것에 대해 모임의 교사들과 이야기를 나누고 글을 쓰는 가운데 자신을 돌아보게 된다.

돌아본다는 것은 자신이 부족한 부분을 깨닫고 새로운 배움의 길로 나가는 것이기도 하다. 회의를 잘 못하는 일을 겪은 다음 퍼실리테이션 연수를 받기도 하며, 아이들이 흥이 나는 것을 보고 장구를 더 배워나가기도 한다.

> 2011년 여름 워크숍 사건 이후, 저는 어떻게 하면 소통하는 회의를 할 수 있을까 고민했습니다. 제가 퍼실리테이션이라는 것을 찾아가 배우게 된 계기입니다. (권재우)

장구를 배우면서 겪었던 일에는 아쉽고 부끄러운 장면들이 있습니다. 그 장면에는 사람이 있고 사물놀이의 합도 있습니다. 배우고 나누는 방법이 서툴러 겪은 일들이 많습니다. 그 서투름이 무엇이었을까 묻다 보면 내가 왜 이 배움을 시작했나, 아이들과 어떻게 이어왔나, 사람들과 무엇을 나누고 있는가를 묻게 됩니다. 그것을 묻다 보니 장구를 사랑하게 되고, 아이들과 사물놀이 흥을 더 느껴보고 싶어집니다. (이혜순)

돌아봄은 주변 사람들과 오래 만남에서 비롯하고 있다. 이 사람은 이렇다는 고정 관념에서 벗어나기도 하며, 자신의 고정된 성향에 대해서 객관적으로 돌아보기도 한다.

동무와 동지라 여겼던 사람들의 변화에 화가 나기도 했고, 나와 전혀 다른 사람이라 상종하지도 않았던 사람들이 스승이 되기도 했습니다. 그러고 보면 본디 그렇게 태어난 사람은 한 명도 없는 것 같습니다. 나쁜 상황과 좋은 상황이 있을 뿐이지요. (권재우)

주위 사람에게 공감 능력이 부족하다는 말을 자주 듣는다. 다른 이의 마음을 헤아리기보다 내 마음만 앞세울 때가 많다는 말이다. (윤승용)

돌아봄의 바탕에는 교사로서 삶에 대한 책임이 있고 아이들에 대한 사랑이 있다. 자신이 제대로 가르치고 있는 것인지에 대한 물음은 늘 아이들을 향하게 된다. 나에게 의미 있는 것이 아이들에게도 의미가 있을까를 묻거나, 자신의 딱딱한 성향이 아이들을 얼마나 답답하게 했을까 되돌아보기도 한다.

늘 제대로 사는 교사를 꿈꾸지만 나는 얼마나 스스로에게 만족하고 있을까. 선생의 마음이 아닌 아이의 마음으로 되돌아보면 더욱 알 수 없는 노릇이다. 가뭄에 콩 나듯 웃음 짓게 만드는 몇 장면이 떠오른다. 하지만 함께 했던 아이도 나처럼 의미 있다고 생각했을까? 시간이 지나도 좋은 기억으로 남아 있을까. 알 수 없다. (윤승용)

나는 너무 딱딱하게 살아왔다는 생각이 들었다. 나를 가만히 두지 못했다. 몸이 상하는 것도 모르고 정신없이 살아왔다. 아이들과 함께 지내온 십 수 년을 돌아보게 되었다. 아이들이 참 답답하겠다는 생각이 들었다. 내가 아이들에게 너무 많은 걸 바라고 살았다는 생각이 들었다. (박길훈)

결과적으로 연구소 교사들은 서로 인터뷰하기, 인터뷰한 자료 읽고 이야기 나누기, 인터뷰 자료에서 핵심 낱말 선정해서 자기 이야기 쓰기, 다시 이야기 나누기를 통해서 자신을 돌아보게 되었다. 돌아봄은 자신의 삶에 대한 성찰이었다. 비록 돌아봄(성찰)이 자기 안에서 혼자 벌어지는 것이라고 할지라도, 자기 밖과 교류하면서 이루어지는 것으로 보인다. 자기 밖과 만남은 사람, 사건. 이야기 나누기 과정에서 일어나고, 자기 안의 돌아봄은 이야기 한 편을 쓰는 과정에서 일어나고 있었다. 돌아봄과 함께 형성된 이야기는 그 사람의 정체성을 새롭게 형성하여 이야기한 사람이 이야기한 대로 살아가게 만든다.

우리들 마주이야기 ●

이야기 나누는 삶을 꿈꾸다
최강토 선생님 이야기[13]

김강수

부모님은 책을 좋아하는 분들이셨습니다. 저는 그 영향을 많이 받은 것 같습니다. 부모님은 저에게도 책을 많이 사주셨고 도서관도 많이 가셨습니다. 그 때문인지 저는 어렸을 때부터 책을 많이 읽었습니다. 문학 같은 것을 좋아했습니다.

어릴 때부터 책 읽는 속도가 빨랐습니다. 나중에 알게 된 것인데, 제가 다른 아이들보다 공부를 잘하는 까닭이 머리가 좋아서 그런 줄 알았는데 책을 좋아하다보니 글 읽는 속도가 빨라서 그렇다는 것을 알았습니다. 시험지가 있으면 거기 쓰인 글이 뭘 물어보는지 빨리 이해했고, 빨리 답을 하게 되었던 겁니다.

책을 많이 읽다보니, 나를 바라보는 눈도 달라졌습니다. 한 발자국 떨어

---

[13] 이 글은 최강토 선생님을 면담하고 난 뒤, 살아온 삶을 시간 순서에 따라 재구성한 것입니다.

져서 바라볼 수 있게 되고 그러다보니, 세상을 바라보는 눈도 바뀌게 되었습니다. 가정이나 학교에서 배운 대로만 하면 모범적이고 순응적으로 살아갈 수 있었을 텐데, 책을 읽으면서 다른 여러 가지 생각을 하게 되었습니다. 부모님들이 원하는 대로 편하고 소시민적인 삶을 생각했지만, 다른 한쪽으로는 힘들어도 꿈을 꿀 수 있는 삶도 생각하게 되었습니다.

중학생 때인지 고등학생 때인지 잘 모르겠지만 기억에 남는 장면이 있습니다. 나중에 내가 어떤 사람이 되면 좋을까 고민을 했던 것 같아요. 돈을 많이 버는 사람, 잘 사는 사람이 아니라 내가 좋아하는 책을 읽고 좋아하는 음악을 들을 수 있는 삶이면 그냥 만족하겠다고 생각했습니다.

삶에 대한 생각은 대학시험을 치를 때 더 크게 자라났습니다.

공부를 많이 했는데 수학에서 사소한 한두 문제 때문에 좀 손해를 봤거든요. 그 전까지는 어떤 삶을 살 것인지 딱 손에 잡히지 않고 막연했는데, 재수를 하고 수험생활을 하게 되면서 달라졌습니다. 분명히 부모님들이나 선생님들이 하라는 대로 하면 잘 이뤄져야 하는데 그렇게 되지 않는 거예요. 내 노력이 부족한 것도 아닌데 말입니다. 그때 뭔가 좀 이상하다는 느낌을 받은 것 같습니다.

재수를 하고 교대에 가게 되었습니다. 다른 사람들은 20대 때 대학에서 배운 것들이 삶의 방향을 결정할 때가 많은데 저는 그러지 않았습니다. 교대에서는 딱 느낌 오는 것이 없었습니다. 교대는 붕 뜬 곳이라는 생각이 들었고, 배울 것이 별로 없었습니다. 삶에 대해 가르쳐주는 사람도 없었고, 가르침을 주는 만남도 없었습니다. 거기서 만난 동기들, 선배들을 보면 한심하다는 생각을 했습니다. 젊으니까 술도 마실 수 있고 연애도 할 수 있는데 그 것 외에 다른 것을 고민하는 사람들을 보지 못한 것 같습니다.

교수님들도 별로였습니다. 다들 자기 잘난 맛에 멋있는 척 하고 자기가 최고고, 자기 떠받들어주기를 바라고, 이런 분들만 계시다 보니까 여기가 뭐하는 곳이지? 그냥 적당히 있다가 빨리 나가야겠다는 생각을 하게 되었습니다.

대학 때도 책을 읽었습니다. 어렸을 때는 혼자서 책을 읽었기 때문에 그냥 내가 좋아하는 책을 읽고 말았는데 대학 때는 독서토론을 하게 되었습니다. 처음 독서토론을 하면서 다른 사람의 의견과 내 의견이 섞이게 되면서 생각이 더 커진다고 느끼게 되었습니다. 내가 하지 못했던 생각들이 내게 들어와서 점점 커지더라고요. 그런 과정 자체가 즐거웠습니다. 생각을 나누는 것이 중요하겠구나 생각을 하게 되었습니다.

대학에서 학군단에 들어가게 되었습니다. 군인들을 만났지요. 군인들이 좋다는 생각도 하지 않고, 군대를 비판할 때도 많지만, 학군단과 학군장교를 하면서 많이 배우게 되었습니다.

몸을 쓰는 일을 많이 하고, 살면서 실제로 부딪히는 일을 하게 되었습니다. 자연스럽게 못 배운 사람들, 안 배운 사람들이 더 에너지가 있다는 것을 느끼게 되었습니다. 학교 다니면서 별로 못 느꼈던 것들 또는 어렸을 때 부모님들이나 주변 친구들에게 못 느꼈던 것들을 배우고 느끼게 해준 것 같아요. 그때 사람들하고 같이 부딪히면서 사는 것이 재미있고 좋은 길이구나 라고 느낀 것 같아요. 나중에 학교에 발령 받아서 나갈 때도 이렇게 군대에서 겪은 것처럼 사람들이랑 같이 어우러지면 좋겠다는 생각도 하게 되었습니다.

책과 군대가 둘다 나에게 큰 의미가 있었다고 생각합니다. 지금은 교사로 살아가고 있는데 지금도 그때 내가 겪었던 일들이 영향을 미치고 있습니다. 훌륭한 선생님이 되겠다는 생각보다는 아이들을 좋아하는 선생님이 되면 좋겠다고 생각하는 것도 그때 겪었던 일 때문인 것 같습니다. 하고 싶은 일을 하며 살고 싶다는 생각이 굳어진 것입니다.

사람들을 만날 때, 저 혼자 사람들을 재고, 판단하고 가려내던 때가 있었습니다. 지금은 함부로 사람들을 판단하지 않으려고 자연스레 노력하게 되었습니다. 교실에서도 혼자 생각으로 하면 안 될 것 같고 아이들과 함께 가야되겠다고 생각하게 되고, 동료 선생님이나 교장, 교감 선생님들하고도 같이 살아야겠구나 생각하게 되었습니다.

첫 해, 둘째 해 때는 잘 하지 못했습니다. 아이들과 관계가 힘들었습니다. 그냥 학교에서 주는 대로 효율적으로 해야 된다는 생각을 했습니다. 아이들과 이야기를 잘 나누지도 않았고, 벽을 세우기도 했습니다. 올해 들어서 좀 나아진 것 같아요.

『해리엇』이라는 동화를 보면서 아이들과 거북이 이야기를 많이 하게 되었습니다. 거북이 이야기를 하면서 사는 이야기도 하게 되었습니다. 아이들이 저에게 이런 말을 해줬어요.

"선생님은 거북이 같아요. 천천히 행동하는 것 같아요."

그런 이야기는 처음 들었습니다. 저는 토끼처럼 열심히 움직였습니다. 그래서 항상 불안하고 약간 신경질적이고 짜증도 많이 내는 겁니다. 겁도 많아서 마음도 편하지 않았습니다. 그러다가 옆 반 선생님을 보면서 배웠습니다. 옆 반 선생님은 잘 들어주시거든요. 아이들과 이야기도 많이 나누시고, 제가 잘 모르는 이야기도 해주시는 것을 보면서 내가 부족하다고 느끼게 되었습니다. 올해 아이들 이야기를 조금 더 들어보려고 했습니다. 그랬더니 아이들이 내게 거북이 같다고 해주었습니다. 사람들 이야기를 듣고 사람들과 나누는 쪽으로 가야겠구나 생각하게 되었습니다. 지금은 이오덕김수업교육연구소와 독서모임을 하고 있습니다. 독서모임에서 여희숙 선생님을 만났습니다. 처음에는 그냥 배우려는 목적이었습니다. 큰 뜻을 품고 있지는 않았고, 그게 부끄럽지도 않았습니다. 잘 모르니까 더 알고 싶고 배우고 싶고, 선생님들이 하시는 이야기가 재미있었습니다. 다른 곳에서 흔히 들을 수 없는 이야기라서 좋았습니다. 자꾸 나와서 이야기를 듣다 보니 그냥 듣기만 할 게 아니라 내가 몸을 움직여서 실천해야 할 것 같았습니다.

아예 모르고 안 만나고 살았더라면 그냥 평범하게 승진점수 모으고 적당히 열심히 일 하고 술도 마시면서 살았을 텐데, 이야기를 나누다보니 끌려갈 수밖에 없었습니다. 아유, 어쩔 수 없구나 하고 말입니다. 모임에서 여러 선생님들이 말하는 걸 들으면 좋았습니다. 그런데 알게 되면 알게 될수록 힘이 들었습니다. 이야기를 듣고 학교로 되돌아가면 실천해야 하는데, 실천을 하고 나서 다시 모임에 오면 오히려 더 힘들고 괴로웠습니다. 그러면서 점점 이끌려 가는 것 같습니다.

두 모임에서 제가 만난 선생님들은 다른 것에 휘둘리지 않고 생각하는 대로 뚜벅뚜벅 걸어가는 분들입니다. 내가 하는 이야기는 잘 들어주지만 굳이 주변에 맞춰주지는 않습니다. 그런 모습을 보면서, 사실 저는 아직 잘 모르겠습니다. 이 모임이 어떻게 되면 좋을지도 모르겠고, 그냥 거기 이끌려서 더 많이 잘 배우고 가면 좋겠다는 정도입니다.

우리들 마주이야기

가는 길 오던 길에서

최강토 선생님 인터뷰를 듣고 나서[14]

김 강 수

　최강토 선생님은 어렸을 때부터 책을 많이 읽었다고 합니다. 생각해보면 저도 그랬던 것 같습니다.
　아버지는 소설을 쓰셨습니다. 젊어서 장편소설 한 권을 내어놓고 줄곧 그 일을 자랑스럽게 생각하며 살았습니다. 언젠가 오래된 상자에서 아버지 공책을 발견했는데 그곳에도 단편소설이 가득 쓰여 있었습니다. 아버지는 글을 쓰며 살고 싶었던 가 봅니다.
　아버지 때문인지 저도 책읽기를 좋아했습니다. 특히 글과 그림이 함께 있는 만화를 좋아했습니다. 형과 누나를 따라 만화방을 들락거리면서 글을 깨

---

14) 최강토 선생님 이야기를 들었습니다. 마석의 한 까페에서 내가 묻고 최강토 선생님은 답을 하는 방식으로 한 시간 이야기를 나눈 다음, 녹음해서 글로 옮겼습니다. 처음에는 낱말 하나하나 놓치지 않고 글로 옮겼는데, 이야기 흐름이 자꾸 끊겨서 읽기가 힘들었습니다. 그래서 최강토 선생님의 입장에서 다시 이야기를 써보았습니다. 그 이야기를 읽고 나서 쓴 글입니다.

쳤으니 얼마나 자주 갔는지 알만합니다. 글을 깨치고 나서는 나 혼자서 갔습니다. 할머니께서 100원을 주시면 만화방에 가서 한 나절 보내고 왔습니다. 돈이 아까워서 읽은 것을 또 읽고, 또 읽고 했던 기억이 납니다.

『만화 보물섬』이라는 월간지가 나왔습니다. 『어깨동무』나 『소년중앙』보다 훨씬 만화도 많고, 두꺼운 책이었습니다. 재미가 있었지요. 「아기공룡 둘리」의 첫 장면은 아직도 생각이 납니다. 「맹꽁이 서당」도 읽으며 역사공부도 하고 「달려라 하니」를 보면 괜히 쓸쓸해지기도 했습니다. 한 권을 사면 한 달 내내 읽습니다. 동네에 작은 책방이 하나 있는데, 만화 보물섬이 새로 나온다고 하면 학교 다녀와서 서점 앞에 죽치고 기다렸습니다. 밤 9시가 넘고, 10시가 넘어도 오지 않으면 서점 아저씨가 오늘은 오지 않을 것 같다고 돌려보냈던 일도 생각이 납니다. 그때는 얼마나 허전하던지 발걸음에 힘이 하나도 없습니다.

만화가 많지 않아서 줄글로 된 책도 읽었습니다. 아버지가 사주신 50권짜리 『소년소녀 세계명작동화』를 닳도록 읽었던 일도 생각이 납니다. 처음 읽을 때는 천천히 읽었는데 나중에는 하루에 여러 권을 읽었습니다. 잠이 오지 않는 밤이면 새벽까지 책을 읽다가 잠들 때도 있었습니다. 옆집 형 집에 놀러가서 책이 있으면 빌려 읽기도 하고, 중학교에 가서는 학교 도서관 책을 빌려다 읽었습니다. 책 빌린다고 방학 때도 매일 학교에 가곤 했습니다. 그것 때문에 나중에 독서상을 받고나서 어리둥절했던 기억도 납니다. 저는 최강토 선생님같이 책 읽는 것이 좋았습니다.

최강토 선생님은 책을 읽으면서 삶에 대해 생각을 다시 하게 되었다고 했습니다. 어떻게 살 것인지 고민했다고 말입니다. 돌아보면 저도 그랬던 것 같습니다.

고등학교 때는 학교 안 문예부에서 글을 썼고, 학교 밖에서는 독서토론회를 나갔습니다. 매주 한 번씩 토요일마다 모였는데, 책 한 권을 읽고 이야기를 나누었습니다. 토론회 이름은 〈상록〉입니다. 책을 읽고 이야기를 나누는 것이 좋았습니다.

처음 나갔을 때 이문열이 쓴 『사람의 아들』을 읽고 이야기 나눴고, 그 다음 책이 이청준의 『병신과 머저리』였습니다. 최일남의 『흐르는 북』, 양귀자의 『원미동 사람들』, 잉게 숄의 『아무도 미워하지 않는 자의 죽음』, 한승원의 『해변의 길손』, 사르트르의 『이방인』, 카프카의 『변신』, 조세희의 『난장이가 쏘아올린 작은 공』, 고리키의 『두 친구』 같은 책을 읽었습니다. 아무 책이나 떠오르는 걸 보니, 뚜렷한 목적의식 없이 책을 읽었던 것 같습니다.

시절이 어수선했습니다. 책을 읽고 이야기를 나누는 것도 죄가 되던 때였습니다. 마침 광역시별로 고등학생협의회가 생기고 있었습니다. 부산에는 부고협[15]이라는 모임이 생기려고 했는데, 별 관계도 없던 내가 거기 연결되었다고 징계를 받기도 했습니다. 방학 때 학교에 나오라고 하더니 정학을 맞았습니다. 방학 때라 아무도 모르게 넘어갔습니다.

어떻게 살 것인가 내내 고민이 되었습니다. 모임 동무들과 책 이야기를 나눌 때는 이러쿵저러쿵 바른 이야기를 했지만, 그렇게 살 자신은 없었습니다. 그냥 용기가 나지 않았습니다. 고등학교 2학년 땐가 철학을 배우자면서 작은 모임에 들어갔습니다. 대학생 선배들이 가르쳤습니다. 그때는 그런 모임

---

15) 아마도 대학 조직인 전대협을 본 딴 이름이 아닐까 싶습니다.

이 여기저기 많았습니다. 배운 것을 공책에 열심히 옮겨 적었지요.

서울에서 대학 다니던 형이 방학이라 내려왔다가 내가 쓴 공책을 봤습니다. 고등학생이 뭐 이런 걸 하냐고 묻습니다. 안 된다고, 운동은 부자들이나 하는 거라고, 우리같이 가난한 사람은 실컷 이용만 당한다고 했습니다. 나는 깊이 안 들어갈 테니 관심 가지지 말라고 소리를 질렀습니다. 목소리가 커진다 싶으니까 형이 더 말하지 않았습니다.

최강토 선생님처럼 저도 교육대학을 갔습니다. 그때 쯤 저도 아버지처럼 글을 쓰며 살고 싶었습니다. 시도 쓰고 소설도 써봤지만 애당초 재능이 없던 가 봅니다. 그냥 학교 앞에 대자보만 열심히 썼던 기억이 남았습니다. 학생운동을 하게 되었습니다.

가끔 공장에 가기도 하고, 집회도 가고 노동조합 아저씨들이 모여 있는 단결의 날에도 다녀옵니다. 내일이면 파업에 들어간다는 아저씨들을 보면서 어쩌면 나도 저렇게 살 수 있겠구나 싶었습니다. 하루는 마창공단에 선거 운동을 지원 나갔습니다. 지저분한 사무실에서 거친 밥을 해먹고 낮에는 유세를 나가고 밤에는 현수막을 만들었습니다.

새벽이었습니다. 다들 잠이 들고 아이를 업은 젊은 아주머니는 붓으로 현수막 글을 쓰고 저는 거기서 시중을 들며 이야기를 나눕니다. 이러다보면 잡혀갈 수도 있고, 형을 살고 나올 수도 있겠지만 그래도 저는 이렇게는 살지 않을 거라고 했습니다. 그때 아주머니가 했던 말이 오래 남았습니다. 이것도 사람 사는 거라고, 그냥 보통의 삶이라고 말입니다. 그때는 그 말을 받아들이기 어려웠습니다.

모든 것이 위태로웠습니다. 글을 쓰며 살고 싶다는 꿈도, 약한 자들의 편에 서겠다는 뜻도 그리 튼튼하지 않았습니다. 휘청휘청 흔들리는 나날들입니다. 술을 마실 때가 많았고, 술을 마시면 취해서 아무데나 쓰러져 잤습니다. 될 대로 되라고 소리를 질렀습니다. 그러다가 선생님이 되었습니다. 원하지 않았지만 이대로 살아가게 될 것 같았습니다.

선생님으로 살아가는 일도 쉽지 않다는 것을 금세 알았습니다. 여기도 사람들이 있었고 삶이 있습니다. 이리저리 부딪히며 깎이고 상처가 납니다. 때때로 어느 한 쪽을 선택해야 할 때도 있었고, 소리를 지르거나 열이 오를 때도 있습니다. 약한 자의 편에 서겠다는 것이 어렵다는 것을 아프게 깨닫기도 했습니다. 돌아보면 그냥 그게 삶이있습니다.

한 걸음 들어가 보면 더 깊은 곳이 있고 거기로 가다보면 돌아 나오지 못할 것 같아 망설일 때도 있습니다. 한 발만 빼고 나면 생각 없이 살 수 있을 것 같지만 삶은 그렇지 않습니다. 거기나 여기나 저기나 모두 이어져있습니다. 사람들이 있고 살아있는 삶이 있기 때문입니다.

최강토 선생님은 이끌려 간다고 했습니다. 선생님 말처럼 책을 읽었기 때문에 그렇게 되었을 수도 있고, 사람들을 만났기 때문에 그럴 수도 있습니다. 모든 이들의 삶이 그럴 것입니다. 어떤 까닭이 되었건 우리는 흘러흘러 이곳으로 왔습니다. 이곳으로 오기까지 얼마나 많은 일이 있었는지 아득하기만 합니다. 앞날을 내다봐도 아득히 잘 보이지 않습니다. 어떻게 흘러갈지 모릅니다. 삶이란 그렇습니다. 삶은 그저 흔들립니다. 줄곧 똑바로 걸어가는 사람이 이 세상에는 없습니다.

최강토 선생님의 삶도 그랬을 겁니다. 한 발 한 발 걸어왔겠지요. 그 한 걸음이 늘 자신 있는 한 걸음은 아니었을 겁니다. 소심하게 머뭇거리기도 하고 겁을 먹기도 합니다. 더듬더듬 어두운 길을 걸어 여기까지 왔습니다. 절망하지 않고 여기까지 걸어왔으니, 또 걸어갈 수 있을 겁니다. 앞으로 가는 것이 희망입니다. 이끌리듯 가는 길도, 깜깜한 두려움의 길도 앞으로 갈 수만 있다면 희망입니다.

최강토 선생님 인터뷰를 마치며 그냥 희망에 대해 생각해보았습니다. 잠깐 행복한 느낌이 들었습니다.

우리들 마주이야기

누구에게나 결정적 순간은 있습니다

권 재 우

　인터뷰한 내용을 다시 읽습니다. 사실 저는 동시에 여러 일을 하지 못합니다. 빌뱅이 언덕, 말꽃타령, 인터뷰, 이렇게 3개의 활동들이 동시에 진행되다 보니 헷갈립니다. 다 끝난 건데 굳이 할 필요가 있나 싶습니다. 어쨌거나 선생님들의 글을 다시 읽습니다. 한참을 읽습니다. 어, 그런데 이상합니다. 지난 모임에서는 보이지 않았던 내용들이 더 잘 드러납니다. 예컨대, 이혜순 선생님의 풍물이 그렇습니다. 지난 모임 때 이혜순 선생님은 풍물이야기를 해주셨습니다. 학예회 때 아이들과 공연했는데 3학년도 가능하다 했습니다. 11월 3일(토)에 전교조 경기지부 참실대회 여는 마당에 참여한다고 했습니다. 이혜순 선생님의 마주이야기를 읽으며, 선생님에게 풍물이란 무엇일까 궁금해졌습니다. 제가 생각하는 답은 '결정적 순간'이 아닐까 싶습니다. 교사로서 의미 있고, 즐겁게 살아갈 수 있는 힘, 그것이 풍물이 아니었을까 추측해보았습니다. 이 잣대로 모임 선생님들의 교사로서 결정적 순간을 제 나름으로 판단해보았습니다.

최강토	책(어우러짐)	윤승용	왜 해요? (남한산초)
김강수	아버지 유언 (너 불쌍한 아이들한테 잘해주라)	박길훈	만남 (김강수, 김영주, 현상현 샘…)
장상순	전교조 (부끄럽지 않은 교사)	이혜순	풍물(교육적 장면)
조배식	기억에 남는 수업 (강 건너기)	권재우	양평에 오다(이사) → 안산초

'책, 왜 해요, 아버지 유언, 만남, 전교조, 풍물, 기억에 남는 수업'의 뼈대는 사람입니다. 어린 아이, 아버지, 여러 모임 선생님, 전교조 선생님… 모두 사람을 통해 결정적 장면을 만들어가고 있습니다. 결국 '언제, 어떤 사람과 어떤 장면에서 어떻게 만나느냐?'가 한 사람을 변화시킨 것입니다. 어찌 보면 우리는 본디 그렇게 태어난 사람이 아니라 그렇게 될 수밖에 없는 상황과 맥락 안에서 성장하는 것 같습니다. 결정적 장면의 다른 말은 '이야기'가 아닐까 생각해봅니다.

이제 제 이야기를 해보렵니다. 2004년부터는 교사로 안산에서 살았습니다. 안산부곡초등학교, 호동초등학교, 안산초등학교 세 학교에 근무했습니다. 그 중 가장 기억에 남는 학교는 안산초등학교입니다. 안산초등학교에는 2011~2014년까지 4년 동안 있었습니다. 안산초에 가게 된 이유는 노○○ 선생님의 전화 때문입니다.

"재우야, 혁신학교에 가야지?"
"형, 그게 뭔데요?"
"너 TV도 안 보냐?"

정확히 기억나지 않지만 2009년이었던 것 같습니다. 그렇게 남한산초와 조현초의 이야기를 만났습니다. 당시에 저는 공동육아 교육이사로 즐겁고 바쁘게 보낼 때였습니다. 피디수첩에 나온 두 학교 이야기는 공동육아 어린이집과 거의 같았습니다. 공교육에서도 저런 것이 가능하겠구나 싶었지요. 2009년 안산에도 혁신학교를 배우자는 모임이 만들어졌습니다.

2010년에는 우연히 안산 혁신실천연구회 회장을 맡게 되었습니다. 거의 매주 연구회 선생님들을 만났습니다. 외부 선생님들도 많이 알게 되었고 스쿨디자인21 모임도 나갔습니다. 혁신실천연구회 모임을 나가면 신이 났습니다. 블록수업이 뭔지, 중간놀이가 뭔지 하나씩 배우고 익혀나가는 재미가 있었습니다. 학기말에는 안산교육청과 손잡고 연수를 진행했습니다. 지역에서 각자 열심히 살았던 선생님들이 학교 혁신이라는 뜻으로 모였습니다. 오랜만에 많은 사람들이 모였습니다. 뭔가 해보자는 분위기가 좋았습니다.

2010년 가을, 안산초에서 혁신학교를 진행한다는 소식을 들었습니다. 안산초는 안산과 광명, 안양의 길목에 있는 전형적인 정거장 학교였습니다. 2년 채우고 다시 자기 지역으로 돌아가는 학교입니다. 2011년, 큰 꿈을 품고 안산초에 들어갔습니다. 정 선생님, 최 선생님, 황 선생님, 이렇게 3명이 저와 함께 들어갔습니다. 잘 보이고 싶었습니다. 안산 홈플러스에 가서 '뻬에르가르댕' 가방을 거금을 주고 샀습니다. 3월 2일 교무실에서 '초등학교 입학하는 아이처럼 새 가방 샀냐?'는 선생님들 말씀에 다 함께 웃었습니다. 정말 긴장되었습니다. 우리가 잘해야 안산에서 혁신이 꽃피울 수 있을 거란 부담감이 컸습니다. 하지만 글로 배운 혁신은 쉽지 않았습니다.

2011년은 잊고 싶은, 교직생활에서 가장 우울한 해입니다. 함께 혁신학교에 들어간 선생님들이 왕따 비슷한 상황에 놓인 것입니다. 선생님들은 혁신학교에 대한 부담감과 반감이 컸습니다. 혁신학교를 선생님들이 원해서 한 것이 아니었습니다. '돌아오는 농어촌 육성 공모사업'이 끝나자 새로운 예산 지원 방법으로 혁신학교를 신청했었고, 우연찮게 내부형공모교장까지 이어진 것입니다. 돈 때문에 혁신학교를 신청했다가 일이 커진 꼴이었습니다. 이런 내부적인 상황을 꼼꼼히 따지기 보다는 교장 공모계획서의 프로그램을 무턱대고 진행하니 삐걱거림이 많았습니다.

제일 고생한 분이 정 선생님입니다. 혁신부장이었는데 불협화음이 있을 때마다 원래 있던 선생님들은 정 선생님을 찾아갔습니다. 정 선생님의 장점은 이야기를 정말 잘 들어 준다는 점입니다. 민원을 하러 온 선생님들은 정 선생님이 잘 들어주면 해결되었다고 생각했습니다. 뜻이 반영되리라 믿었을 겁니다. 정 선생님도 오해를 했던 것 같습니다. 이야기를 잘 들어주면 대부분 선생님들의 감정이 풀려 돌아가니 문제가 해결되었다고 생각했던 것입니다. 하지만 바뀌는 것이 없자 선생님들은 정 선생님이 듣기만 하고 자기 마음대로 한다고 의심했습니다. 이 점이 뼈아픕니다. 선생님들이 하신 말씀 중에는 정말 귀 담아 들어야할 이야기들도 있었습니다. 좀 더 의미 있는 변화를 바라고 한 말들이, 반영되는 것 없이, 원래대로 진행되자 선생님들은 정 선생님이 자기 마음대로 한다고 오해했습니다. 심지어는 '또 다른 교장'이라 표현했습니다. 정 선생님은 그 누구에게도 화를 내 본 적이 없었습니다. 기본적으로 사람에 대한 신뢰가 있는 분입니다. 선비 같은 삶을 사는 정 선생님인데, 오해받고 상처받는 모습에 화가 났습니다.

아무튼 신뢰가 깨져버리자 학교는 두 쪽이 났습니다. 속상했습니다. 어려운 일이 생기면, '혁신하러 온 샘들이 해야지' 라는 이야기를 들어야했습니다. 웃으면서 이야기하는데 조롱처럼 들렸습니다. 갈라지는 가장 큰 일은 2011년 여름 교육과정 워크숍이었습니다. 정 선생님은 직원여행 오후 프로그램으로 '1학기 교육과정 평가'를 계획해두었습니다. 기존에 계셨던 선생님들은 매년 해오던 대로 그냥 서류 작업이라고 여겼고, 정 샘은 당연히 해야 할 일이라 생각했습니다. 선생님들은 단순히 친목행사를 할 줄 알고 왔는데 도착하자마 교육과정 평가를 하자고 하니 선생님들은 힘들어 하셨습니다. 몇 분은 큰 소리로 불만을 말했습니다. 잘해보자고 모였는데 원성을 들으니 기운이 빠졌습니다.

아쉬움이 큽니다. 친목여행을 가기 전, 선생님들과 취지와 일정을 나누었으면 좋았을 텐데 그런 사전 활동이 없었습니다. 그 날 오후 선생님들의 '짜증'을 잊지 못합니다. '왜 내 돈 내고 오는 친목행사를 너희들 마음대로 이렇게 진행하느냐? 부장교사들부터 들고 일어났습니다. 땀을 뻘뻘 흘리며 대답하는 정 선생님, 어렵게 발표하고도 욕받이가 된 저, 이렇게 그날은 잊고 싶은 하루였습니다. 여름 워크숍 사건 이후, 저는 어떻게 하면 소통하는 회의를 할 수 있을까 고민했습니다. 제가 퍼실리테이션이라는 것을 찾아가 배우게 된 계기입니다.

　2013년에 정 선생님이 연구년으로 들어가면서 제가 혁신부장이 되었습니다. 솔직히 하기 싫었습니다. 학교 상황은 어렵고, 3년차라 정말 중요한 시기인데, 정 선생님 혼자만 쏙 빠지는 것 같았습니다. 화가 났습니다. 함께 들어간 최 선생님이 저를 설득했습니다. 이렇게 무너지면 교직 생활 평생 쪽팔릴 것 같다 했습니다. 자기도 부장을 할 테니 함께 하자고 했습니다. 그 말에 정신이 번쩍 들었습니다. '잘하진 못해도 쪽팔리진 말자.' 이게 제 인생 신조인데 지금 그만두면 평생 후회 될 것 같았습니다.

　교무부장을 맡고 있던 박 선생님도 함께 해보자 했습니다. 박 선생님은 제가 제일 믿고 의지한 선생님입니다. 힘들고 어려울 때 학교를 지탱해준 버팀목 같은 형이며, 안산초가 혁신학교로 제 꼴을 갖추게 된 가장 큰 역할을 한 사람입니다. 두 선생님의 말씀에 저도 마음을 다잡았습니다.

　혁신부장이 되고 나서 가장 먼저 한 일은 업무전담팀을 만든 것입니다. 교무, 혁신, 과학정보, 실무사 3명, 교감 이렇게 7명이 교무실에서 업무를 전담했습니다. 업무 전담 교사 셋이 똘똘 뭉치니 안 되는 일이 거의 없었습니다. 내 공문, 네 공문 할 것 없이 고민되고 문제다 싶으면 바로 모여서 회의를 했습니다. 바로 바로 반영될 수 있도록 한 셈입니다. 지시하는 교무실에서 지원하는 교무실로 바뀌기 시작했습니다. 업무전담의 경험을 돌이켜보면 선생님들은 일을 힘들어 하는 것 같지 않습니다. 복잡한 과정과 관계에 힘들어 합니다. 결국 관계가 혁신의 시작인 셈입니다. 저도 그랬습니다. 일부러 찾아가 농담 따먹기도 하고, 실없는 짓을 많이 했습니다. 처음에는 마음의 문이 잘 열리지 않았습니다. 제가 왜 저러지 그랬습니다. 왜냐하면 저는 혁신학교 한다고 굴러온 '혁신파' 중 한 명이었기 때문입니다. 그래도 방법은 '만남' 하나 밖에 없었습니다. 이야기를 나누다 보면 해결되지, 글로 해결되는 것은 없었습니다.

2013년, 또 한 분의 귀중한 선생님이 안산초에 오십니다. 김 교감선생님입니다. 제가 정말 좋아하고 존경하는 선생님입니다. 교감선생님의 장점은 '유머' 입니다. 딱딱한 분위기를 몇 마디 말로 반전시키는 기막힌 장점이 있습니다. 문서를 많이 다뤄봤기 때문에 어떤 일을 해야 하고 하지 말아야 할지, 어떻게 하면 일을 쉽게 할 수 있을지 잘 알고 있었습니다. 그렇다고 해서 말로만 한 것이 아닙니다. 담임 선생님들이 힘들어하는 6학년 학생들 생활지도를 함께 하셨습니다. 일명 '교감선생님과 함께하는 드라이브'입니다. 수요일마다 6학년 학생 4명 정도씩 팀을 짜, 교감선생님 차로 대부도 드라이브를 다녔습니다. 중앙동에 데리고 가서 방방이도 타고 간식도 사 먹였습니다. 상담이 아닌 삶으로 아이들에게 다가갔습니다. 아이들도 마음을 알아주었습니다. '저렇게 멋진 교감도 있구나! 나도 저런 사람이 되고 싶다.' 라는 생각을 자주 했습니다. 2013-2014년, 힘들지만 참 재미나게 보냈습니다. 가장 큰 보람은 '학년 선생님들이 원하면 업무전담팀은 뭐든지 한다.' 라는 우리 스스로의 약속을 만든 일입니다. 더 좋은 선생님들이 되려 함께 노력한다는 느낌을 자주 받았습니다.

2009~2014년, 6년의 시간을 돌아보고 글로 정리하니 마음이 쓸쓸해집니다. 잘 해보려 애는 썼는데 제대로 한 것이 거의 없는 것 같습니다. 동무와 동지라 여겼던 사람들의 변화에 화가 나기도 했고, 나와 전혀 다른 사람이라 상종하지도 않았던 사람들이 스승이 되기도 했습니다. 그러고 보면 본디 그

렇게 태어난 사람은 한 명도 없는 것 같습니다. 나쁜 상황과 좋은 상황이 있을 뿐이지요. 안산초에 원래부터 있었던 선생님들 입장에서 제가 나쁜 상황이었을 수도 있었을 겁니다. 이 모든 것은 겪어보지 않으면 몰랐을 일입니다. 그나마 다행인 것은 힘 넘치는 30대에 겪었다는 것이겠지요. 지금 다시 하라고 하면 솔직히 엄두가 나지 않습니다.

  2015년 안산을 떠나 양평에 와서 여유가 생겼습니다. 몸의 여유도 있겠지만 마음의 여유가 더 큽니다. 안산에서 몸으로 배운 겁니다. '너도 나름 애쓰고 있구나. 다름은 도움이 된다. 나쁜 사람은 없다, 나쁜 상황만 있다. 누구나 잘해보려 애쓴다.' 이런 것들입니다. 물론 지켜지지 않을 때도 많습니다. 남 탓도 하고, 욕도 자주 합니다. 그래도 괜찮습니다. 전보다 더 나아졌으니까요. 아! 좀 더 정확히 이야기 해야겠군요. 나아지자고 '마음' 만이라도 먹고 있으니까요. 그거면 충분하지 않을까요?

우리들 마주이야기 ●────────

우리는 만나야 한다

박 길 훈

각자의 길을 묻다

우리 모두는 다 다릅니다. 살아온 결이 다르며, 걸어온 길도 다릅니다. 어느 때인지는 모르겠지만 우리는 한 곳에 모여 있습니다. 그저 함께 모여 있다는 것 외에 우리가 가진 공통분모가 무엇인지 묻지 않을 수 없습니다. 그리고 왜 모여 있는지도 말이죠. 누군가는 운명이라고 하고, 누군가는 시골살이를 동경하며 발을 들여 놓았다고 합니다. 내 마음 닿는 대로 아이들을 가르쳐 보겠다고도 하지요. 어떤 이는 교육을 흔들어 보겠다는 마음으로 출발했고, 누구는 격동기의 대학시절을 보내며 자연스레 전교조 활동을 하며 뜻 맞는 사람들과 함께 했다고 합니다. '왜'라는 질문에 답을 찾고 싶다고도 하고, 부끄럽지 않은 교사로 많은 사람들과 함께 하고 싶다고도 합니다. 각자 스스로를 바라보는 모습과 내가 그들을 바라보는 모습은 같기도 하고 다르기도 합니다.

　김영주 선생님은 말 그대로 선생님입니다. 선생님은 언제나 새로운 것을 찾습니다. 그것을 깊게 배우려 합니다. 그러니 모임 선생님들이 배울 것도 많습니다. 누군가에게 가르쳐주려는 마음도 큽니다. 우리 모두는 그 마음을 거부할 수가 없습니다. 오랜 시간 함께 배우고 나누지만 쫓아갈 수밖에 없습니다. 혹시라도 내가 앞서가려하면 이미 선생님은 저만치 가 있지요. 아마 나는 끝끝내 쫓아만 가고 있을지도 모릅니다. 그래도 김영주 선생님을 놓치고 싶지 않습니다. 놓치면 후회할 것 같으니까요. 김영주 선생님을 20년 가까이 만나면서도 잘 모르겠습니다. 얼마나 마음을 나누었는지 돌아보게 됩니다. 김영주 선생님의 마음에도 더 가까이 쫓아야겠습니다.

　장상순 선생님은 바위와 같습니다. 도무지 그 움직임을 알 수가 없습니다. 잘 모르겠습니다. 하지만 선생님의 그 단단함을 알면 함께 서 있고 싶은 마음이 생깁니다. 별 다르게 눈에 띄지도, 나서지도 않지만 안 계시면 허전합니다. 장상순 선생님과도 역시 긴 세월 함께 나누었던 것들이 많습니다. 든든한 형님 같습니다. 형님이 없는 나에게는 그 존재감이 참 큽니다. 같은 지역에서 부대끼지 못했습니다. 더 가까운 곳에서 살았다면 더 깊어졌을까요? 앞으로도 20년은 더 그 자리에서 단단한 바위처럼 서 계실 것 같아 마음이 놓입니다.

　김강수 선생님은 저에게 그저 형님입니다. 좀 많이 똑똑한 형님입니다. 성깔도 있지만 반면 마음도 약해서 잘 무너지기도 합니다. 부러지더라도 꺾이지 않으려 애를 씁니다. 요즘은 살짝만 건드려도 구부러집니다. 그만큼 다른 사람들의 이야기를 잘 들어주려고 애를 씁니다. 그렇다고 만만하지는 않습니다. 아무한테나 그러지도 아무 때나 그러지도 않지요. 세상을 흔들어 보겠다던 사람이니 함부로 스스로를 꺾지 않습니다. 내가 김강수 선생님을 좇은 건 참 잘한 일입니다. 같은 마을에서 함께 나누고 살다 보니 참 배울 것이 많습니다. 저에게는 스승 같은 형님입니다. 내가 앞서 갈 리는 없겠지만 뒤꽁무니라도 잡고 늘어져 보려합니다.

이혜순 선생님은 나와 함께 사는 사람입니다. 누구보다 많은 이야기를 나누었고, 함께 많은 일들을 해왔습니다. 출발의 지점은 같지만 하고 싶은 일도, 잘하는 일도 다르다보니 서로 걸어온 길은 조금 다릅니다. 그러다 몇 해 전부터 "이오더긴수업교육연구소"에 함께 나가며 또 다른 모습으로 만나고 있습니다. 서로에게 새롭게 보이는 것들이 생겼습니다. 살아갈수록 참 좋은 사람입니다. 어수룩하지만 함부로 할 수 없고 더듬더듬하지만 행동에는 단단함이 있습니다. 이혜순 선생님과 함께 살며 때론 아이처럼 대들어 보지만 결국 무너지고 맙니다. 언제나 그런 것은 아닙니다. 때론 모르는 척 넘어가 주며 길을 열어주기도 하는 고마운 사람입니다. 처음의 마음을 잊지 않게 해주는 고마운 사람입니다.

윤승용 선생님은 발령을 받아 구리에 와서 알고 지낸 가장 오래된 친구입니다. 어쩌다 20년을 알고 지냈습니다. 나와는 참 많이 다른 친구입니다. 그래도 배울 게 참 많습니다. 다행히도 같은 꿈을 품고 살고 있으니 더 없이 좋은 친구입니다. 언제나 진지하지만 웃음을 잃지 않는 친구입니다. 항상 책을 가까이하고 배움을 게을리 하지 않는 성실한 친구입니다. 그런데 친구라는 것이 힘들고 어려울 때도 함께 해야 하는데, 난 승용이를 잘 모르고 살았던 것 같습니다. 내가 그에게 좋은 친구인지는 모르겠습니다.

조배식 선생님은 고작 1년이 채 안 된 친구입니다. 흔하지 않은 동기를 모임에서 만났습니다. 참 유쾌한 친구입니다. 따뜻함과 배려도 넘칩니다. 세상을 밝게 바라볼 줄 아는 친구입니다. 뭐든 함께 할 수 있겠다는 믿음을 주는 든든한 친구입니다. 글과 말에서 진정성이 느껴집니다. 우리 가운데 안 그런 이가 없지만 지금껏 겪지 못했던 다름이 있습니다. 모임에 새로운 에너지를 담아주고 있습니다. 그 에너지가 모두에게 전해지는 것 같아 고맙고 또 고마운 사람입니다.

권재우 선생님도 역시 모임에서 만난 지 1년이 채 되지 않았습니다. 하지만 여러 해 이러저러한 일로 함께 부대끼다보니 왠지 모를 정겨움이 있습니다. 푸근한 동생이 하나 생긴 것 같습니다. 하고 있는 일이 많아 바쁘지만 해야 할 것들에 게으름이 없습니다. 그만큼 가진 것도 많습니다. 가진 것을 아끼지 않고 함께 나누는 일에 부지런합니다. 차근차근 깊숙하게 알아가고 싶은 좋은 동생입니다. 함께 가는 이 길의 끝에서도 함께 서 있으면 좋겠습니다.

최강토 선생님은 우리 가운데 막내입니다. 하지만 막내 같지 않은 진지함이 있습니다. 여러 모임으로 바쁘기도 해서 조금 선명하지 못한 면도 있지만 내가 그 나이 때를 돌아보면 훨씬 나은 것 같습니다. 어떤 면에서는 부럽기도 합니다. 내가 한참에서야 깨달을 수 있었던 것들을 일찍 깨달아 실천하고 있습니다. 내가 그 맘 때 겪지 못했던 길을 여럿이 함께 걷고 있으니 말입니다. 아직은 이리 부딪히고 저리 부딪히며 많은 일들을 겪고 있지만, 앞으로 또 겪게 되겠지만 딱히 걱정이 되지 않습니다. 함께 나눌 사람이 있고, 길을 열어줄 사람들이 함께 하고 있으니 뭐가 두렵겠습니까? 힘껏 지치고 나가길 바랍니다.

한 사람 한 사람이 나에게 어떤 사람인지 갈무리해보았습니다. 하지만 아직 잘 모르는 것이 더 많을 지도 모르겠습니다. 어쩌면 그들에게도 나는 정답이 없는 사람 아닐까요? 그래도 갈 길이 정해져있고 함께 가리라는 믿음이 있기에 그다지 중요하지 않습니다. 우리가 배우고 겪는 만큼 또한 서로를 배우고 겪게 될 겁니다. 새로울 것이 없는 사람은 함께 하기 힘듭니다. 그러니 조급해하지도 말고 불편해하지도 말아야겠습니다. 나에게 그들은 모두 좋은 스승입니다.

나는 어디서 왔나?

좋은 선생님이 되고 싶습니다. 그러니 내 바탕을 돌아보지 않을 수 없습니다. 아이들을 좋아하고, 오랜 세월 음악을 하며 살아왔습니다. 쓰러질 것 같은 집에서 살다보니 하나하나 내 손으로 고치며 살아온 덕에 손재주도 꽤 좋은 편입니다. 욕심도 많고, 지는 것이 죽도록 싫어 뭘 해도 끝장을 보겠다는 마음으로 달려듭니다. 크고 자라는 동안은 말수도 없고 조용한 편이었지만 억척같이 살다보니 성격도 꽤나 괴팍해졌습니다. 자존심도 강해서 받은 상처를 돌려주기 일쑤였고, 다시 상처받는 일도 많습니다. 이런 내가 좋은 선생님이 될 수 있을까요? 스스로에게 물어봅니다.

살다보니 좋은 사람들을 많이 만났습니다. 좋은 사람들과의 만남은 나를 돌아보게 만듭니다. 그들에게 묻는 질문은 모두 나에게 돌아왔습니다. 20년이라는 짧지 않은 시간은 많은 면에서 나를 바꾸었습니다.

손재주는 그대로 아이들에게 돌려주고 싶습니다. 그리 살려고 애를 써 봅니다. 학교에서 아이들과 살다보면 음식 만들기며, 김장 담그기, 목공 체험, 스케치 수업, 학급 밴드와 같이 손으로 할 수 있는 일이 무척 많습니다. 그것들을 직접 하거나 가르칩니다. 많은 선생님들이 부러워하는 것 가운데 하나입니다. 난 이런 나에게 자부심을 느끼곤 합니다. 잘하는 것이 있으니 그대로 아이들에게 전해주면 되는 일입니다. 아이들과 함께 할 수 있는 것들이 많습니다. 아이들도 즐기니 더 없이 좋은 일입니다.

그런데 꼭 그게 다는 아니라는 생각도 듭니다. 약간의 결벽과 완벽주의가 있었던 나는 내가 하는 일을 남에게 맡기지 못하는 나쁜 습관이 있습니다. 어릴 때부터 혼자서 하길 좋아했고, 누가 옆에서 거드는 것을 싫어했습니다. 다른 사람을 믿지 못했습니다. 스스로 쌓은 벽은 쉽게 무너지지 않았습니다. 계속 그렇게 살 수는 없는 노릇입니다.

나는 운이 좋은 편입니다. 좋은 사람들을 많이 만났습니다. 같이 만나 모임을 만들고 어울리며 조금씩 벽을 허물 수 있었습니다. 아직도 어떤 면에서는 쉽게 바뀌지 않는 것들도 있습니다. 하지만 나를 바꾸지 않고는 계속 사람들을 만나고 어울릴 수 없습니다.

선생님들 모임은 아니지만 주말마다 모여 그림을 그리는 모임을 가졌습니다. 교수님 한 분이 그림을 가르쳐주셨습니다. 서울의 여러 골목들을 돌아다니며 스케치를 하고 수채화로 그림을 그렸습니다. 일주일에 작품 하나를 그리는데, 모임에서 그림을 다 그려내기는 쉽지 않습니다. 집으로 돌아와 꼼꼼하게 스케치를 마무리하고 색도 꼼꼼하게 채워 넣었습니다. 그렇게 골목 스케치를 반 년 동안 배우고, 작은 발표회를 가졌습니다. 판화가 이철수 선생님을 만나 내 그림 이야기를 나누었습니다. 꼼꼼하고 자세하게 그려진 내 그림을 보시고는 웃어주셨습니다. 잘 그렸다고 칭찬도 해주셨습니다. 그리고는 한마디를 더 해주셨습니다.

"이젠 대충 그리세요. 아이들 가르치는 사람이 그렇게 그리면 안 됩니다."

조금 섭섭하고 속이 상했습니다. 곱씹어 보았지만 무슨 말인지 쉽게 알지 못했습니다. 이어서 해주신 이야기를 듣고는 무슨 말씀인지 알게 되었습니다. 이철수 선생님이 해주신 말씀입니다.

"아이들에게 빈틈을 보여야 합니다. 그래야 아이들도 비집고 들어올 자리가 있지 않겠어요? 선생님이라고 다 잘 할 수도 없겠지만 꼭 다 잘 할 필요는 없어요."

그 한마디에 난 내가 살아온 길을 돌아보지 않을 수 없었습니다. 너무 팍팍하게 살았습니다. 오래 되어 고치지 못한 것들이 있습니다. 다른 사람이 보기에는 조금 과하다싶은 꼼꼼함, 그다지 중요하지 않은 것에 대한 결벽, 남의 이야기를 잘 듣지 않고 혼자 해결하려는 고집, 같은 것들이 있습니다. 거기다가 이것저것 쉬지 않고 일을 하며 나를 가만히 두지 않았습니다. 몸이 상하는 것도 모르고 정신없이 살았습니다.

몇 해 전 결국 몸에 문제가 생겼습니다. 이름도 처음 듣는 병이 들었습니다. 하루 열두 알이나 되는 스테로이드를 먹으며 뼛속까지 파고드는 아픔을 견뎌야 했습니다. 잠을 제대로 잘 수도 없었습니다. 겨우 눈을 붙이면 아침에 다시 눈을 뜨는 것이 싫었습니다. 눈을 뜨고 곧장 약을 먹지만 약 기운이 도는 그 잠깐의 시간이 너무 싫었습니다. 그냥 눈을 뜨지 말걸… 죽고 싶다는 생각과 살아야겠다는 생각을 하루에도 몇 번을 했는지 모르겠습니다. 다행스럽게도 좋은 한의사를 만났습니다. 지겹도록 먹던 약을 이제 그만 먹고 싶다고 했습니다. 약 부작용으로 온 몸이 퉁퉁 부어 거울조차 보기 싫었습니다. 그런 나에게 약을 끊을 수 있도록 도와주겠다고 하십니다. 지푸라기라도 잡겠다는 마음이었습니다. 누군가에게 나를 맡기는 일이 익숙하지 않았습니다. 살고 싶었습니다. 오롯이 내 몸을 맡기고 나서야 몸이 조금씩 돌아왔습니다.

몸이 아팠던 그 시간이 결코 나쁘지만은 않았습니다. 무엇보다 생각할 시간이 많았습니다. 아이들과 함께 지내온 십 수 년을 돌아보게 되었습니다. 아이들이 참 답답했겠다. 내가 아이들에게 너무 많은 걸 바라고 살았다는 생각이 들었습니다.

나는 어디로 갈 것인가?

내가 지금껏 살아오면서 가장 잘 한 일이 무엇일까? 생각해보았습니다. 살아 온 길을 꼼꼼히 들여다보면 답이 보입니다. 음악이 좋아 고등학교 때부터 스쿨밴드에서 음악을 해왔고, 음악 활동은 지금까지 이어오고 있습니다. 아이들을 가르쳐보겠다고 교육대학을 다녔고, 선생이 되어 20년 째 아이들을 가르치고 있습니다. 더 좋은 교육을 만들어보겠다고 전교조에 가입해 온갖 일들을 하고 있습니다. 대학을 졸업할 때까지 배우기만 했던 곳이 학교였지만, 이제 학교라는 곳은 더 이상 나에게 배움을 주는 곳이 아니라 여겼습니다. 그러니 다른 배움이 필요했고, 이런 저런 모임 활동을 해왔습니다. 동화모임, 국어교과모임, 학급운영모임, 지금은 이오덕김수업교육연구소 모임까지 쉼 없이 쫓아다녔습니다. 중간에 모임을 잠시 쉬기도 했지만 김영주 선생님, 김강수 선생님, 윤승용 선생님과 연구소 모임을 만들고, 지금까지 이어온 일은 참 잘한 일입니다.

여러 모임을 해왔던 내 모습도 돌아볼 필요가 있습니다. 내가 앞서서 이끌고 가기보다는 따라 하기에 바빴습니다. 처음 얼마동안은 그렇다 하더라도 아직도 그렇게 끌려가는 내 모습이 싫습니다. 이젠 함께 나누고, 때론 앞장서서 이끌기도 해야 합니다.

모임 선생님들 하나하나가 소중합니다. 그들과 함께 할 수 있어 행복합니다. 서로에게 모두 선생입니다. 지금껏 살아오면서 가장 잘 한 일은 함께 걸어갈 동지를 만난 일입니다. 꾸준히 배우고 익혀야겠습니다. 혼자서는 할 수 없는 일입니다. 그러니 손을 맞잡아야 합니다. 서로의 삶에 시나브로 스며들어야 합니다. 함께 살아가며 나누어야 합니다. 이미 많은 것들을 나누었고 배워왔습니다. 참 오랜 시간 동안 많은 사람들이 들어오고 나가기를 반복했습니다.

요 몇 년 새로운 선생님들이 함께 하고 있습니다. 모두 만만한 선생님들이 아닙니다. 나누고 배울 것이 많습니다. 나 스스로도 나누고, 베풀 수 있는 깜냥이 있는지 돌아보아야겠습니다.

모임이 저를 많이 바꾸었습니다. 대학을 졸업하고 선생을 하며 끊었던 책 읽기를 다시 하고 있습니다. 그전에도 모임을 하며 책을 간간히 읽어왔지만 필요한 책만 골라 읽었으니 제대로 된 책읽기는 아니었습니다. 온작품읽기를 시작하고, 아이들 읽을 책을 따로 읽기 시작했습니다. 또 연구소 모임을 하면서 비로소 책을 제대로 읽기 시작했습니다. 스스로 얻을 수 있는 배움은 그다지 크지 않습니다. 결국 배움을 꾸준히 이어가려면 책을 읽지 않고는 힘들다는 것을 알게 되었습니다. 책을 읽고 서로 이야기를 나눌 수 있어 좋습니다. 그 이야기에는 서로의 삶이 담겨 있어 더 좋습니다. 그 이야기들을 글로 쓰니 깊어지고 오래갑니다.

이젠 꾸준하게 이어가는 일이 남았습니다. 선생을 하고 남은 힘을 쏟는 일이니 쉬운 일은 아닙니다. 그렇다고 어려운 일도 아닐 듯합니다. 여태껏 잘 해왔으니 앞으로도 잘 이어가면 되는 일입니다. 나누고 배우겠다는 마음만 놓지 말아야겠습니다.

우리는 만나야 한다

결국은 사람입니다. 혼자 이 길을 왔다면 난 길을 잃고 헤매었을지도 모릅니다. 아니 길이 아닌 곳에 있을지도 모르겠습니다. 수많은 사람들을 만났습니다. 지금도 그들과 함께 하고 있습니다. 더 넓게 만나야 하고, 더 깊게 만나야 합니다. 우리는 만나야 합니다. 눈 돌릴 틈이 없습니다. 마음을 다해야겠습니다. 난 그들 속에 스며있고, 그들과 함께 하고 있습니다. 그래야 더 자유로울 수 있습니다.

좋은 선생님이 되고 싶습니다. 아이들과 함께 무엇을 나누어야 하고 무엇을 해야 할지 끊임없이 생각합니다. 어디까지일지 모르지만 끝없이 배우고 익히려고 합니다. 조금씩 공부에 재미를 느끼고 있습니다. 함께 나누고 배우는 것이 즐겁습니다. 혼자라면 재미도 즐거움도 얻지 못했을 겁니다.

"우리는 만나야 한다."

우리들 마주이야기

사랑하게 되다

이 혜 순

연구소 선생님들 마주이야기를 읽으며 마음에 와 닿는 말들이 있습니다.

조배식 : 길, 의미, 기회, 좋아서 하는 게 맞는 것 같아요. 뭐든지. 의욕

권재우 : 좋아하고 잘하는 것, 재미와 의미, 가슴이 뛰었어요, 사람, 이야기, 성장, 돌아봐라

박길훈 : 삶의 폭, 바꾸는 사람, 재미, 즐겁게 살았으면, 교사가 잘 살아야, 집중, 뜻

김강수 : 외롭고 쓸쓸한, 두려움, 열심히 살았어요, 함께, 동무, 쉽게 되는 게 없다, 오랜 시간

최강토 : 내가 좋아하면서 아이들도 좋아하는 것, 어우러져야, 이어지는 이유

장상순 : 참교육, 고민, 변화, 노력, 지독한 면

윤승용 : 근본적 물음, 조금씩 가다듬어, 부끄러운 장면, 소중한

권재우 선생님은 '좋아하고 잘하는 것'을 이야기합니다. 최강토 선생님은 '내가 좋아하면서 아이들도 좋아하는 것' '어우러지는 것'을 이야기합니다. 저는 장구를 사랑합니다. 장구 이야기를 하면 다른 선생님들이 이야기하는 다른 말들도 다 담을 수 있습니다.

언제부터인가 장구를 교실 책상 옆에 두었습니다. 집에 가기 전에 딱 10분씩만 '기닥'[16]을 연습하기 위해서입니다. 좀 더 찰진 장구 소리를 내고 싶었습니다.

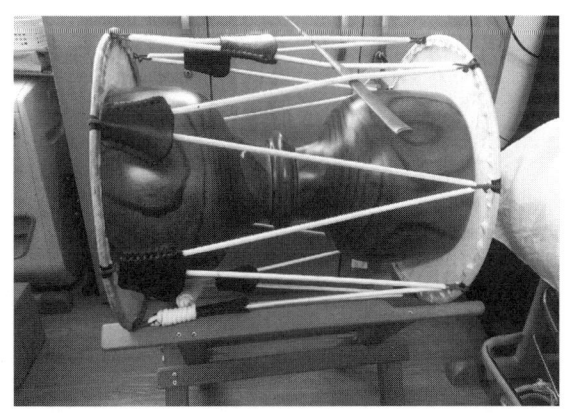

아이들이 두 달 동안 음악 시간마다 사물놀이를 연습했고, 학예회 날 발표를 했습니다. 발표가 끝나고도 아이들이 사물놀이를 좀 더 하고 싶다합니다. 이제는 내가 가르쳐 주지 않아도 자기들끼리 신나게 합니다. 악기를 서로 바꾸어 가며 놀기도 합니다. 그 모습을 보며 내가 사물놀이를 지금까지 배우고

---

16) 장구 열채 소리

가르치며, 선생님들과 함께 하길 잘했다는 생각이 들었습니다.

97년에 교사 발령을 받았습니다. 1년이 지난 어느 날 풍물 연수를 한다는 공문이 왔습니다. 배워두면 음악 시간에 여러 모로 좋을 것 같아 배우게 되었지요. 몇 번 연수를 받고 보니 잠깐 배워 될 일이 아니고, 장구를 잘 치는 선생님들을 보니 나도 그렇게 해 보고 싶었습니다. 그래서 일주일에 한 번 모임에 가고 방학에는 며칠 동안 연수를 갔습니다. 풍물을 함께 하며 노는 것이 재미있습니다. 판소리를 듣고, 소고, 태평소 연주도 듣습니다. 경기민요도 함께 부르며 우리 음악과 놀이에 빠졌습니다. 무대에서 사물놀이 발표를 한두 번 하게 되었어요. 아이들에게도 간단한 별달거리 가락을 가르치게 되었지요. 그렇게 1년을 보낸 후 결혼을 하고 아이를 키우다보니 풍물을 배우기가 힘들었습니다.

몇 년이 지난 후 학교를 옮겨 6학년 아이들을 가르치던 해였습니다. 어느 날 옆 교실에서 장구의 '구궁 구궁' 소리가 계속 들리는데 가슴이 쿵쿵 울리며 뛰었습니다. 옆 반 선생님이 장구를 배우기 시작하며 매일 연습을 하는 소리를 듣게 되었지요. 다시 장구를 하고 싶었습니다. 그래서 시간을 내어 모임에 나가고 연수를 받았습니다. 그 이후로 나의 인사기록 연수 항목은 거의 풍물 직무연수로 채웠습니다.

해를 세어보면 15년 가까이 구리남양주교사풍물모임 '타래'를 함께 하고 있습니다. 2년 전 20주년 공연도 함께 했습니다. 모임을 게을리 할 때가 있었지만 지금도 매주 목요일마다 가서 장구를 칩니다. 몇 년 동안 웃다리 사물놀이를 연습해 무대에 올렸습니다. 올해부터는 삼도사물놀이를 함께 배우고 있습니다. 행사가 있으면 길놀이도 합니다.

2008년 타래 모임에서 북춤, 판 굿, 설장구를 배워 10주년 공연 준비를 했습니다. 다시 학교 아이들과 해 보았습니다. 힘들고 어려운 일이지만 새로운 경험이었습니다. 2010년 송천분교로 옮겨 아이들과 길놀이를 해 보았습니다. 매주 한 시간씩 모여 사물놀이를 연습해 예술제 참가를 했습니다. 아이들이 실력을 쌓으며 재미를 찾는 모습이 좋았습니다. 다시 학교를 옮겨 올해는 3학년 우리 반 아이들 전체가 함께 사물놀이를 했습니다. 반 아이들 전체를 무대에 함께 올려보기는 처음입니다. 아이들이 어디까지 사물놀이 재미를 느낄 수 있을지 궁금했습니다. 처음에는 박자에 맞추어 자기 악기 소리를 내는 것이 어렵고 몸에 맞지 않아 어색합니다. 매일 연습하면 악기 소리가 훨씬 달라집니다. 아이들의 몸짓도 달라집니다. 아이들이 사물놀이를 하면서 느끼는 재미와 흥은 보는 사람을 신명나게 합니다. 아이들의 신명을 보면서 교사인 나도 더 배우고 싶어집니다. 꽹과리도 더 배우고 싶고, 소고도 배우고 싶고, 상모도 돌리고 싶고, 언젠가는 단소도 잘 불고 싶습니다. 그래야 아이들에게 단소와 소금 악기를 더 잘 가르칠 것 같습니다.

　사물놀이 가락은 단순합니다. 마음을 울리는 소리를 만들고, 각자가 만든 소리로 합[17]을 만들어 하나의 곡으로 만들어내는 것이 어려운 일입니다. 하루를 배워 연주를 할 수도 있고, 10년을 넘게 연습하여 연주하기도 합니다. 모두가 음악이 됩니다. 그 합이 같기도 하고 다르기도 합니다. 돌이켜 보면 10년 전, 5년 전 아이들과 사물놀이를 할 때와, 올해 아이들과 사물놀이를 할 때 그 합이 다릅니다. 내 배움이 크고 깊어지면서 아이들 재미와 흥도 살아

---

17) 쇠, 장구, 북, 징이 함께 소리 내다.

납니다. 그리고 그 흥이 내가 배우고자 하는 마음을 더 키워 줍니다. 자세히 보면 삶에서 합이 만들어지는 경험은 많지 않습니다. 다양한 생각과 모습으로 살아갑니다. 사물놀이는 몸짓과 소리로 합이 만들어지는 경험을 줍니다. 장구, 북, 꽹과리, 징이 각자의 소리를 낼 때는 울림이 작지만, 사물놀이로 만날 때는 울림이 커지면서 재미와 흥이 살아납니다.

장구 악기가 가진 합도 있지요. 나무와 가죽이 만나 울리는 소리, '궁'과 '기닥'의 합이 만들어 내는 소리는 마음을 설레게 합니다. 그것이 다른 가죽 악기인 북과 만나고, 쇠 악기인 꽹과리, 징과 어우러지는 사물놀이는 흥을 살아나게 합니다. 아이들도 이런 마음으로 계속 사물놀이를 하는 게 아닐까 합니다. 우리 반에 항상 조용히 책만 읽던 종호가 장구를 치는 모습을 보면 신이 절로 납니다. 지훈이는 글을 쓸 때 사물놀이 장면을 썼습니다.

우루루쾅쾅

어디선가 소리가 난다.
북치는 소리 꽹과리 소리
장구 소리 징소리가 난다.
함께 척척 맞는다.
우루루쾅쾅 북치는 소리가 난다. (3학년 김지훈)

모임 '타래'를 하면서 사람을 만났습니다. 함께 하는 사람이 많을 때는 사물놀이를 할 때처럼 흥이 나지만 개인적인 사정으로 사람들이 점점 줄면 모임이 어려워집니다. 모임에 회원이 둘이 남았을 때 모임을 접자 합니다. 그러고 싶지 않다 하였습니다. 나는 장구를 계속 치고 싶었습니다. 다시 기초반 모임부터 시작했습니다. 사람이 하나둘씩 매년 늘어납니다. 학교에서 힘들었던 몸과 마음을 가지고 다시 움직이는 것이 힘들지만, 와서 한번 두드리고 가면 몸과 마음이 풀린다고 합니다. 조금씩 나누는 이야기나 놀이판이 재미납니다. 따로 배우는 모임도 생깁니다. 가야금을 배우는 선생님들, 판소리와 서도소리를 배워 들려주는 선생님이 있습니다. 나는 한 달에 한번 설장구를 배우고 있습니다. 10년을 배우고 있는 사람, 5년을 배우고 있는 사람, 지금 막 시작한 사람이 각자 몫으로 함께 배우고 연습을 합니다.

장구를 배우면서 2년 정도 먼 길까지 다니며 전문가에게 배운 때가 있습니다. 일주일에 두 번을 모임에 나가 배우고 함께 한다는 것이 어렵습니다. 그래서 한 모임을 멈추어야겠다는 생각을 했습니다. 고민이 되었습니다. 장구를 처음 시작할 때, 어떤 뜻이 있었나, 어떻게 해 왔나를 돌아보게 됩니다. 사물놀이를 배우고 나누는 방법을 선택해야 했습니다. 아이들과, 같이 살아가며 이야기를 나누고, 삶을 나누는 사람들과 함께 해야겠다고 마음먹었지요. 그 방법이 느리고 더디더라도 좋습니다. 장구를 배우면서 겪었던 장면들이 있습니다. 그 장면에는 사람도 있고 사물놀이의 합도 있습니다. 배우고 나누는 방법이 서툴러 겪은 일들이 많습니다. 그 서투름이 무엇이었을까를 묻다 보면 내가 왜 이 배움을 시작했나, 아이들과 어떻게 이어왔나, 사람들과 무엇을 나누고 있는지 묻게 됩니다. 그것을 묻다 보니 장구를 더 사랑하게 되고, 아이들과 사물놀이 흥을 더 느껴 보고 싶습니다.

우리들 마주이야기

아이와 어떻게 만나고자 하는가

윤승용

"교사로서 나는, 아이와 어떻게 만나고자 하는가?" 선생님들의 글을 읽으면서 좀 더 생각하고 싶은 질문입니다. 사실 몇몇 추상적인 말로 얼버무릴 수 있지만 막상 답하려고 하면 손에 잡히지 않는 질문입니다. 선생님들은 나름의 말로 이를 풀어놓았습니다. 교육적으로 의미 있고 기억에 남는 수업을 일구는 일, 서러운 아이 눈물을 닦아주고 따뜻하게 안아 주는 일, 아이마다 눈 맞추면서 하고 싶은 것 찾아주기, 아이들의 미래를 위해서 바른 삶을 준비시키는 일, 틀에 얽매이지 않고 나와 아이 사이를 잇기…….

"즐거운 교사였으면 좋겠어요. 즐거운 교사. 뭘 하더라도 제가 흥이 나서 가르쳐야 되고, 가르치는 것이 아니라 제가 흥이 나서 제가 좋아서, 그것을 아이들과 함께 배우는 아이들, 배우는 교사, 나누는 교사가 되고 싶어요. 그러면서 재미와 의미, 두 가지 토끼를 잡고 싶어요."

(권재우, 2018.8.31.)

"내 모토는 기억에 남는 수업을 하자. 평생 한 번쯤은 이런 걸 해봤다. 그게 모토이기 때문에 발굴을 해요. 어느 학교에 가면 환경을 보고 가능하면 일을 좀 벌이죠. 벌리는 스타일이라서 그런 것 같아요."

"지금대로 하고 싶은 거 하고, 또 아이들한테도 정말 의미 있고 기억에 남는 수업을 하고 싶다. 그 정도면 좋지 않을까."

(조배식, 2018.8.31.)

"우리 아버지가 죽기 전에 응급실에서 커피마시다가 '너 불쌍한 아들한테 잘해주라.' 이라는 거예요. (······) 나는 그런 사람이 좀 있어야 되지 않나. 편을 들어주는 사람이 있어야 되지 않나. 외롭고 쓸쓸한 아이가 있지 않나. 아무도 손을 내밀지 못하는데 내가 한 번쯤은 해주어야 되지 않나. 그런 마음을 그 때 아마 그게 아마 그런 마음을 지니게 하지 않았을까 싶고요."

(김강수, 2018.9.8.)

"지금은 틀에 크게 구애받지 않아도 된다는 것도 알게 돼서 제가 좋아하는 아이들과 나눌 수도 있고, 그리고 아이들하고 더 많이 깊게 나눌 수 있다, 나누어야 된다는 생각이 특히 올해 많이 들어서······"

(최강토, 2018.9.8.)

"진짜 교육이라는 걸 하면서 살고 싶어요."

"교육적인 장면을 많이 만들고 싶어요."

(이혜순, 2018.9.19.)

"교사가 잘 살아야 아이들이 잘 산다. 잘 살다 보면 저 끝자락에 행복이 보이지 않을까? (……) 그 출발이 아이들이 하고 싶은 것을 찾아주자."

(박길훈, 2018.9.19.)

"모든 걸 떠나서 순수하게 내가 아이들에게 가르치는 교사라면 내가 진짜 아이들을 위해서, 아이들의 미래를 위해서 아이들이 가장 필요한 것들 그리고 그런 아이들을 바르게 키워나가고 아이들이 만들어 나가는 사회, 그 다음에 사회가 그 아이들을 보듬어 줄 수 있는 사회적인 협력까지도 교사 음 하나는 교사가 되어야 한다는 것이고 그것이 올바른 스승이지 않을까 하는 생각을 해."

(장상순, 2018.10.5.)

나는 "아이들의 이야기 들으면서 조금씩 저도 살찌우고 나와 만나는 아이들도 살찌우면서 살고 싶어요." 라고 했습니다. 이 말을 나는 어떻게 바라보고 있고 얼마나 다가가고 있을까. 늘 제대로 사는 교사를 꿈꾸지만 얼마나 스스로에게 만족하고 있을까. 선생의 마음이 아닌 아이의 마음으로 되돌아보면 더욱 알 수 없는 노릇입니다. 가뭄에 콩 나듯 웃음 짓게 만드는 몇 장면이 떠오릅니다. 하지만 함께 했던 아이도 나처럼 의미 있다고 생각했을까. 시간이 지나도 좋은 기억으로 남아있을까. 알 수 없습니다. 그나마 나를 선생으로 지탱하게 하려면 의미 있었다고, 아이에게 도움이 되었다고, 나와 같이 아이도 좋은 기억으로 가지고 있을 거라고 믿을 뿐입니다.

아이에게 의미 있고 스스로를 살찌운 만남은 무엇일까. 나와 함께 생활했던 아이들에게 물어볼 수 없으니 스스로에게(어린 나에게) 물어보는 수밖에 없겠습니다. 어린 시절 기억을 떠올리면 조금이라도 실마리를 찾을 수 있지 싶습니다. 초등학생 시절 기억을 떠올려보는 까닭이 하나 더 있습니다. 겪은 것보다 더 몸에 달라붙는 것은 없기 때문입니다. 우리는 보고 듣고 읽고 말하면서 자랍니다. 오늘의 나를 있게 한 수많은 사건이 있습니다. 우리는 그 위에 서 있습니다. 그 중 직접 겪음 보다 더 깊숙이 영향을 미치는 것은 없을 것입니다. 어버이가 되지 않고 어버이 마음을 알 수 없는 것과 같은 이치가 아닐까요. 학교 다닐 때 좋았던 기억을 교사로서 만나는 아이들과 나누려고 하고, 좋지 않았던 기억을 주지 않으려 하는 내 모습이 보입니다.

초등학교 때 기억

초등학교 시절(1981~1986) 또렷하진 않지만 몇 가지 떠오르는 장면이 있습니다. 첫 장면은 입학할 때였습니다. 교실 옆 나무 아래 조그만 공터에 둥그렇게 모여 "사과 같은 내 얼굴~" 하면서 율동과 함께 노래를 불렀습니다. 처음 만난 친구들과 선생님 그리고 지켜보는 엄마들. 웃기기도 했었고 뭐가 그렇게도 좋았는지 거울 앞에서도 하고, 동생들에게 가르쳤습니다.

1학년 때 한 번은 숙제를 못해간 적이 있습니다. 교과서에 나온 글을 그대로 베껴가야만 했습니다. 투박한 손으로 꼬박꼬박했던 숙제입니다. 아침에 줄을 서서 검사를 받는데 내 공책엔 낙서만 되어 있고 숙제는 되어 있지 않았습니다. 나는 분명히 되어 있다고 믿고 있었습니다. 하지만 공책엔 낙서만 되어 있는 것이었습니다. 선생님은 당연히 왜 숙제 안 되어 있고, 낙서만 되어 있냐고 물어봤습니다. 머뭇거리던 나는 "했는데 엄마가 그랬어요." 했습니다. 선생님은 거짓말 했다면서 그 자리에서 뺨을 때렸습니다. 정말 억울해서 많이 울었습니다. 꿈과 현실이 구분이 안 되었던 것 같습니다.

2학년 때로 기억합니다. 아마도 꾸며주는 말을 배웠던 것 같습니다. '나비는 어떻게 날까?' "팔랑팔랑?" "나풀나풀?" "아니, 그건 두 글자가 아니잖아." "모르겠어요." "훨훨 난다고 하면 돼" 학교 마치고 동네 형들이랑 집에 가는 산길에서 "형아, 나비는 어떻게 날게?" 했더니 "몰라" (손동작을 하면서)훨훨 날아, 봐봐" 했더니 "뭐가 훨훨 나냐? 그렇게 나는 나비 한 번도 못 봤다." 했습니다. '6학년이나 되었으면서 2학년 때 배우지도 않았나? 우리 선생님이 훨훨 난다고 했는데. 이상한 형이야.' 라고 생각했습니다.

3학년 때는 자주 맞았습니다. 숙제 안 해간 적이 많았기 때문입니다. 친구 근호가 "넌 커서 뭐 될 거야?" 해서 별 생각 없이 "선생님 할 거야." 했습니다. 왜냐고 물어서 "마음대로 때릴 수 있잖아." 했습니다. 친구가 "선생님이 때리는 사람은 아니야." 라고 말해서 헷갈렸습니다. '선생님이 때리는 사람이 아니면 뭘까? 하면서 고민했습니다. 또 한 번은 '이번엔 맞지 않을 거야.' 라고 생각하면서 학교 갔던 적이 있습니다. 숙제를 못한 사정을 선생님은 알고 계시거나 물어볼 줄 알았거든요. 부모님이 많이 싸워 숙제를 할 형편이 못 되었습니다. 그런데 또 맞았습니다. 이상했습니다. '왜 사정을 모르지?' '왜 물어

보지도 않지? 하면서 맞았습니다. 다른 때 보다 덜 아팠는데 더 서럽게 울었습니다.

4학년 때였을까. 수업 시간 연극을 했습니다. 역할을 정했는데 내가 환자였습니다. 때가 많이 낀 발에 양말도 신지 않아 꼬질꼬질한 발을 드러내놓고 누워있어야 했습니다. 창피해서 싫었는데 아이들 보는 앞에 누워있어야만 했습니다. 연극 대사도 생각 안 나고 어떤 상황이었는지 기억 안 납니다. 하지만 왜 그렇게 그 장면이 또렷이 떠오르는지 모르겠습니다.

소풍 때였습니다. 봄엔 저수지 둑 아래 잔디밭으로 갔습니다. 가을엔 학교 근처 산에 올랐습니다. 보물찾기가 제 맛인데 난 이상하게도 보물을 찾지 못했습니다. 정말 한 번도 찾지 못했습니다. '과연 보물이 있기는 하는 걸까'하는 생각도 들었지만 곧잘 찾아내는 친구들이 있었습니다. 그 중 5학년 소풍은 기억에 오래 남습니다. 선생님은 우리를 둘러앉히고 닭싸움을 시켰습니다. 난 못하기도 하고 싫어서 앉아 있는데 선생님이 날 일으켜 세웠습니다. 해보라면서. 선생님 힘에 못 이겨 했고 난 얼마 못 버티고 넘어졌습니다. 선생님이 일으켜 세우더니 한 번 더 하라는 것입니다. 못 한다고 했더니 뺨을 때리면서 "영지버섯을 먹으면서 이런 것도 못해!" 하는 것입니다. 난 이 말이 무슨 말인지도 모르고 집에 걸어가는 내내 울었습니다. 뺨이 아프기도 했지만 뭐라 말할 수 없는 서러움이 있었기 때문입니다. 집에 와서까지 울고 있으니 엄마가 물었습니다. 있었던 일을 얘기 했습니다. 다음 날 엄마는 영지버섯을 포장해 학교에 가져갔습니다. 지역방송에 아버지가 영지버섯 재배한다고 잠깐 나와 선생님도 알고 있었나 봅니다.

6학년 어느 날 준비물이 깡통이었습니다. 뭐에 쓰는지도 모르고 가져오라는 깡통을 가져갔습니다. 그 때만 하더라도 분리수거 같은 건 하지 않았습니다. 산에 들어가면 어른들이 버려놓은 쓰레기가 많았습니다. 쓰레기를 뒤져 깡통을 가져갔습니다. 바닥에 구멍을 뚫고 모래를 채우라고 해서 채웠습니다. 선생님께 가져갔더니 국화 줄기를 하나씩 꽂아 주셨습니다. 물을 하루도 빼놓지 않고 주라고 하셨습니다. 아침마다 주었고 집에 돌아가기 전에도 주었습니다. 얼마나 지났을까. 선생님이 조심해서 국화 줄기를 들어보라고 했습니다. 들어보니 국화 줄기에 뿌리가 나 있었습니다. 신기했습니다. 또 준비해 온 화분에 옮겨 심는 시간을 가졌습니다. 시간이 지나 꽃대가 올라왔고, 대나무를 깎아 지지대도 만들어 묶었습니다. 커다란 국화가 피었습니다. 아무것도 보이지 않고 하얀 국화가 눈 가득히 들어왔습니다. 집으로 가져가게 해서 조심조심 가져왔습니다. 꽃이 지고 다음 해까지 살아있었습니다. 국화 줄기로 처음 한 것처럼 그대로 따라했습니다. 우리 집의 국화 화분이 점점 늘었습니다. 아직도 고향집에 내려가면 이 국화 후손들이 남아있습니다.

　선생님과 함께 길렀던 국화꽃의 기억은 강렬합니다. 그래서 그랬는지 한 번은 어린이날 선물로 아이들에게 꽃 화분을 만들어 준 적이 있습니다. 학교 담장에 핀 나팔꽃이 예뻐 씨를 받아놓았습니다. 싹을 틔워 직접 만든 화분에 옮겨 심어 선물로 준 기억이 있습니다. 다들 고맙게 잘 받아갔던 것 같은데, 퇴근하다 보니 교문 근처에 내가 준 화분이 나뒹굴고 있었습니다. 그 뒤론 아이들에게 선물은 잘 안 합니다. 상처받기 싫어서 그런 것 같아요.

　과학시간(자연시간) 처음으로 했던 실험이 있습니다. 화산폭발 실험이었습니다. 과학 시간에 뭘 하는지 몰랐는데 TV에서만 보던 실험이란 걸 학교에서 한 것입니다. 선생님이 하라는 대로 따라했을 뿐인데 눈앞에서 벌어지는 장면에 놀랐습니다. 한동안 화산과 지진에 대한 책을 찾아 읽었습니다.

글짓기와 그림 그리기를 참 많이 했던 기억이 있습니다. 어떻게 써야할지, 뭘 그려야 할지 도무지 몰랐습니다. 글짓기는 주로 일기나 독후감이었습니다. 그냥 쓰라고 하니 미칠 노릇입니다. 한 번은 자세히 길게 써야 한다고 해서 아침에 눈 뜨고 일기 쓸 때까지 기억나는 모든 일을 다 썼던 기억이 있습니다. 시간까지 말하면서 썼습니다. 그 다음 날도 그렇게 하려니 엄두가 나지 않아 포기했던 일이 있습니다. 독후감 쓰기도 힘들었습니다. 읽지도 않고 책 뒤에 나온 서평을 옮겨 적어 검사 맡는 일이 대부분이었습니다.

6학년 때 선생님은 도서실 문을 가끔 열어주셨습니다. 대충 꽂혀 있는 도서관 책을 올려다보면서 세상에 이렇게 많은 책이 있는가 싶어 놀랐습니다. 우리들에겐 만화책이 쌓여 있는 곳이 인기가 많았습니다. 대부분 반공만화였지만 친구와 같이 읽은 만화책 이야기를 하면서 집까지 걸어가는 길이 즐거웠습니다. 나는 역사책이 좋아 만화로 된 한국사 책이랑 전기문을 열심히 읽었던 것 같습니다. 빌려갈 수 없어 선생님이 도서관 문 열어주는 날만 기다렸던 기억이 남아있습니다.

한 여름 주말에 학교에서 야영했던 기억도 있습니다. 우리 반만 모여 운동장 한 가운데 모닥불도 피워 장기자랑을 했습니다. 내가 섞인 모둠은 연극을 했습니다. 교과서에 나온 「금도끼 은도끼」를 약간 바꿨습니다. 난 산신령 역할을 했는데 중간에 대사를 까먹어 아무렇게나 대사를 이어갔습니다. 친구들이 다들 재밌어 했습니다. 대본 대로 하지 않았지만 잘 연결되고 마무리까지 했습니다. 아직도 그 때만 떠올리면 입 꼬리가 올라갑니다.

무엇이 쌓였는가

늘 되풀이 하는 만남이 과연 아이들에게 어떻게 그리고 무엇이 쌓이고 있을까요. 나에겐 기억에 남는 몇 장면 밖에 없습니다. 길고 길었던 시간은 다 어디로 가버린 것일까요. 아무리 떠올리려 해도 떠오르지 않습니다. 모두 필요 하지도 않았고 의미 없는 시간이었을까요. 그렇지는 않겠지요. 좋든 나쁘든 내 안 어딘가에 쌓여있을 것입니다.

나에게 있어 기억에 남는 장면 첫 번째는 마음에 상처가 되었거나 이해 받지 못한 때인 것 같습니다. 물론 그 때는 그 상황을 제대로 알지 못했습니다. 하지만 오랜 시간이 지났음에도 떠오르는 것은 마음에 상처로 남았기 때문입니다. 내게 상처를 남긴 사람들은 그 기억을 하지 못하겠지요. 지난 시간을 기억하는 사람은 상처를 준 사람보다 상처를 받은 사람이니 말입니다. 시간이 지나 초등학교 아이들을 가르치는 교사를 하고 있습니다. 기억하지 못하는 시간 속에 내가 상처를 주고, 아프게 했던 아이들이 있을 것입니다. 내가 받았던 것을 주지 않기 위해 노력하지만 어찌 그게 내 마음대로 되겠습니까. 오늘 하루를 살피고 또 살펴야 하겠습니다. 아이들 하나하나의 마음을 헤아리는 공부가 필요합니다. 사실 부끄러워 세상에 내놓지 못하는 일이 많습니다. 몇몇 아이 얼굴과 이름까지 생각납니다. 지금이라도 찾아가 손 붙잡고 용서를 구하고 싶은 아이들이 떠오릅니다. 오랜 시간이 지난 지금, 나처럼 지난 나를 못된 선생으로 기억하고 있을 그 아이들이 떠오릅니다.

주위 사람들로부터 공감 능력이 부족하다는 말을 자주 듣습니다. 다른 이의 마음을 헤아리기보다 내 마음만 앞세울 때가 많다는 말입니다. 어른을 이해하는 일 보다 아이를 이해하고 보듬는 일이 나에겐 버거운 일입니다. 몇 해 전부터 교실에서 이야기 나누는 시간을 두고 있습니다. 서로의 글을 나누는 시간을 함께 꾸립니다. 아이가 하는 말을 끝까지 잘 듣기 위해 귀를 기울이고 답을 내놓기보다 같이 문제를 풀기위해 머리를 맞댑니다. 어설퍼도 조금씩 아이들 마음속으로 들어가는 느낌입니다.

반대로 포근했던 기억도 오롯이 남습니다. 내가 겁내고 있을 때 포근하게 풀어주었던 기억은 오래가는 것 같습니다. 동네 친구가 별로 없이 먼 곳까지 걸어 다녀야 했던 초등학교. 모르는 친구들과 섞여야 하는데 난 그게 잘 안 됐습니다. 여러 사람과 어울려야 하는 교실은 언제나 낯설었습니다. 학년 초만 낯선 게 아니었습니다. 바뀌는 짝마다 낯설고 놀이에 끼지 못할까봐 늘 겁났습니다. 집에서 어떤 마음으로 출발했든 들어오는 교실은 언제나 포근해야 할 것입니다. 입학할 때 나무 아래서 배웠던 노래와 춤은 얼었던 마음을 잘 풀어주었습니다. 선생한지 얼마 안 되어선 이를 깨우치지 못했습니다. 처음은 무섭게 해야 한 해가 편하다고 선배 선생들에게 배웠고 그대로 하는 게 좋은 줄 알았습니다. 한동안 그렇게 했는데 아이들과 관계는 점점 멀어졌던 것 같습니다. 몇 해 전부터는 첫 만남은 늘 몸을 부대끼며 놀았습니다. 노래도 부르고 산책도 하고 게임도 했습니다. 웃음으로 출발하니 헤어질 때도 포근한 웃음이 가득한 기분입니다. 강요하지 않고 열어놓기만 해도 포근함을 느낍니다. 닫힌 도서관 문을 열어줬던 선생님만 생각하면 마음이 편안해집니다. 무엇을 하지 않더라도 자유롭고 편안하게 움직일 수 있게만 해도 아이의 마음은 풀어질 것이라 믿습니다. 교실을 될 수 있으면 포근한 놀이터처럼 느낄 수 있게 하려고 합니다. 모여 얘기 나누고 작은 놀이라도 할 수 있게 공간을 마련합니다. 가끔은 교실에서 나와 도서관에 가서 공부합니다. 자주 하지는 못하지만 읽고 싶은 책을 읽고 있는 모습을 보면 그냥 좋습니다.

세 번째는 몸으로 겪으며 기쁠 때입니다. 오랜 시간 무엇을 하는지 몰랐지만 선생님과 함께 하다 마지막에 터져 나오는 감동이 있을 때입니다. 감동이 있으면 그 감동을 다시 느끼기 위해 혼자라도 합니다. 감동이 있기 위해서는 잠깐의 재미보다 오랜 시간의 기다림이 있어야 합니다. 무엇이든 쉽게 오면 쉽게 사라지니. 다만 그 기다림의 시간이 고통이어서는 안 됩니다. 기다림의 시간은 궁금해야 합니다. 뒤에 무슨 일이 일어날지 몰라야 합니다. 또 자기 힘이 들어가야 합니다. 자기 힘이 들어가지 않은 감동은 있을 수 없습니다. 새롭게 알았을 때도 기쁩니다. 몰랐던 걸 알아냈을 때 기쁩니다. 머리로만 해서는 새롭게 알았다 느낄 수 없습니다. 조그만 것 하나라도 몸으로 해보았을 때 새롭게 알았다고 느낍니다.

그래서 그런지 몰라도 과학실험은 빼놓지 않고 합니다. 영상으로 보고 넘길 수 있는 것도 어떻게든 합니다. 지도서나 다른 책에 다른 예로 나온 실험도 찾아 할 때도 많습니다. 배추흰나비 알을 관찰하려고 일부러 케일 밭을 만들어 알을 채집하기도 했습니다. 주문만 하면 배달되는 줄 알지만 직접 겪게 합니다. 한번은 과학 전담교사를 한 적이 있는데 나도 모르게 신났습니다. 다른 주제의 시간도 될 수 있으면 손으로 만나게 하려고 합니다.

또 나는 수업 한 시간 한 시간을 짜임새 있게 짜려는 버릇이 있습니다. 수업 마무리할 때 무엇이든 깨우칠 거리가 있도록 나름 힘을 쏟습니다. 잘 안 되도 어떤 시간이든 그렇게 하려고 애를 씁니다. 욕심이 넘쳐 쉬는 시간까지 이어 수업을 할 때도 있습니다.

네 번째로 어렵고 힘들었던 기억이 오래 남았습니다. 나에겐 글짓기와 그림 그리기가 그렇습니다. 특히 글짓기는 지긋지긋했습니다. 저는 부끄러움이 많아 마음을 다잡지 않으면 남들 앞에서 말하는 걸 두려워합니다. 그 때 글쓰기를 조금이라도 배웠더라면 좀 낫지 않았을까 싶습니다. 글말은 쓰고 나서 고칠 수 있고 사람을 앞에 두고 하지 않아도 되니 나에겐 입말보다 편한 말입니다. 책으로 이오덕 선생님을 만나고 함께 일구는 많은 선배 선생님들과 글쓰기 공부를 이어가고 있습니다. 그래서 그런지 아이들과 나누고 가르쳐주고 싶은 것 중에 '글쓰기'가 가장 큰 영역을 차지합니다. 주마다 아이들 글 모아 함께 나누는 일이 벌써 8년째입니다. 아이들 글 보면서 아이를 알아가는 맛도 있어 멈추지 않고 이어갑니다. 입말 글말을 자연스럽게 주고받으며 서로의 마음을 키워가고 싶습니다.

다섯 번째는 일상적이지 않을 때입니다. 일상적이지 않다는 건 특별하다는 것입니다. 늘 겪는 일은 당연한 것입니다. 늘 나오는 밥과 국은 기억하지 않지만 특별 반찬은 좋아하고 기억해 냅니다. 그렇다고 해서 일상의 소중함을 놓쳐서는 안 됩니다. 늘 있는 공기와 물을 소중히 가꾸어야 하는 것과 같습니다. 시간의 흐름 속에 묻혀 사라지겠지만 아이와 나는 어떤 일상을 꾸리고 있는가? 주고받는 대화는 어떤 거리와 때인가? 하루하루가 긍정으로 쌓이고 있는지 늘 되짚어야 하겠습니다. 그 안에 특별한 그 무엇을 아이와 내가 만나 꾸리면 좋겠습니다. 해마다 하나라도 특별한 일을 아이들과 만들고자 하는 버릇 아닌 버릇도 이 생각에서 비롯한 것 같습니다.

지난 해 가르쳤던 아이들이 시간 날 때마다 '교실에서 하룻밤'을 한 번 더 하자고 졸랐습니다. 여름 방학 하는 날, 교실에 모여 하룻밤을 같이 보내는 행사였습니다. 한 학기가 끝나 그 안의 내용을 서로가 만들어 보낸 하루였습니다. 계곡에서 물놀이, 운동장 놀이, 교실 놀이, 밥 먹기, 촛불 이야기, 로켓 만들어 날리기, 운동장에 누워 별 보기…… 시간이 지나도 잊히지 않나봅니다. 헤어져서도 이 이야기 빼놓지 않고 합니다.

늘 거듭나고 싶다

우리는 해마다 다른 아이들을 만나 한 해를 꾸립니다. 그러면서 늘 의미 있고 기억에 남길 수 있는 그 무엇을 꿈꿉니다. 생각해야 할 것이 한두 가지가 아닙니다. 해야 할 것이 있고, 하고 싶은 것이 있고, 아이에게서 오는 것이 있습니다. 때에 맞춰 떠오르는 것도 있습니다. 여러 사람에게 행복한 기억이 한 사람에게는 씻을 수 없는 상처로 남습니다. 내가 꾸리는 모든 시간, 함께 이야기 나눠 꾸리는 시간을 쉽게 생각하지 않아야 합니다. 그만큼 오늘 하루도 무겁게 걸어야 합니다.

어린 시절 기억과 함께 "교사로서 나는 아이와 어떻게 만나고자 하는가?"라는 질문에 답을 헤아려 보았습니다. 누구나 알고 있듯, 교사로 살고 있는 오늘의 나는 어린 시절 기억 위에만 있는 것이 아닙니다. 아이와 함께 삶을 가꾸고자 하는 여러 선생님들과 대화가 끊임없이 나를 살찌웁니다. 우연히 만난 사람들이지만 이십여 년 함께 나눈 이야기가 적지 않습니다.

또한 만난 아이들이 나를 거듭나게 합니다. 마주 이야기에서도 밝혔듯 어느 날 "선생님 이거 왜 해요?" 라는 질문이 교사로서 내 삶에 가장 큰 영향을 끼쳤습니다. 그 때까지 나는 아이들에게 누군가 가르치라고 정해준 것을 전달하는데 온 신경을 다 썼습니다. 내용에 의문을 품지도 않았습니다. 국가 공무원으로서 정해진 것을 성실히 전해주는 것만이 내가 가진 책임을 다하는 줄 알았던 것입니다. 이 말에 답을 하려고 나는 교육과정을 더 깊이 들여다보았고 내용을 다시 한 번 뜯어보고 곱씹는 일이 많았습니다. 그러다 보니 내가 왜 가르치고 있는가에 대한 더욱 근본적인 질문까지 다다른 것 같습니다. 한참 부족하지만 말입니다.

내가 제대로 선생을 하려면 교육에 대한 근본적 질문, 교육과정에 있는 목표, 늘어놓은 지식들, 여러 가치 있는 논쟁들, 누군가 마련해 놓은 가치들 … 이 모두를 싸잡아 생각을 이어가야 하겠습니다. 질문에 질문을 던지다 보니 사람을 만나게 되고 책을 만나게 되고 강연을 듣습니다. 다른 사람한테 묻고 글로 정리하면서 조금씩 내 안에 무엇인가 풍성해지고 있고 자라나는 기분을 갖습니다. 특히 책보다 투박하지만 모임 속에서 선생님들이 던지는 말 한 마디가 소중합니다. 어떤 삶을 살고 싶은지 여전히 물음표지만 계속 배우면서 아이들의 이야기를 듣고 싶습니다. 내가 삶에 질문을 던지듯 다른 사람들도 삶에 질문을 던지고 살고 있습니다. 그 질문과 질문이 만나는 여러 이야기가 좋습니다. 질문과 만나는 이야기는 늘 나를 거듭나게 합니다.

우리들 마주이야기

전교조 선생님들 고맙습니다

조 배 식

선생님들의 마주 이야기 내용을 읽어 보았습니다. 생각해 보니 하나로 이어진다는 느낌이 들었습니다. 그분들의 말을 옮겨 보았습니다.

"진짜 교육이라는 걸 하면서 살고 싶어요. 교육적인 장면을 많이 만들고 싶어요.." (이혜순 선생님)

"우리 교실에서 제발, 아이들 가르치는 선생이고 싶다.", "가르치고 배운다는 것에 대한 좀 더 근본적인 물음." (윤승용 선생님)

"지금은 틀에 크게 구애받지 않아도 된다는 것도 알게 돼서 제가 좋아하는 아이들과 나눌 수 있고..", "사람들하고 계속 어우러져야 한다." (최강토 선생님)

"이제 마흔 살이 되었을 때 과감하게 정말 모든 것을 다 떨치고 와서….",
"이 아이들의 삶을 어떻게 가꿀 것인가?" (권재우 선생님)

"내가 옳다고 생각하는 걸 난 잘 바꾸지 않아요.", "나는 교육을 좀 흔들어 보고 싶어요." (김강수 선생님)

"강령이 많은 영향을 준 것 같아.", "노동자이면서 가장 마음에서 우러나와 양심에 따라 아이들을 가르쳐야 한다는…" (장상순 선생님)

"전교조 활동으로 만난 거죠. 저도 자연스럽게 전교조 활동을 안 할 수가 없었죠.", "바꾸는 사람이 되어야겠다." (박길훈 선생님)

학교에서 선생님들은 모이면 아이들 이야기나 가십거리만 얘기하다가 흩어지는 경우가 많았습니다. 위 말들에서 연구소 선생님들은 끊임없이 자신에 대해 성찰을 하려고 합니다. 그리고 열정과 결단이 보였습니다. 김강수 선생님 말에서 힌트를 얻었고, 그 외 선생님들 얘기를 통해서 어느 한 낱말이 떠올랐습니다.

그것은 '전교조' 라는 말이었습니다.

돌아보면 나의 교직생활에 영향을 끼친 분들이 대부분 전교조 선생님들이었습니다. 초임부터 지금까지 나의 의지와는 상관없이 연결된 선생님들이 많았습니다. 그래서 그동안 만났던 전교조 선생님들과의 고마운 인연을 이번 기회에 한 번 정리해 봐야겠다는 생각이 들었습니다.

첫 발령지, 수원에 있는 어느 초등학교. 다행히 젊은 선생님들이 많아서 처총회(처녀총각모임)를 자주 하였습니다. 처총회 할 때마다 모임을 주도하고 늘 분위기를 밝게 해주는 선생님이 계셨습니다. 조 선생님. 선생님들하고도 잘 지내며 관리자들한테도 할 말을 하는 선생님이셨습니다. 알고 보니 전교조 조합원이더군요. 늘 아이들한테도 최선을 다하며 초임인 저를 항상 도와주셨고 좋은 이미지로 남아있습니다. 저는 조합원 가입 권유를 받았지만 아무것도 모르는 상태에서 덜컥 들어가기가 솔직히 부담되었습니다.

2006년, 학교를 옮기고 6학년을 맡았습니다. 옆 반 선생님이 저보다 3살 어린 후배였습니다. 박 선생님. 그 당시만 해도 저는 아이들에 대한 체벌을 당연하게 여겼습니다. 그 친구는 늘 교육에 대한 여러 가지 물음과 그 해답을 찾기 위해 고민을 많이 했습니다. 물론 전교조 조합원이었습니다. 학교의 경직된 문화와 교장왕국에 대한 환멸을 느끼던 차에 후배가 남한산초에 방문하자고 제의를 했습니다. 남한산초에 대해 무지했던 저는 후배를 따라 수요일에 조퇴하고 무작정 찾아갔습니다. 예고 없이 갔는데도 저희를 반겨주신 분이 교무부장님이신 안 선생님이셨습니다. 힘든 상황을 말씀드렸더니 힘내라고 격려해 주셨습니다. 바쁘실 텐데도 한 시간 동안 들어주셔서 정말 감사하더군요. 후배는 여기저기 모임을 나가다가 어느 순간 결국 사표를 썼습니다. 같이 뭔가 해볼 기회가 많았는데 갑자기 교단을 떠나게 되어 많이 안타까웠습니다. 후배는 농사꾼이 되었습니다. 충남 홍성 풀무전공부에서 농사를 배우고, 젊은 친구들과 농사 지으며 풀무학교에서 가끔 교사로도 활동하고 있습니다. 어쩌다 연락해보면 같이 농사 짓 자고 내려오라고 합니다. 교육 현실에 눈뜨고 같이 고민하게 했던 후배였는데 교직을 떠나서 너무 아쉬웠습니다. 그 후배가 학교를 떠나기 얼마 전에 다니던 모임을 소개해 주었습니다.

'스쿨디자인21'이었습니다. 이 선생님, 서 선생님, 최 선생님, 박 선생님, 허 선생님, 박 선생님, 황 선생님 등 다들 조합원이셨습니다. 잘 모르는 상태에서 모임에 갔습니다. 그때 '새로운 학교 만들기'라는 책을 만들었는데 현재의 혁신학교 기본 모델이 되었던 이론서가 아닐까 싶습니다. 그때 허 선생님이 전교조 가입을 권유하셨는데 '좋은교사운동'에서 활동한다고 하며 정중히 거절했지요. 오히려 서 선생님은 회원의 다양성을 이야기 하시며 괜찮다고 하신 기억이 납니다. 그분들과 함께 하면서 교육철학이 왜 중요한지 깨달았습니다. 다양한 학교, 새로운 학교에 대해 공부할 수 있었으며, 학교에 대한 시각을 넓히는 기회를 가졌습니다.

'스쿨디자인21' 활동을 하면서 새로운 학교를 만들고 싶어서 학교를 옮겼습니다. 그 학교는 든든한 교무부장님이 있으셨습니다. 백 선생님. 저의 고등학교 선배이자 전교조 조합원이셨습니다. 당시 혁신학교 바람이 불어서 우리도 해보자 하여 조합원 선생님들이 모여 들었습니다. 김 선생님, 한 선생님, 이 선생님. 저 빼고 다 조합원이었죠. 시흥에도 혁신학교를 주도하는 선생님이 다들 조합원이셨기 때문에 그 모임에 자주 갔었습니다. 그때 많은 조합원 선생님들과 교류할 수 있었습니다. 그때는 다들 열정 가득하고 아이들만 생각하며 정말 열심히 했던 시간이었습니다.

2014년, 일 년을 연구년으로 지내게 되었습니다. 저는 정책연구년 북부팀에 있었는데 우리 팀 선생님들이 다 조합원이었습니다. 그때는 중등 조합원 선생님들과 어울릴 수 있는 좋은 기회를 가졌습니다. 박 선생님, 이 선생님, 원 선생님, 심 선생님, 김 선생님 다들 정말 열심히 살았던 분들이었습니다. 연구년 주제가 내부형 공모제 교장에 관한 내용이었습니다. 그때 공모교장을 면담하러 다녔는데 박 교장 선생님이었습니다. 박 교장 선생님과 면담하며 고민 상담을 했습니다. 이제 학교 만기라 갈 곳이 없고, 식구들과 시골에 살고 싶다고 했더니 대뜸 양평으로 오라고 하시더군요. 좋은 사람들이 많다고 같이 혁신학교 하자고 했습니다.

양평 와서 혁신학교 모임 가보니 조합원 선생님들이 많았습니다. 양평이 지회모임과 혁신학교 운영이 잘되는 곳이었습니다. 시흥에서 이곳 양평까지 와도 결국 만나는 사람들은 항상 열심히 사시는 조합원 선생님이었습니다.

이제 우리 연구소 선생님들 이야기를 해야겠습니다. 연구년이 끝나고 양평으로 왔습니다. 하지만 아이들과 입씨름도 그만하고 싶고, 몸과 마음도 지쳐있었습니다. 앞이 안 보인다는 생각뿐 적당히 하고 싶은 마음이 굴뚝같았습니다. 교직도 20년 만하고 그만둘까 고민도 했었지요. 그렇게 일 년을 지냈는데 갑자기 김영주 교장 선생님이 초빙으로 오시게 되었습니다. 두세 번 통화만 했는데 실제로 보니 조금 놀랐습니다. 키도 크시고 푸근한 모습이 인상 깊었습니다. 김강수 선생님은 강마을산마을 교사모임 때 우리 학교에 강의하러 왔었습니다. 부리부리한 눈에 강한 어조가 인상적이었습니다. 윤승용 선생님은 교장선생님의 소개로 온작품 읽기 강의하러 왔었습니다. 키도 크고 잘생기고 진지했습니다. 동년배라 반가웠습니다. 그리고 남양주에서 했던 강마을산마을 연수 때 박길훈 선생님, 권재우 선생님, 이혜순 선생님, 최강토 선생님을 처음 알게 되었습니다. 다들 조합원 선생님이셨습니다.

　김강수 선생님이 우리 학교로 초빙되고 나서 연구소에 대한 이야기를 했습니다. 전에 한 번 말했는데 이번에도 권유하기에 알겠다고 했습니다. '새로운 세계가 열리나?' 하는 생각이 들었습니다. 서울생활 정리하고 왔더니 또 모임이 생기는 겁니다. 기대 반 설렘 반이었죠. 하지만 연구소라는 말이 부담되었습니다. 그래도 공부하고 싶고 사람도 사귀고 싶었습니다. 연구소 모임에서 처음 뵀던 장상순 선생님, 개성 있는 모습이 인상적이어서 참 다양한 조합이구나 싶었습니다. 연구소는 차분하고 지적이며, 가볍지 않은 분위기였습니다. 그동안 만나본 전교조 선생님들의 공통점이라고 할까요.

　교직을 돌이켜 보면 늘 전교조 선생님들과 함께였습니다. 이유는 모르겠습니다. 운명이 아닐까요. 저는 지치는데 다들 열심히 삽니다. 열정이 엿보입니다. 선생님들이 말하는 것을 옆에서 지켜보면 신념이 강하다는 느낌이 듭니다.

　저는 늘 전교조에 대한 빚이 있습니다. 그들이 투쟁과 희생을 할 동안 저는 같이 분노하고 응원하는 정도 밖에 없습니다. 우리 교육 역사에서 많은 일을 해왔고 변화를 이끌어 왔다는 건 누구도 부인할 수 없을 것입니다. 수백 명 모인 연수에서 교육감에게 혼자 손들고 따지는 교장 선생님, 교육장하고 맞짱 뜰 정도로 혼들기의 초강수 김강수 선생님, 교장실 문을 박차고 들어가 따지는 박력 박길훈 선생님, 생각이 깊고 늘 진지하면서도 든든한 윤승용 선생님. 그들의 무용담이 재미가 아니라 변화를 위한 몸부림이라는 사실에 고마움을 표합니다.

주위에서 제게 조합원 가입권유에 "좋은교사운동 활동하고 있습니다."로 대답할 때마다 그분들은 고맙게도 인정해주었습니다. 솔직히, 좋은교사운동에 적극 동참 하지는 않습니다. 그것보다는 그냥 이대로가 좋았습니다. 얽매이는 것을 싫어하는 저로서 지침과 강령에 따라 움직이는 조직에 과연 적응을 잘할 수 있을지 의문이었습니다. 과연 내 생각과 맞을까 싶기도 하고요. 그리고 저렇게 열심히 교육을 실천하는 분들처럼 못살 것 같습니다. 물론 조합원 중에서도 욕 많이 먹고 비판받는 분들도 경험 했습니다. 사람 사는 곳, 큰 조직일수록 말도 많고 탈도 많지 않겠습니까?

이번 연구소 선생님들도 제가 새롭게 만나는 전교조 선생님들입니다. 아직 많이 겪어보진 않았지만 좋은 분들입니다. 대충 살고 싶었는데 또 이런 분들을 만납니다. 그들의 마주 이야기에서 들리는 교육에 대한 열정이 부러울 따름입니다. 많이 배우고 따라 가야할 운명인 것 같습니다. 박길훈 선생님이 저에 대한 마주 이야기를 읽고 쓴 내용이 생각이 났습니다.

'전교조에 가입하고 싶은 마음은 전혀 없는 건가?'

늘 있었지만 이대로가 좋습니다. 이런 모임에 저 같은 놈도 필요할 테니까요.

우리들 마주이야기

저를 돌아봅니다

장 상 순

　연구소 선생님들이 마주이야기를 했습니다. 삶에 영향을 준 가장 큰 사건을 중심으로 이야기 했습니다. 질문은 간단하지만 한 가지를 정해서 이야기를 풀어내기는 힘들었을 것입니다. 살아오면서 많은 일들을 겪게 되니까요. 저도 그랬습니다. 정리된 이야기들을 읽어보니 모두들 참 옹골차게 살고 있는 것 같습니다.

　저는 제 이야기를 잘하지 않습니다. 술에 취하면 간혹 마음 속 이야기를 하기도 하지만 곧 후회합니다. 편안하지는 않았지만 이번 마주이야기에서 제 이야기를 솔직하게 했습니다. 여럿이 함께 하는 것이라 어쩔 수 없었습니다. 그래도 막상 하고나니 그 동안의 삶을 정리해 볼 수 있어서 좋았습니다. 또 좋았던 것은 여러 선생님들의 마주이야기 글을 읽으며 선생님들의 삶에 견주어 저를 돌아본 것입니다.

권재우 선생님은 양평으로 학교와 삶터를 옮긴 것을 이야기 했습니다. 삶의 계획을 세우고 학교를 옮기는 용기 있는 행동을 했습니다. 그로 인해 좋은 선생님들을 여럿 만나서 교육 모임도 하며 안정된 생활을 하고 있다고 했습니다.

저는 남양주에 첫 발령을 받아 4년을 있었습니다. 결혼 때문에 부천으로 갔다가 1년 후 남양주로 돌아오려했습니다. 그런데 특지에서 학교를 옮기기가 쉽지 않아 결국 포천으로 갔습니다. 거기에서 아이를 낳아 키우고 대학원을 다니며 바쁘게 살았습니다. 5년을 근무히고 가평으로 학교를 옮겨 18년째 있습니다. 사는 곳은 춘천입니다. 춘천이 고향이기도 하지만 부모님이 계셔서 가까이 있어야 한다고 생각했습니다. 출퇴근 시간이 많이 걸리지만 고향으로 돌아온 것이 좋았습니다. 가평에서는 포천에서 잠시 쉬었던 전교조 활동과 국어교과모임 등을 하며 살고 있습니다. 그런데 가평은 작은 군이라 함께 뜻을 나눌 수 있는 선생님들이 다른 곳에 비해 적습니다. 많은 선생님들과 함께 실천하면서 배울 수 있는 기회가 줄어든 것 같아 아쉽기도 했습니다. 그리고 스스로 노력도 부족했던 것 같습니다. 선생님들에게 먼저 다가서서 말 걸고 함께 소통하고 실천하자고 못했습니다. 권샘의 양평 살기는 그래서 부럽습니다.

짧지 않은 시간 동안 알고 지내는 김강수 선생님은 참 부지런한 사람입니다. 술 한 잔 할 때면 구수한 사투리로 사람들을 즐겁게 하는 사람입니다. 늘 활기차고 당당한 강수샘에게도 힘든 시간이 있었음을 알았습니다. 잘 이겨내고 아버지의 마지막 당부를 실천하는 참 교사의 모습이 보기 좋습니다. 단단한 사람입니다.

저는 평범한 어린 시절을 보냈습니다. 온실 속의 화초처럼 자라지는 않았지만 강한 생명력을 가진 들풀처럼 자라지도 못했습니다. 시련을 겪으며 삶의 의지도 강해지는데 그냥 그렇게 어린 시절을 보냈습니다. 공부나 운동도 시작을 하면 끝까지 해야 하는데 그러지 못했습니다. 하다가 힘들면 쉽게 포기했습니다. 부모님이 답답해 하셨을 것 같습니다. 부모님께 죄송합니다. 열심히 하지 못한 것을 지금도 후회합니다. 이제라도 잘 해야 하는데 후회만 할 뿐 쉽게 바뀌지 않습니다. 그래도 부모님이 바라는 착한 사람으로 살려고 노력합니다. 남에게 피해를 안주고 바른 것이 무엇인지 생각하고 실천하고 있습니다. 학교에서는 양심에 따라 진실하게 아이들을 가르치려 합니다. 강수샘에게 많이 배워야겠습니다. 그리고 함께 교육도 바꾸면 좋겠습니다.

요즘 가장 바쁜 사람이 박길훈 선생님입니다. 재주가 많아서 그렇습니다. 그 재주를 올곧은 곳에 부려 쓰니 찾는 사람도 많아졌습니다. 길훈샘은 좋은 사람들을 만난 것이 삶에 큰 영향을 주었다고 했습니다. 좋은 선생님들과의 만남으로 지금의 길훈샘이 되었다고 했습니다.

능력 있는 길훈샘의 겸손이라 생각하지만 살면서 사람을 만나는 것은 매우 중요한 일입니다. 만나는 사람에 따라 삶이 달라지기도 합니다. 교사들에게는 신규 때 옆에 어떤 선생님이 있느냐에 따라 그 사람의 교육 철학이 달라지기도 합니다. 교육운동이 무엇인지 어렴풋이 알고는 있었지만 23살 신규 교사는 병아리였습니다. 첫 학교에서 전교조 후원 선생님들을 만나고 자연스럽게 지회 사무실을 나갔습니다. 그 때 만난 선생님들에게서 교사의 삶에 대해 많은 것을 배웠습니다. 가르치는 방법이 아니라 교사가 마음에 품어야 할 것을 배운 것이 지금까지 저에게 큰 영향을 주고 있습니다. 자주 뵙지 못하지만 함께 지회 사무실에서 지냈던 선생님들의 소식을 들으면 반갑습니다. 선생님들을 만나던 수택동 지회사무실이 지금도 눈에 선합니다. 학급운영, 글쓰기 모임, 전교조 합법화 운동을 하며 나눈 이야기들이 저에게 많은 영향을 주었습니다. 지역을 옮기면서 지회 선생님들과 헤어진 것이 아쉽습니다. 계속 있었으면 더 많이 배우고 성장하고 실천했을 것입니다. 그래도 그 때의 만남이 지금 연구소 사람들과의 만남으로 이어져서 다행입니다. 오랜 시간이 지난 지금도 학교에서 지치고 힘들 때 그때 함께 있었던 선생님들과의 일이 저에게 힘이 됩니다. 그 때 배운 것이 참 교사에 한발 짝 더 가까이 가게 해주었습니다.

박길훈 샘과 부부인 이혜순샘은 수동으로 삶터를 옮긴 것을 이야기 했습니다. 시골 분교에서 아이들과 생활하면서 많은 성장이 있었다고 했습니다. 그런 시골 삶이 좋아 집도 수동으로 옮겨서 예쁜 집에 살고 있습니다. 학교와 마을을 엮는 교육을 고민하고 실천하게 된 것도 수동이라는 곳으로 삶터를 옮겼기 때문이라고 했습니다. 권재우샘의 양평처럼 이혜순샘에게는 수동이라는 마을이 큰 의미를 가집니다.

2003년 동화 공부를 하려고 우리교육에서 주최하는 연수를 들었습니다. 우리교육 연수가 끝나고 동화를 더 깊게 배워보고 싶었습니다. 가평에서 처음 근무한 학교가 대성리역 근처라 퇴근하면 경춘선 열차를 타면 서울을 쉽게 갈 수 있었습니다. 그래서 저녁에 서울에서 하는 이재복 선생님 강의를 들었습니다. 그 때는 경춘선이 전철이 아니어서 일찍 운행이 끝났습니다. 춘천으로 오는 막차 시간을 맞추려고 늘 달려야 했습니다. 그래도 강의를 듣는 것이 좋았습니다. 10여회의 강의를 듣고 더 깊이 공부를 이어가지 못한 것은 지금도 아쉽습니다. 하지만 그 때의 배움이 전국초등국어교과 모임에 참여하는 마중물이 되었습니다. 국어교육에 관심이 있어 경기지부 참실연수에 참여했고 초등국어교육분과에서 김영주 선생님, 김강수 선생님을 만나 모임을 함께 만들고 지금까지 하고 있습니다. 가장 많은 시간을 가평에서 근무하고 있고 가장 중요한 때를 보내며 성장하고 있습니다. 지역적 한계로 외롭고 힘든 것도 있었지만 가평은 저에게 '양평'과 '수동' 같은 곳입니다.

조배식 선생님은 교사가 된 것을 이야기했습니다. 이야기를 들어보니 교사가 될 운명이었습니다. 교대를 다닐 때 보면 왜 왔는지 모르고 다니는 친구들이 있었습니다. 그래도 선생님이 되어 아이들을 가르치는 것을 보면 운명인가 생각되기도 합니다. 배식샘의 이야기도 그렇습니다. 대학 때 학점은 그리 중요하지 않은 것 같습니다. 나도 그랬으니… 배식샘의 현장에서 삶은 새로운 배움을 찾는 것 같습니다. 북한강 건너기 활동, 집짓고 살기 등 새로운 배움씨를 찾는 용기와 지혜가 대단합니다.

저는 87학번입니다. 재수도 안하고 바로 갔습니다. 교대를 스스로 선택하고 갔습니다. 아무에게도 묻지 않고… 그 때는 시험이라는 것이 너무 싫었습니다. 그래서 취직시험 걱정 없는 교대를 갔습니다. 결국 임용고시가 생겨 1기로 취직 시험을 보는 아픔을 겪었습니다. 뜻대로 되는 일이 없다는 것을 배웠습니다. 저는 강원도 바닷가 마을의 초등학교 관사에서 태어났습니다. 외국에서 태어나면 그 곳의 국적을 부여 받듯이 초등학교에서 태어나 선생님이 되었다는 우스운 생각도 듭니다. 아버지를 따라 어렸을 때 학교를 자주 갔었습니다. 교실 특유의 냄새, 교무실의 풍경 등 학교의 모습을 어릴 때부터 봐왔기에 교대를 쉽게 선택했습니다. 하보사에 들어가고 민주화 운동에 기웃거리다 보니 대학4년이 금방 지나갔습니다. 좋은 교사가 되어야 한다는 생각은 했으나 준비가 부족했습니다. 교대 교육과정이 부실하다는 생각으로 대학 공부는 적당히 했습니다. 그러한 편견을 버리고 대학 수업에 적극적으로 참여했어야 했습니다. 피하는 것이 아니라 질문하며 비판해서 고쳐 나갔어야 했습니다. 그랬으면 교대 교육과정이 많이 바뀌고 지금 현장에서 고민하는 여러 문제들이 해결되지 않았을까요? 저만의 생각이 아니라 이런 생각을 하는 선생님들이 많을 것입니다.

연구소 모임을 스스로 찾아온 젊은 최강토 선생님은 책과 군대에서 많은 것을 배웠다고 합니다. 책이야 당연하지만 군대는 경험한 사람들에 따라 다른 의견이 있기도 합니다. 아마 장교로 군대 생활을 했기 때문에 책임감을 많이 배운 것 같습니다. 강토샘은 어린 나이는 아니지만 연구소에서는 가장 젊습니다. 늘 고민하는 삶을 살고 있고 많은 생각을 하면서 아이들을 가르치고 있다고 합니다. 바쁘게 살면서 많은 것을 배우고 실천하는 것이 보기 좋습니다. 자신의 역량을 어디에 집중할까 하는 것도 행복한 고민입니다. 힘 닿는데 까지 다 열심히 하면 좋겠습니다.

강토샘의 학급이야기를 들으면 그 나이 때 저를 생각하게 됩니다. 강토샘은 군대를 다녀와서 나이는 있지만 경력은 아직 짧습니다. 그래도 교육에 대한 고민의 수준이 매우 높습니다. 저는 강토샘 나이 때 침체기를 겪었습니다. 교사를 오래한 것 같은 자만감에 빠져 고민과 노력 없이 대충 가르쳤습니다. 그래도 아무 문제 없었습니다. 학교라는 조직이 그렇습니다. 그냥 하라는 대로만 하면 됩니다. 6년차에서 10년차까지 그런 것 같습니다. 아이를 낳아 키우고 대학원 공부를 그 시기에 했습니다. 삶이 바쁘니 올바른 교육에 대한 고민과 실천을 못했습니다. 나이에 따라 삶이 다르니 그럴 수 도 있다는 것은 핑계입니다. 제가 가르쳤던 아이들에게 온전히 마음을 주지 못해 미안합니다. 그래서 자만할 수 있는 나이에 진지한 삶을 가꾸며 아이들을 만나는 강토샘이 대견합니다.

나이 보다 더 어른스러운 윤승용 선생님은 '왜 해요?' 라는 가르침에 대한 물음을 들은 것이 삶에 가장 큰 영향을 준 일이라 했습니다. 승용스러운 이야기입니다. 승용샘은 깊고 진지하게 생각하며 실천하는 교사입니다. 그의 말과 글, 실천에서 느낄 수 있습니다. 남양주에서 광주 남한산으로 다시 양평 정배로 학교를 옮기며 배움과 실천을 하는 것을 보면 더욱 그렇습니다. 함께 연구하고 실천해야 지치지 않고 열심히 한다는 것을 몸소 실천하는 교사입니다.

학부모의 요구, 교육청의 간섭, 시대의 변화 등 여러 까닭으로 '학교에서 무엇을 가르쳐야 하는가?' 라는 것은 늘 고민입니다. 제가 가르치는 아이들의 미래를 생각한다면 간단하지 않은 고민입니다. 벌써 28년을 가르쳤지만 답을 찾기 쉽지 않습니다. 새 학기를 맞이할 때 마다 늘 고민하다 답을 못 찾고 부족하게 시작하는 것 같습니다. 주변에 함께 고민하고 배울 사람도 있지만 답을 찾기가 쉽지 않습니다. 교직을 떠날 때가 가까워지는데도 아직 답 찾기가 어려우니 씁쓸합니다. 그래도 부지런히 아이들과 이야기하며 배움씨를 찾아야겠습니다. 배움의 까닭과 내용을 자연스럽게 알려주는 교사가 되어야겠습니다. 그러기 위해 씁쓸해하지 말고 더 노력해야겠습니다. 승용샘처럼.